INTERFACES ENTRE LINGUAGEM E COGNIÇÃO:

DO PENSAMENTO À AÇÃO

HUGO MARI · JOSÉ CARLOS CAVALHEIRO · MILTON DO NASCIMENTO

ORGANIZADORES

INTERFACES ENTRE LINGUAGEM E COGNIÇÃO:

DO PENSAMENTO À AÇÃO

Artesã

Interfaces ente linguagem e cognição: do pensamento á ação

ORGANIZADORES
Hugo Mari
José Carlos Cavalheiro
Milton Do Nascimento

DIRETOR
Alcebino Santana

DIREÇÃO DE ARTE
Tiago Rabello

TRADUÇÃO
Josiane Andrade Militão
Sandra Cavalcante

REVISÃO
Os próprios autores.

CAPA, PROJETO GRÁFICO E DIAGRAMAÇÃO
Letícia Ribeiro Ianhez

Catalogação na publicação
Elaborada por Bibliotecária Janaina Ramos – CRB-8/9166

M332i

Mari, Hugo
Interfaces entre linguagem e cognição: do pensamento à ação / Hugo Mari, José Carlos Cavalheiro, Milton do Nascimento. – Belo Horizonte: Artesã, 2024.

296 p.; 16 X 23 cm

ISBN 978-85-7074-113-4

1. Linguística. 2. Cognição. I. Mari, Hugo. II. Cavalheiro, José Carlos. III. Nascimento, Milton do. IV. Título.

CDD 410

Índice para catálogo sistemático
I. Linguística

IMPRESSO NO BRASIL
Printed in Brazil

(31)2511-2040 (31)99403-2227
www.artesaeditora.com.br
Rua Rio Pomba 455, Carlos Prates – Cep: 30720-290 | Belo Horizonte – MG
/artesaeditora

SUMÁRIO

CAPÍTULO 1

SOBRE COGNIÇÃO: CORPORIFICAÇÃO, PRODUÇÃO DE SENTIDO E AUTO-ORGANIZAÇÃO

Hugo Mari – PUC Minas

José Carlos Cavalheiro – Medicina-UFMG

Milton do Nascimento – PUC Minas

PRELIMINARES

Não existe um padrão único mensurável para o conhecimento humano até porque não temos como lhe impor um limite qualquer: tudo que medimos, nós o fazemos, por exemplo, dentro de um espaço-tempo. Se fixássemos um limite para proceder a uma medição em um campo qualquer do conhecimento, nos aproximaríamos de Zenon quando refletiu sobre o paradoxo entre Aquiles e a Tartaruga[1]: se fixássemos o limite hipotético x que possibilitasse medir tudo o que representa a cognição humana, quando alcançássemos x, essa fronteira já teria se movido para x+1. Mesmo que a nossa aferição fosse

[1] Já existem resoluções para esse paradoxo, através de uma projeção matemática que considera que a velocidade de Aquiles seja 10x maior que a da Tartaruga. A cada tempo de volta num percurso a distância iria baixando até alcançar zero. Mas não é necessariamente isso que colocamos em discussão aqui.

apenas descritiva para um conjunto de dados selecionados, não poderíamos impedir o progresso de tantos outros, que viessem a estender o limite para x+n, e assim, indefinidamente. O que faz da extensão do conhecimento humano essa aproximação ao paradoxo de Zenon?

Nenhum de nós presentes aqui nessa edição, provavelmente, arriscaria uma resposta direta para uma questão dessa natureza, mas não cairíamos na tentação quase consensual de assegurar que o que nos empurra para o x+n é o enigma da vida, estendido para uma aproximação atual com a sua auto-organização. Nenhum de nós aqui persegue a origem da vida, por sabermos das aporias a que uma problemática dessa natureza nos levaria: a fertilização de um óvulo pode nos levar à reprodução da vida, mas não à sua origem, porque a reprodução em si já pressupõe vida. Talvez não seja sensato traduzir o enigma da vida por origem da vida, mas talvez pudéssemos ser mais cuidadosos e traduzi-lo, com certa lucidez, como a natureza da vida. Aqui caberia uma nova questão: por que, se existe certa expectativa consensual de fazer o enigma aproximar-se da natureza da vida, se nossas categorias, princípios, e postulados são diferentes?

Ao percorrer os diversos artigos dessa edição, deparamos com um vasto elenco de categorias, todas elas relevantes para nos dizer alguma coisa sobre a natureza da vida. Que forma de vida pode dispensar consciência, percepção, ambiente, energia, atividade cortical, sistemas perceptivos, ações, imagens mentais, linguagem, produção de sentido e tantas outras categorias, princípios e fundamentos que são recorrentes quando pensamos sobre a vida e que autores e autoras dessa edição implementam de forma intensa? A complexidade e a diversidade com que vemos o mundo da vida, por todo esse conjunto de instrumentos, é um reflexo do desafio que ela nos impõe. Estamos sempre à procura de potencializar nosso conhecimento para que nos conduza a um lugar de consenso, a um lugar menos controvertido e menos escorregadio, que nos leve a entender os procedimentos de que se vale um organismo para a sua auto-organização.

Procuramos, nas seções seguintes, repassar um histórico que nos mostre como o próprio ser humano sempre procurou aproximar-se de padrões percepto-conceituais que pudessem mostrar a sua natureza, o que ele busca ser, como ele busca se auto-explicar e se auto-organizar. Essa busca incansável responde, nos dias atuais, por incursões teóricas no campo do Enativivismo, da Biossemiótica, por exemplo, através de suas implicações diretas com a atividade vital dos seres vivos.

Histórico

A cognição humana mantém uma orientação específica sobre as formas de conhecimento que são propiciadas por ações do corpo no ambiente através de sensores específicos, mas a sua ascendência, os desafios nela implicados sobre como conhecemos o que conhecemos – seja sob o modo do *saber que* e do *saber como* - sempre fizeram parte das tentativas mais diversas de abordar a questão do conhecimento humano. Na sequência, vamos recuperar um traçado ilustrativo e genérico sobre o percurso por onde podemos detectar vestígios da cognição, vestígios dessa preocupação de entender o que somos. Grande parte desse percurso já foi traçado por autores e autoras que trazem nessa edição o registro de suas reflexões. Não se pretende aqui recuperar detalhes das etapas recentes das abordagens da cognição em termos de sua fundamentação teórica, caracterização amplamente disseminada nos textos atuais da área; optamos nesse espaço pelo traçado de um panorama genérico e, ao final, por uma abordagem mais localizada sobre uma orientação específica assumida pelo campo de estudos da cognição.

Assim, pretendemos desenhar o traçado de um percurso histórico onde ela se mostra implicada, apenas fazendo um recorte ilustrativo e mesmo sem recorrer nominalmente ao termo cognição. Podemos lembrar, a partir da Renascença, abordagens como, por exemplo,

An Essay Concerning Human Understanding (Locke, 1689)[2]; *A Treatise Concerning the Principles of Human Knowledge* (Berkeley, 1710); *An Enquiry Concerning Human Understanding* (Hume, 1748). A lista poderia crescer exponencialmente em se tratando das tentativas contínuas de explicar como nos estruturamos em função daquilo que conhecemos, como agimos em decorrência do que conhecemos e do que entendemos sobre as coisas do mundo. Cada uma dessas abordagens apresenta nuances específicas a partir da perspectivação que cada autor concebe aos objetos do mundo e, mesmo sem um apelo nominal, de delinear o que somos frente àquilo que conhecemos. Os títulos das obras recortam o conhecimento humano em terceira pessoa – *human understanting, human knowledge* -, mas é difícil supor que os autores não estejam reportando ao conhecimento de primeira pessoa, de si mesmos. Abordar o conhecimento humano é abordar o que somos no mundo da vida. O objetivo nosso ao reportar a esses momentos não é avançar sobre as nuances que cada abordagem deve comportar, mas apenas mostrar, nominalmente, esse traçado genérico de uma ascendência da cognição humana que já era vista sob preocupações teóricas distintas, expressas em orientações como – *essay, treatise, inquiry*.

Mesmo sem a verticalização que cada um desses momentos históricos deve merecer, poderíamos localizar um pouco mais nossa discussão, mostrando a importância conferida ao olho na discussão do conhecimento/entendimento humano, uma questão ainda amplamente discutida nas abordagens atuais. Não foram poucos os tratados e as abordagens sobre a importância do olho – da cognição visual - em relação ao conhecimento humano, até mesmo do ponto de vista tecnológico/instrumental: a invenção do

[2] Estamos nos valendo, nesse relato, da citação dos textos originais em razão de sua datação primeira por se tratar de uma reconstrução dos fatos históricos, em grande parte, cronológica. Quaisquer dessas obras, com algumas exceções, apresentam traduções em português, conforme listamos na Referência. Além do mais, não há uma exploração sistemática de tais obras no texto, mas apenas um registro de sua presença no mundo acadêmico bibliográfico.

telescópio possibilitou ao olho conhecer o muito distante; a descoberta do microscópio, o muito pequeno.

Desde Tomás de Aquino (1273) – *actus sensus visus* -, a centralidade do olho nos processos de conhecimento passou a receber um tratamento extenso, já que muitos autores se dedicaram a abordagens sobre sua funcionalidade. Cabe lembrar aqui algumas obras que tiveram a visão no centro da discussão sobre o conhecimento humano: *Optics* (Newton, 1704); *Essays Toward a New Theory of Vision* (Berkeley, 1709); *La Diophtique: discours sixième. De la vision* (Descartes, 1824); *Recent Progress in the Theory of Vision* (Helmholz, 1868), além de uma preocupação mais localizada sobre a questão das cores em abordagens como *Zur Farbenlehre* (Goethe, 1810), *Über das Sehn und die Farben (Schopenhauer, 1815); Bermekung Über die Farben (Wittgenstein, 1977).*

Todavia, nada foi mais revolucionário e promissor no campo da visão do que as descobertas funcionais do córtex visual, empreendidas em detalhes a partir das formulações de Semir Zeki (A vision of the brain, 1993) e (Inner Vision. A exploration of Art and the Brain, 1999) com ampla discussão sobre funções cerebrais e percepção visual, bem como a obra de David Marr (Vision, 1982) que elaborou algoritmos como propostas de interpretação formal da atividade visual. Os trabalhos deste autor geraram muitas expectativas no campo da computação.

O olho, embora ocupando um lugar central nessa discussão, não era o único sensor a merecer considerações teóricas. Tomás de Aquino já havia destacado a importância do ouvido, ao lado do olho, como sensores a serem priorizados como *maxime cognitivi*, aqueles que responderiam por uma gama representativa do conhecimento humano. Mais tarde, Bonnot de Condillac destacou o tato – *Traité des Sensations* (1754) - como um sensor capaz de conduzir e aperfeiçoar os demais sentidos para a atividade humana. Valendo-se da metáfora de uma estátua, o autor, iniciando sua abordagem geral pelo odor, mostrou a função e limites de todos os sentidos em sua obra.

A discussão sobre os sensores humanos perpassa toda a teoria da percepção. Por exemplo, Barwich, no seu livro *Smellosophy: what the nose tells the mind* (2020), uma pesquisadora atual dedicada ao sistema olfativo, destaca ter sido ele considerado uma espécie de Cinderela dos sensores humanos, dado o fato de estudos superficiais de suas características funcionais e estruturais vir a considerá-lo como rude, instável e muito pobre para o conhecimento humano[3]. Essa pesquisadora tem avançado em muitos detalhes sobre a percepção olfativa, tornando-a como um desafio importante ainda a ser avaliado para a atividade humana e, descrevendo, no livro citado, inúmeros esforços de abordagens teóricas sobre descobertas por diversos pesquisadores sobre os receptores olfativos.

Como se nota por essa breve ilustração, às vezes apenas pela denominação da obra, a atividade cognitiva humana sempre ocupou um papel central na discussão de teóricos do conhecimento, ao longo de muitos séculos. Mesmo um sensor como o olho, com ampla discussão teórica e aplicação técnica, ainda enfrenta desafios de como a leitura de ondas magnéticas, como a captura de fótons gerados por superfícies e processados por cones e bastonetes, dão conta de formatar tudo aquilo que configuramos como objetos no mundo em seus mínimos detalhes – cores, formas, tamanho, localização, movimento orientado etc. São preocupações dessa natureza que levam a uma trajetória sem volta, mas ainda pontilhada por muitas incertezas, de buscar na atividade cortical, nas redes neuronais, em mapeamentos cerebrais, as justificativas de fundamentação do conhecimento humano. Aqui, em particular, as recentes descobertas sobre funcionalidades específicas e integradas de áreas do córtex visual – de V1 a V5 - vêm possibilitando avanços específicos na compreensão de muitos fatos pelo organismo.

---

[3] A própria autora, em um artigo (BARWICH (2017 apresenta um contraponto importante, pois mesmo considerando que grande parte da produção artística possa ter uma contribuição direta do sistema háptico (pinturas, esculturas, arquiteturas etc) a sua apreciação estética acaba convergindo para o sistema visual que juntamente com a audição são os sensores dominantes no campo das artes em grande parte das culturas.

Apesar de toda essa riqueza de indagações e abordagens sobre o que representa conhecer para o homem, alguns textos atuais ainda levantam a questão sobre, de fato, o que seja cognição. Não se trata, portanto, de uma questão retórica, que teria um teor de redundância em relação a tudo aquilo que já foi discutido sobre a natureza do conhecimento, mas antes da qualificação de uma proposta de análise da natureza desse conhecimento (humano em particular) que envolve uma integração da atividade processual do cérebro, da ativação orgânico-sensorial do corpo, de padrões de percepção e de formas de sua integração ao ambiente. Talvez a natureza complexa dessa abordagem seja suficiente para continuarmos demandando sobre o que realmente seja cognição e aqui já podemos avançar sobre alguma resposta possível às indagações que esta reflexão até aqui possibilitou: a cognição serve para auto-organizar a vida e essa auto-organização implica uma continua produção de sentido; um organismo que não produz sentido fenece, perde sua condição de reequilibrar continuamente.

Nesse traçado preliminar que aqui esboçamos e considerando os comentários mais específicos que vamos desenvolver à frente, um liame comum entre essas duas dimensões precisa ser ressaltado em razão do axioma peripatético, disseminado por Tomás de Aquino - *Nihil est in intelectus quod non fuerit prius in sensus*[4]. Anunciar a integração do corpo nos processos da cognição humana foi sempre, portanto, um fator determinante que o próprio autor ainda registrava de forma mais intensa na expressão - *omnia cognitio aliorum sensorum*[5].

O que relatamos acima não é estranho àquilo que concebemos hoje como cognição, mas não é uma leitura direta do que seja a cognição, pensada em termos de suas correntes atuais. Ao longo da história, mantivemos uma preocupação central com a questão de como conhecemos as coisas do mundo, ainda que explicitando, mesmo por tabela, como conhecemos a nós mesmos. Grande parte

---

4 *Não há nada no entendimento que não tenha existido antes nos sentidos.* Todas traduções realizadas nesse texto foram providas a partir do Google Tradutor, com ajustes realizados pelos autores, quando necessários.

5 Toda cognição advém do conjunto dos sensores.

dessas correntes orientou-se por teorias, por conceptualismos, por esquematismos lógicos. O que vamos detectar em toda formulação de vertentes distintas da cognição é uma centralidade que radicaliza a presença do corpo nos processos de conhecimento, esse corpo agora visto não apenas em termos dos sensores ativados sobre o ambiente – pauta marcante da tradição -, mas também em termos de sua atividade cortical, como já mostramos em parte para a percepção visual, cada vez mais depurada pelas pesquisas recentes sobre estrutura e funcionalidades cerebrais.

O QUE É COGNIÇÃO?

Em *The Oxford Handbook of 4E Cognition* (2018), existe uma seção específica para tratar da questão – Part II: What is cognition? – que apresenta uma seção final – *A Critical Note - So, What Again is 4E Cognition?* de Aizawa (2018, p. 117) da qual importamos o seguinte trecho:

> A princípio, pode-se esperar que cada um dos artigos desta seção, "O que é Cognição?", apresente alguma resposta sobre o que é cognição 4E. Talvez esta seja uma definição de "cognição", ou uma teoria do que seja cognição, ou uma estrutura conceitual que articule o que seja o conceito de cognição. No entanto, nos capítulos desta seção, como na literatura 4E de forma mais geral, a questão o que é a cognição não é evidente. Além disso, mesmo quando a questão é levada a sério, as respostas não parecem ser elaboradas com muitos detalhes. (Di Paolo, p. 75) [6]

Aizawa avaliou nessa *Critical Note* aquilo que os autores, em quatro artigos nessa seção, buscaram discorrer sobre Cognição 4E – esse foi o desafio proposto pelos editores do *Handbook*. Os artigos desenvolveram abordagens distintas, em particular aquelas que convergiram para a integração 4E – *embedded, enactive, extended, embodied* -, mas, segundo o próprio Aizawa, não há, no cômputo geral, posicionamentos mais explícitos sobre o teor da questão aventada pela edição.

Como os artigos advêm de concepções distintas de pensar a cognição é compreensível a ausência de traços em comum entre elas, embora o próprio autor chegue a ressaltar a questão do comportamento, mesmo sem um teor consensual entre as abordagens, ou de modo mais explícito o que um organismo faz no ambiente em que

[6] In principle, one might expect each of the papers in this section, "What is Cognition?" to present some 4E answer to what cognition is. Perhaps this would be a definition of "cognition," or a theory of what cognition is, or a conceptual framework that articulates what the concept of cognition is. Nevertheless, in the chapters in this section, as in the 4E literature more generally, the question of what cognition is does not come to the forefront. Moreover, even when the question is taken seriously, the answers do not seem to be worked out in much detail

vive, tese sustentada pelos padrões enativistas. É assim que Aizawa situa a questão que, embora não revelada em todas as dimensões teóricas, tem uma importância fundamental:

> Assim, embora possa haver problemas com a caracterização da cognição e do comportamento, geralmente é aceito que a cognição está entre os fatores endógenos que influenciam o comportamento. (Aizawa, p. 118) [7]

Ao lado de fatos endógenos (atenção, memória, consciência, fadiga, agentividade etc), o autor admite outros de natureza exógena, provavelmente decorrentes do ambiente, sobretudo aqueles associados ao nicho semiótica, a funcionalidades de *affordances,* ao menos para algumas abordagens. Embora com seu teor empírico evidente por caracterizar formas de atuação de um organismo no ambiente, a cognição é pensada em termos de um conjunto de categorias que sejam capazes de justificá-la no campo teórico. Aizawa recorre a uma citação de Di Paolo para pontuar esse propósito:

> As teorias da cognição devem ser capazes de fornecer as categorias conceituais operacionais com as quais descreve seus objetos de estudo e distingui-los daqueles fora de seu escopo. Elas devem ser capazes de dizer em termos concretos que tipo de sistema, evento ou fenômeno conta como cognitivo e em quais casos não. As explicações que não atendem a essa marca são pré-científicas. (Di Paolo, pág. 75)[8]

Essa formulação, embora não forneça nenhuma singularidade que faz dela uma projeção específica para a cognição, a não ser traços genéricos sobre propriedades e procedimentos de uma abordagem teórica,

---

[7] So, while there may be problems with characterizing cognition and behavior, it is typically accepted that cognition is among the endogenous factors influencing behavior.

[8] Theories of cognition should be able to provide the operational conceptual categories with which to describe their objects of study and distinguish them from those outside their remit. They should be able to say in concrete terms what sort of system, event, or phenomenon counts as cognitive and in which cases it does not. Accounts that do not meet this mark are pre-scientific. (p. 75)

ela reporta a necessidade de que, mesmo sendo a cognição um procedimento intuitivo e natural que valida funcionalidades do organismo, sua construção teórica requer um conjunto de categorias que seja compatível com a natureza dos fenômenos e do sistema a ser teoricamente erigido.

Essa pretensão teórica de construir cada uma das dimensões da Cognição 4E é que evidencia diferenças fundamentais para os modelos. Ênfases específicas sobre a destreza comportamental, sobre o teor computacional da atividade cerebral, sobre a forma direta de experienciar o mundo, sobre interações sociais, sobre a importância da intencionalidade na qualificação das habilidades dos agentes e, sobretudo, a forma de integração do organismo no ambiente justificam distinções fundamentais sobre o alcance de cada abordagem.

Assim, como a cognição ressalta a inserção do organismo no ambiente, Aizawa, lembrando Di Paolo, enfatiza o teor aberto, contínuo e disperso dos sistemas que compõem as abordagens diversas da cognição, destacando, em complemento, uma formulação do próprio de Di Paolo a esse respeito: "*Ser uma entidade cognitiva é ser uma organização (geralmente) não estacionária em uma relação (geralmente) não estacionária com o mundo*" (Di Paolo, p. 77).[9]

Para ratificar o caráter desse sistema aberto e dinâmico, Aizawa recorre a uma citação do artigo de Rietveld, Denys, & van Westen que, criticamente, avaliaram a questão da Cognição 4E, em função da ausência de uma dimensão ecológica, que se fundamenta num parâmetro fundamental - *skilled intentionality framework* (SIF) -, cujo alcance, os autores definem da seguinte forma:

> "O programa de pesquisa do SIF é entender todo o espectro da ação humana qualificada, incluindo interação social, criatividade, imaginação, planejamento e uso da linguagem em termos de intencionalidade qualificada" (Rietveld, Denys, and van Westen, p. 42)[10]

---

[9] To be a cognitive entity is to be a (generally) non- stationary organization in a (generally) non- stationary relation with the world" (p. 77).

[10] "The SIF research program is to understand the entire spectrum of skilled human action, including social interaction, creativity, imagination, planning, and language use in terms of skilled intentionality"

Como se nota na citação acima, o esquema SIF é abrangente pela natureza diversa de funcionalidades atribuídas a um organismo no ambiente – *criar, imaginar, planejar, usar a linguagem* etc. Assim, por constituir-se de uma dimensão ecológica e como uma das formas possíveis de enativismo, ela projeta o engajamento do organismo em ações humanas qualificadas em termos de múltiplas *affordances* disponíveis no ambiente. Os autores lembram muitos fatos importantes associados ao esquema SIF, em especial destacamos um que reflete, em grande parte, um alcance ampla da atividade cognitiva - *Definimos intencionalidade qualificada como o engajamento seletivo com múltiplas affordances simultaneamente em uma situação concreta* (p. 42).[11]

Por fim, Aizawa recorre a uma formulação de Hutto e Myin, que mostra a ausência de esquemas prévios e de limites para a cognição, ao menos na forma de enativismo corporificado pensada por eles.

> REC (ciência cognitiva incorporada/enativa radical) entende a cognição como algo que os organismos fazem. A cognição é um tipo de atividade corporificada que está a céu aberto, não um condutor dos bastidores do que de outra forma seria mero movimento" (Hutto, Myin, p. 97).[12]

Na *Critical Note*, Aizawa procurou, a partir dos textos da seção, situar um pouco o que responderia por uma explicação mais detalhada da Cognição 4E, a partir de abordagens que para ela convergiram. Não se trata, todavia, de buscar uma definição para o termo Cognição e, por extensão, Cognição 4E nessas abordagens em especial; não definimos nenhuma nem outra fora de um campo teórico que as conceberam. Se, por um lado, existe uma definição possível para a

[11] We define skilled intentionality as the selective engagement with multiple affordances simultaneously in a concrete situation (p. 42)

[12] REC (radical embodied cognitive science) understands cognition as something that organisms do. Cognition is a kind of embodied activity that is out in the open, not a behind-the-scenes driver of what would otherwise be a mere movement" (p. 97).

Cognição 4E, ela só pode ser erigida pelo conjunto das correntes que a conceberam e esse parece ser o objetivo de Aizawa ao avaliar as diversas reflexões que compõem a seção. Só a construção de uma teoria da Cognição 4E, pode nos dizer o que ela, de fato, representa e essa teoria não pode ser projetada apenas com base em um somatório de um conjunto de corrente em curso na academia.

Aventar uma explanação que justifique o alcance teórico da Cognição 4E, se pautarmos pelas reflexões do autor, ainda ressoa como um problema que pode apontar para muitas arestas a serem superadas, mesmo porque as abordagens que para ela convergiram nem sempre apresentam um padrão teórico estável para conceber os objetos factíveis da cognição: por exemplo, não há uma única abordagem sobre *enação*: a proposta de Noë difere daquilo que pensa Hutto, por exemplo; não há unanimidade entre as abordagens quando está em pauta as formas de assunção do conteúdo perceptivo; validar a experiência fenomenológica sob a forma de representação e ou de conceptualismo não é consensual. Enfim, estamos diante de desafios tão complexos, que não podemos pensá-los como mera integração de percursos distintos que foram traçados a partir de trajetórias conceituais próprias para a cognição.

Por outro lado, num texto nesse mesmo *Handbook* que apresenta uma discussão geral sobre a Cognição 4E, Newen, de Bruin, and Gallagher (2018) se posicionam da seguinte forma:

> De acordo com os proponentes da cognição 4E, no entanto, os fenômenos cognitivos que são estudados pela ciência cognitiva moderna, como navegação espacial, ação, percepção e compreensão das emoções de outros, são, em certo sentido, todas dependentes dos detalhes morfológicos, biológicos e fisiológicos do corpo de um agente, de um ambiente natural, tecnológico ou social adequadamente estruturado e da interação ativa e incorporada do agente com esse ambiente. (p. 5)[13]

---

[13] According to proponents of 4E cognition, however, the cognitive phenomena that are studied by modern cognitive science, such as spatial navigation, action, perception, and understanding other's emotions, are in some sense all dependent on the morphological, biological, and physiological details of an agent's body, and

Os autores apontam nessa formulação um rol extenso e genérico de perspectivas - navegação espacial, ação, percepção, compreensão de emoções etc. - que deve atender a todas as dimensões que convergiram para a Cognição 4E. O fundamental nessa citação, todavia, é acentuar que nenhuma das dimensões é independente daquilo que os autores denominam de detalhes inerentes à atividade corpórea de um agente nos meios mais diversos em que esse agente venha atuar. Em parágrafos anteriores à citação acima, os autores já haviam ratificado esse teor de radicalização da corporificação, independentemente da orientação dada a uma abordagem da cognição, quando formulam:

> A cognição é incorporada, integrada, estendida ou enativa? As questões que continuam a ser debatidas dizem respeito à própria natureza da corporificação, a maneira precisa como cérebro, corpo e ambiente são acoplados ou integrados na cognição e o quanto podemos generalizar a partir da observação da corporificação em um tipo de desempenho cognitivo para outros. (p.4)[14]

A questão inicial dos autores nesse trecho traduz a dúvida do que devemos conceber como cognição (talvez como Cognição 4E), a partir das diversas abordagens que levaram a um arranjo da Cognição 4E, conforme vimos na discussão desenvolvida por Aizawa. Embora ainda submetida a debates sobre muitos detalhes, o teor das quatro dimensões convergentes não discrepa entre si sobre aquilo que é o essencial para a atividade cognitiva de um organismo (humano, em especial), isto é, os processos centralizados no corpo que podem, no entanto, não ter o mesmo valor operacional em cada uma

---

appropriately structured natural, technological, or social environment, and the agent's active and embodied interaction with this environment.

[14] Is cognition embodied, embedded, extended, or enactive? The issues that continue to be debated concern the very nature of embodiment, the precise way that brain, body, and environment are coupled or integrated in cognition, and how much we can generalize from the observation of embodiment in one type of cognitive performance to others.

das abordagens, conforme descrevem os autores. Eles reconhecem algum tipo de desempenho particular do organismo que cada uma dessas dimensões possa ativar, mas a dimensão do corpo – *sensores orgânicos* – do cérebro – *atividade cortical, mapeamento, reentrâncias* – do ambiente – *affordances disponíveis a atividades do organismo, sua capacidade de integrar objetos, fatos, conceitos à atividade orgânica* – se faz presente em todas elas de modo decisivo.

Assim, como a cognição depende do sistema estrutural e funcional do corpo com sua interação dinâmica e recíproca com o ambiente, os autores vão destacar quatro estágios diferentes dessa dependência do sistema corporal. Eles reconhecem a existência de processos: (a) fortemente corpóreos em razão da presença do corpo no processamento da experiência; (b) fortemente corpóreos em razão de processos extra-corpóreos; (c) fracamente corpóreos em função de processos corpóreos e (d) fracamente corpóreos em razão de processos extra-corpóreos. Os autores não desenvolvem esses parâmetros em detalhes de tal forma que mostrassem o comprometimento de cada uma das abordagens com essa intensificação gradativa do corpo para os processos de cognição, ainda que apontem uma relação de (d) com a abordagem integrada (*embedded*) e (b) com a estendida, evidenciando que tais abordagens não são um apelo unicamente corpóreo.

É possível justificar empiricamente aspectos desses parâmetros apontados pelos autores. Por exemplo, a percepção de padrões cromáticos – *vermelho, verde e azul* – decorre de uma leitura primária por cones especializados para ondas cromáticas irradiadas por uma superfície em função de comprimento longo, médio e curto respectivamente (item (b) acima). Por outro lado, todos os matizes cromáticos implicados numa paleta natural de qualquer organismo humano (com milhares de cores) decorrem da transdução de estímulos da experiência em redes corticais disseminadas por nossa atividade cerebral (item (a) acima). É claro, todavia, que ser fortemente extra-corpóreo não implica a exclusão de atividades corpóreas intrínsecas do organismo como essenciais: não percebemos nada fora da atividade cerebral; todas nossas enações sobre objetos do mundo passam por alguma forma de transdução cortical. Essa é a razão pela qual, no cômputo geral das abordagens cognitivas, a corporificação é ressaltada como padrão necessário.

Por fim, podemos concluir com os autores:

> Deve-se enfatizar que os proponentes da cognição 4E diferem muito em termos de seus compromissos com essas reivindicações e, consequentemente, em sua interpretação do que significa para a cognição ser incorporada, integrada, estendida e enativa. (p. 6) [15]

É possível que a centralidade do corpo para a atividade cognitiva, mesmo avaliada gradativamente e tendo nele um apelo necessário, mas não único para algumas abordagens, ainda ressoe como algo controverso quando se admitem duas orientações específicas. De um lado, costuma se questionar se a corporificação é constitutiva de todos nossos processos de cognição, ou se ela apenas mantém uma relação de causalidade com tais processos. De toda forma, sendo a corporificação constitutiva, ou elo de uma relação de causalidade, o corpo é um componente fundamental quando se trata da atividade experiencial do organismo em busca de informação. Afinal, que experiência poderia relegar a importância do corpo em termos funcionais?

É na trilha dessa questão que discutiremos uma dimensão relevante da Cognição 4E, ressaltando alguns aspectos do enativismo e pressupondo a presença do corpo como um componente de base.

---

[15] It should be emphasized that proponents of 4E cognition differ greatly in terms of their commitments to these claims, and consequently in their interpretation of what it means for cognition to be embodied, embedded, extended, and enactive.

ENATIVISMO

O enativismo (ou enação *latu sensu*) é uma abordagem que se tornou bastante disseminada nas discussões sobre a cognição humana; talvez a perspectiva, ao lado da corporificação, que mais destaca o que faz um organismo em sua presença no ambiente. A versão radical do enativismo, se autodenomina REC, por já prevê, na sua abordagem, uma integração entre enação e corporificação[16]. O enativismo é, independente da orientação teórica, responsável por caracterizar um deslocamento nas perspectivas de interação entre um organismo e o ambiente onde ele atua. O que conta para o enativismo é aquilo que o organismo faz no ambiente; é a forma como ele experiencia o ambiente para sustentar seu equilíbrio, para se auto-organizar. O enativismo redesenha, portanto, a relação entre organismo e ambiente, à medida que exclui, da atividade perceptiva, formas de intermediações como a representação e o conceptualismo. O enativismo radical descarta o intelectualismo para se fixar na experienciação natural do organismo com o ambiente.

Desse modo, mesmo que o enativismo não tenha uma versão única, há em comum, nas diversas orientações, um apelo a essa nova perspectiva: os dados podem estar no ambiente, devem fazer parte de saliências específicas dos objetos, mas é o organismo que os busca, que os interpela, que os modela ao se mesclar com o ambiente, na tentativa de otimizar sua busca por energia, por informação. Hutto (2011, p.9) afirma que o enativismo ressalta as habilidades do organismo em detrimento das teorias, destaca a experiência direta em detrimento do conceptualismo e da representação e, por isso mesmo, o *saber como* se torna prioritário sobre o *saber que*.

Esse conjunto de fatores enfatiza a dimensão processual das vertentes do enativismo contrapondo-se a abordagens mais sustentadas por produtos oriundos das teorias, de conceptualizações e de percepções mediadas pela representação. Assim, a cognição emerge

[16] A sigla REC para Hutto pode ser lida como *Radical Enactive/Embodied Cognition.*

da naturalidade de enações do organismo sobre o ambiente, embora nem todas abordagens tenham refletido esse teor de ação do organismo. Apesar de diferenças teóricas, há em comum entre todas as abordagens a questão do conhecimento humano, isto é, como o corpo sabe o que sabe pelo seu transcurso pelas coisas do mundo.

Como as abordagens teóricas mantêm conexão diversas entre si, é possível que o enativismo seja resultado de três outros movimentos marcantes no campo da cognição: (a) a *percepção direta*, como estratégia de integração do organismo ao ambiente e movida a partir da experienciação sensório-perceptiva; (b) a presença de *affordances* no ambiente como 'orientações' de que dispõe para ações do organismo e (c) *coupling*, como um processo que procura enfatizar as ações mútuas entre organismo e ambiente. Nenhum dos três conceitos é estranho ao enativismo, embora este tenha premissas próprias de condução do organismo, assumido, assim, um papel destacado para os processos cognitivos, a ponto de se realçar como uma das categorias de maior saliência que integra a Cognição 4E (*embodiment, enaction, embendded, extension*).

Embora o parâmetro central para as formas de enativismo, proposto a partir de Noë (2004), seja concebido em termos daquilo que o organismo faz no ambiente, existem dificuldades sobre a atividade sensório-perceptiva de ser ela responsável pela experienciação completa de um organismo. Para alguns autores, fatores adicionais devem ser implementados na qualificação dessa atividade. Há autores que pautam essa qualificação por uma visão mais teórica e destacam ora a representação, ora a conceptualização e a computação mental como fatores suplementares. Esses arranjos são vistos, sobretudo no âmbito do enativismo radical, como formas tradicionais e intelectualizadas que não atendem à experienciação de modo real. Assim, uma das tentativas para contornar tais dificuldades tem sido assumir a história orgânica do corpo em sua ação contínua como um implemento contingencialmente importante para a qualificação da experienciação percepto-sensorial. Por exemplo, a experienciação em pegar objetos com mão segue padrões históricos que o corpo implementa: abrimos uma porta, torcendo a maçaneta ou a chave para a esquerda, não seguramos um copo de plástico fino com a mesma intensidade muscular que o fazemos com um copo de vidro.

Como apontamos acima, um primeiro desafio que o enativismo coloca é alternar uma estratégia do *saber o que* para o *saber como;* essa alternância tem colocado em jogo a relação entre teorizações e habilidades, com destaque dessa última para o enativismo. Desse modo, podemos SABER O QUE seja uma *bicicleta* em seus detalhes mínimos – a estrutura das peças e organização funcional entre elas etc. – mas isso não nos assegura o SABER COMO *andar de bicicleta.* Essa contraposição reflete em parte, a dificuldade das abordagens enativistas com a representação, daí a alternativa apontada anteriormente de suplementar a atividade sensório-perceptual com a *história contingencialmente* vivida pelo organismo.

Essa perspectiva coloca em discussão o fato de que a estimulação percepto-sensorial, embora seja um fator essencial para a atividade cognitiva, não é suficiente para justificar tudo aquilo que a experienciação atribui às coisas do mundo. Não se trata, portanto de uma experiência primária apenas, mas de sua importância avaliativa que supera o teor sensório-perceptivo. Para Hutto, por exemplo, há uma abundância de fatos que traduzem nossas experiências para além do sensorial e que nos envolvemos com elas como forma de ter experiências legítimas com o mundo das coisas. Não existe, todavia, um conhecimento unânime sobre o que, de fato, constitui esses complementos que integram nossas experiências que se alastram para além do sensorial. Devemos acrescentar a esses fatores o fato de nossas experiências se constituírem em um processo continuamente enriquecedor de nossas experiências: o que acrescentamos hoje à nossa atividade sensorial sobre os objetos e os fatos do mundo diferirá daquilo que acrescentaremos em dias subsequentes. Hutto (2011) chega a concluir o seguinte, lembrando McGann (2010, p.79)[17]

---

[17] What marks out enactivist approaches, in the main, is that they lay stress not on the exercise of conceptual or representational capacities but instead on the history of organismic activity as providing something extra. Thus what is necessary for

O que caracteriza as abordagens enativistas, em geral, é que elas enfatizam não o exercício de capacidades conceituais ou representacionais, mas sim a história da atividade orgânica como fornecendo algo extra. Assim, o que é necessário para experimentar, além da estimulação sensorial apropriada, é a própria "história do organismo e a história de várias contingências de reforço"

O enativismo desenvolve uma perspectiva contrária tanto ao conceptualismo, como ao representacionismo, pois, ainda que faça ressalvas à atividade sensorial, o que conta é a riqueza real da experienciação. Aqui, lembrando McGann (2010) mais uma vez, Hutto (2011) enfatiza a história contigencialmente vivenciada pelo organismo: o que vale é o organismo com seu ímpeto histórico-experiencial para superar os limites do sensorial. Assim, McGann (2010, p. 80) complementa:

> A percepção é um complexo de motivações e atividades contínuas do agente cognitivo que é contextualizada pelas necessidades do animal, seu comportamento e sua história – não é a saída de uma cadeia progressiva de processamento, uma linha de montagem de sensações. Nem é uma previsão neutra do que a sensação pode ser, ...[18]

Nessa síntese que desenvolvemos aqui sobre aspectos gerais que envolvem vertentes da cognição e, em especial o enativismo, projetamos horizontalmente algumas orientações diferenciadas daquilo que representa os desafios que são colocados para o conhecimento direto do organismo a partir de sua atividade experiencial no mundo. Cada uma das vertentes da Cognição 4E tem características próprias de abordar a experienciação e seria impossível nesse

---

experiencing, in addition to appropriate sensory stimulation, is the organism's own "history and the history of various reinforcement contingencies"

[18] Perception is a complex of motivations and ongoing activities of the cognitive agent that is contextualized by the animal's needs, its behavior and its history – it is not the output of a progressive chain of processing, an assembly-line of sensations. Nor is it a neutral prediction of what the sensation might be, ...

espaço tentar contemplar todas elas. A opção pelo enativismo, uma abordagem complexa no campo da cognição, decorre de certa possibilidade de antever, nos artigos que compueram a presente edição, aspectos que podem ter sido precursores (e até mesmo consequentes) do próprio enativismo.

REFERÊNCIAS

AIZAWA, Ken (2018). Critical note. So, What Again is 4E Cognition? In: NEWEN, Albert, BRUIN, Leon de, GALLAGHER, Shaun (Ed.) *The Oxford Handbook of 4E COGNITION*. Oxford, Oxford University Press, p. 117-126.

AQUINO, São Tomás de. (s.d). *Summa Theologicae*: Ad corpore. 1ª parte, q. 67, p. 1273.

BARWICH, Anne-Sophie (2017). Up the nose of the beholder? Aesthetic perception in olfaction as a decision-making process. In: *New Contents in Psychology*. Elsevier, p. 1-9.

BARWICH, Anne-Sophie (2020). *Smellosophy: what the nose tells the mind.* Cambridge, Mass., Harvard University Press. (Kindle Edition).

BERKELEY, George, M. A. (1709). *Essays Toward a New Theory of Vision,* Aaron Rhames (ed), Duplin.

BERKELEY, George. (1984). *Tratado sobre os Princípios do Conhecimento Humano*. São Paulo: Abril, Cultural.

CONDILLAC, Étienne Bonnot. (1984). *Traités des sensations et des animaux*. Paris: Fayard.

DESCARTES, Renée. (1824) *La Diophtique: discours sixième. De la vision*. (disponível - https://www.devoir-de-philosophie.com/ressources-gratuites/la-dioptrique-discours-sixieme-de-la-vision-descartes-1

Di PAOLO, Ezequiel A. (2018). The Enactive Conception of Life. In NEWEN, Albert, BRUIN, Leon de, GALLAGHER, Shaun (Ed.) In: *The Oxford Handbook of 4E COGNITION*. Oxford, Oxford University Press, p. 71-94.

GOETHE, J. W. (1993). *Doutrina das Cores*. São Paulo: Nova Alexandria.

HUME, David. (1984). *Investigação sobre o Entendimento Humano.* São Paulo: Abril, Cultural.

HUTTO, Daniel D. (2011). Enactivism: Why Be Radical? In BREDEKAMP, H. **and** KROIS, J.M, (eds.): *Sehen und Handeln*. Akademie Verlag, .

HUTTO, Daniel D., MYIN, Erik (2018). Going Radical. In: NEWEN, Albert, BRUIN, Leon de, GALLAGHER, Shaun (Ed.) *The Oxford Handbook of 4E COGNITION*. Oxford, Oxford University Press., p. 95-116.

LOCKE, John. (1978). *Ensaio acerca do Entendimento Humano*. São Paulo: Abril, Cultural.

McGANN, Marek (2010). Perceptual Modalities: Modes of Presentation or Modes of

Interaction? *in Journal of Consciousness Studies*, **17**, No. 1–2, pp. 72–94.

NEWTON, Isaac. (2002). *Óptica*. São Paulo: EDUSP.

NOË, Alva (2004). The enactive approach to perception: an introduction in: *Action in Perception*. Cambridge, Mass. The MIT Press, p. 1-34.

NEWEN, Albert, BRUIN, Leon de, GALLAGHER, Shaun (Ed.) (2018). 4E Cognition - Historical Roots, Key Concepts, and Central Issues *in: The Oxford Handbook of 4E COGNITION*. Oxford, Oxford University Press.

RIETVELD, Erik, DENYS, Damiaan, van WESTEN, Maarten, (2018) Ecological- Enactive Cognition as Engaging with a Field of Relevant Affordances: The Skilled Intentionality Framework (SIF). In NEWEN, Albert, BRUIN, Leon de, GALLAGHER, Shaun (Ed.) *The Oxford Handbook of 4E COGNITION*. Oxford, Oxford University Press, p. 41-70.

SCHOPENHAUER, Arthur (2003). *Sobre a Visão e as Cores*. São Paulo: Nova Alexandria.

VON HELMHOLTZ, Hermann (1893) *The Recent Progress of the Theory of Vision*. London, Longmans.

WITTGENSTEIN, Ludwig. (1987). *Anotações sobre as Cores*. Lisboa: Edições 70.

CAPÍTULO 2

ATTENTION AS A CONSTRUCTIVE PROCESS OF CONSCIOUS EXPERIENCES

Giorgio Marchetti

www.mind-consciousness-language.com Research center, Italy

INTRODUCTION

The human species was able to develop what can be termed in a very general sense "new experiential dimensions", such as science, art, economy, and politics, which did not exist before and which have their own specific laws, procedures, techniques and features. The new experiential dimensions allowed human beings to produce new artifacts, develop new technologies, attitudes, expectations, ideas, and practices, create new realities and inhabit new "worlds", on top of the original one from which they originated and broke away. They proved to be useful for the development and progress of our species (just think of how the science of medicine helps the human species overcome diseases) and gave us new degrees of freedom (just think of how one can get in touch with anyone else at any time simply by using a cell phone), substantially enhancing our capacity to autonomously act in the environment.

There is no doubt that the capacity of our species to achieve such an advanced level of progress and autonomy, is largely due to the fact that it is endowed with a very sophisticated and evolved mind equipped with the fundamental faculties of consciousness, self-consciousness, and language.

Thanks to consciousness, we can not only perceive environmental stimuli but also effectively and vividly simulate new situations and conditions. We can thus anticipate, at least to a certain point, the consequences of actions, imagine new scenarios, devise new solutions, and so on. Language allows us to communicate what we think and imagine, and consequently to inter-subjectively verify the validity of our reasoning, anticipations, expectations, etc. Self-consciousness gives us the immediate notion that we are in control of our own actions, and can decide their course. Indisputably, all these faculties make our autonomy stronger and easier to achieve.

What is it that renders human consciousness such a powerful tool capable of simulating new situations and imagining future events? How can language transmit such impalpable things as thoughts? What are the mental processes that underpin these faculties?

In this article, I will put forward the hypothesis that what makes consciousness such a powerful tool is its capacity to abstract from present and proximal stimuli, and to process absent and distal stimuli. This capacity allows for the formation, among other things, of conscious contents such as simulations, imaginal and conceptual thought, and meanings. Once formed, these conscious contents can be transmitted by means of linguistic meaning, which is a socially codified form of meaning. The main (albeit not sole) mental process that underpins consciousness is attention. Attention plays an essential role in the emergence and shaping of consciousness, self-consciousness and conscious contents.

In a very general sense, a system (whether organism, person, or artifact) can be said to be autonomous from the physical environment if it is not just "automatically" responding to environmental stimuli, that is, if its behavior is not determined and driven from the outside, but rather from its own self-generated goals and intentions. Likewise, a system is autonomous from its social environment, that is, from its cognitive-social agents, if it is able to act independently from their will to control or influence it. Finally, a system is autonomous if it is able to independently build its own knowledge, that is, resisting possible wrong information or suggestions, and on that basis to form justified, supported beliefs (CASTELFRANCHI, 2012).[19]

Human consciousness proves to be a unique tool in helping us avoid on-line, automatic responding to environmental, actually given stimuli: people focus an average of 30%-40% of their thoughts on matters that are unrelated to what is happening here and now (KLINGER; COX, 1987). Even when conscious thoughts concern current behaviors, they are often used for the purpose of recalling similar behaviors from the past, anticipating the consequences of present behaviors, or pondering alternative courses of action (BAUMEISTER; MASICAMPO, 2010).

As Hommel et al. (2001) argued, the transition from a very primitive form of behavior in which the system only responds automatically to a given stimulus condition, to a more sophisticated one in which the system plans its goal-directed actions, is marked by the development in its cognitive apparatus of a common representational domain for perceived events and planned action, on top of the old system for mapping and response selection. In fact, this common representational domain permits to bridge the

[19] Some other attributes, such as resource management, seem important to qualify a system as autonomous (see THÓRISSON; HELGASSON, 2012), but these are subordinate to the system's goals and intentions.

two functional gaps introduced by the new sophisticated behavior: the gap between events going on at present and events forthcoming in the future—that is, between on-line generated perceptual representations and off-line generated conceptual constructions—and the gap between planned actions and intended future events. The common representational domain bridges the two gaps by creating a commensurate coding between events and actions, and between perceived present events and intended future events.

What is important here is that it is at the level of *distal,* rather than proximal, representation that event codes and action codes, as well as on-line perceptual representations and off-line conceptual constructions, can be generated and maintained in a common format. Distal coding refers to events in the world, where the body is in some sense part of the world, and as such irrespective of whether exteroceptive, interoceptive or proprioceptive senses inform it. In contrast, a code is proximal if it refers to the physiological correlates of the physical information reaching our sense organs (HOMMEL, 2009; JANCZYK et al., 2009). Examples of distal coding are distance, size and location of stimulus or response; examples of proximal coding are the neural patterns in the receiving sense organs and closely related processing systems, such as retinal excitation patterns and the electrical activity in various parts of the visual cortex.

Why is this common representational domain dependent on distal representations and does not work with proximal representations? Hommel et al. (2001, p. 877-878) offers two reasons. First, coordinating actions and events is much easier in terms of distal than proximal representations. Proximal representations are both incommensurate and incomplete, one class of representations referring to sensory features and the other to motor features. Any action planning on this basis would therefore require heavy interaction between these different domains of representation. On the contrary, with distal representations, the coordination of actions and environmental events can be performed in a single and coherent domain. Second, the forecasting of events is much easier in terms of distal than proximal representations. Coordinating future actions with future environmental events requires representational resources capable of elaborating reliable scenarios for the future course of environmental events, as well as building one's own actions into this course in order to achieve certain goals. These two tasks are hard to solve with proximal representations. Forecasting future and environmental events in terms of their proximal (sensory) representations would imply an explosion of degrees of freedom, due to the virtually infinite number of the system's possible perspective on those events. The same would apply to the planning of future actions in terms of their proximal (motor) representations: there is always a virtually infinite number of bodily movement patterns through which a given action can be realized. As a consequence, there is no reasonable way to plan the future in terms of proximal representations. Forecasting events and planning actions requires representational resources with distal reference.

Moreover, distal coding of stimulus objects and action plans offers some other computational advantages. Firstly, it greatly increases the inventory of the available codes: while proximal codes, such as feature detectors in the visual modality, are fixed and of a limited number, the resolution of distal coding is virtually unlimited, so much so that it can refer to complex and abstract dimensions as "sit-on-ableness". Secondly, it allows perception and action planning to abstract from domain- and modality-specific (visual, kinesthetic, etc.) coding characteristics, and refer instead to an event's informational content. As Snyder and Munakata (2010) observe, abstract representation allows for a general reduction of the computational effort: by encompassing groups of lower-level instances and generalizing over irrelevant within-category variance, abstract representations reduce competition from extra-category items, constrain the search space and reduce selection demands.

As Hommel et al. (2001) observe, the fact that the common representational domain only works with distal representations, explains one of the main phenomenal characteristics of human consciousness, namely why, when we look at a flower, we see a flower rather than for example the neural and chemical signal activity patterns in our brain elicited by the vision of the flower. That is, it accounts for the fact that conscious contents give the impression of there being actual things "out there" in the world, rather than there being things "in here", in our brain.

This also explains, in my view, the "virtual" nature of human consciousness, that is, the fact that consciousness does not reach out into the external world, but is instead engaged in internal "world simulation" and "world presentation"—a fact well highlighted by Revonsuo (2006, p. 106): "The objects we experience around us, the objects directly present for us, are not the real physical objects out there in physical space, but purely experiential phenomena, located entirely within the sphere of the phenomenal level", as well as by Lehar (2003, p. 404):

> we cannot in principle have direct experience of objects in the world itself but only of the internal effigies of those objects generated by mental processes. The world we see around us can only be an elaborate, though very compelling, illusion, which must in reality correspond to perceptual data structures and processes occurring actually within our heads."

Indeed, once the system is deprived of a proximal, immediate contact with the environment, the only possibility for it to have a contact with the environment is in a *mediated* way. By cutting the direct links of the system with proximal environment, the transformation from a purely automatic, rigid stimulus-response processing style to an autonomous, flexible and constructive one driven by self-generated tasks, makes consciousness the only possible (virtual) reality or environment that the system can experience and in which it can live. The system does no longer passively process—like a thermostat—the pre-defined information of the environment, but actively contributes to construct and define it (and along with it, to construct the system's environment) according to its own needs, values and plans: a process which, as it seems, can only occur in a conscious medium, in the sense that in order for it to happen, it concurrently requires both the generation and the use of conscious experience.

Sometimes, the virtual and mediated nature of human consciousness has been described as a "fiction", an on-going "movie" or a "film" (BAUMEISTER; MASICAMPO, 2010; DENNETT, 1991), in which we are inescapably and continuously immersed, play the main character, and occupy the central stage. This metaphor could seem to be too strong, and some may not accept it. However, if we just consider how arbitrarily human consciousness constructs the reality, the metaphor will certainly become more comprehensible and acceptable: because of the time taken by neural processing (LIBET, 2004), our perceptual systems must draw conclusions based on data that are slightly outdated, so much so that we are bound to continuously live "in the past" (EAGLEMAN; SEJNOWSKI, 2000, 2007) and put together the best possible story about what's going on in the world; visual illusions such as the colour-phi illusion,[20] the Fröhlich effect, the tunnel effect, as well as many others analyzed by Gestalt psychology show that the way we perceive the world depends not so much on a concern for faithfully representing and duplicating it, as on the need for obtaining a representation of the world that is meaningful for us and the purposes and expectations we have (GALLAGHER; ZAHAVI, 2008; VICARIO, 2001, 2005), on the way our bodies are physically and biologically structured (GIBSON, 1986; MATURANA; VARELA, 1992), and on the specific neurobiological mechanisms responsible for producing consciousness-level perceptual awareness (BACHMANN, 2013); we see more than what is there (O'REGAN; NOË, 2001), as has been shown by the

[20] Two differently coloured lights, with an angular separation of a few degrees at the eye, are flashed in succession. If the interval between the flashes is about 50ms, the first light that is flashed appears to move across to the position of the second light. Moreover, the light seems to change colour as it moves across the visual field.

phenomenon of the physiological blindspot or *punctum caecum* (that is, the place in the visual field that corresponds to the lack of light-detecting photoreceptor cells on the optic disc of the retina where the optic nerve passes through) and psychological experiments such as McCloskey and Watkins' (1978): when the full shape of a stimulus is moved back and forth behind a window cut in an opaque screen, more of the stimulus is seen at a given instant than is physically present; change blindness experiments (SIMONS; LEVIN, 1997, 1998) and inattentional blindness experiments (MACK; ROCK, 1998) show that we see less than what is physically given; in the cinema, we even "pay money to watch a succession of flat, still images that appear to be rich with motion and depth" (EAGLEMAN, 2001, p. 920).

In brief, distal coding, allowing for a representation of events and objects that is abstracted from domain- and modality-specific characteristics, and not directly and causally linked to the "here and now", paved the way for the emergence of human consciousness as we know it today: a consciousness that "arbitrarily" depicts reality in a certain spatial and temporal (distal) way, lets us remember past events and imagine future events, and allows us to perceive, think about and conceive of the same physical object or event in several, different ways (a wood can be seen not only as such but also as "many trees" or "a beautiful place") and conversely perceive, think about and conceive of several, different physical objects or events in the same way (oaks, elms and pines can all be seen as "trees").

THE ROLE OF ATTENTION IN THE EMERGENCE OF CONSCIOUSNESS

What are the main mechanisms allowing for the generation of distal, abstract codes and, consequently, phenomenal experience? Hommel et al. (2001) identify attention as one of the main mechanisms (even though not the only one) responsible for the formation of a common coding representing the distal features of events and objects. In fact, attention is involved in both of the two main steps necessary to originate such coding, that is, the selection of the relevant features to be processed (PASHLER, 1989), and the integration or "binding" of the selected features (TREISMAN; GELADE, 1980).

Likewise, Barsalou (1999) assigns attention a central role in the formation of perceptual symbol systems, that is, the schematic memories that constitute the common representational system underlying perception and cognition. Attention is a key analytic mechanism in parsing experience into the schematic components that ultimately form concepts, whether of perceptual (such as "red" or "hot") or abstract nature (such as "true" and "false"). Through selective attention, individual perceptual components derived from modality-specific experience are extracted in schematic fashion—so that commonalities are abstracted across specific instances of perceptual states—and recorded, in bottom-up fashion, in long-term memory. Once formed, perceptual symbols can be reactivated or simulated in a top-down fashion and used to support the range of symbolic and practical behaviors that subserve a fully functional conceptual system.

Hommel (2010) hypothesizes that attention is a by-product of action control in a distributed processing system: it "originally evolved to deal with control problems arising from distributed representation and processing and from the share of labor between offline, anticipatory action planning and online action adjustment in particular" (*ibid.*, p 134). He also hints at how attention could contribute to the formation of consciousness: as empirical research shows (CRAIGHERO et al., 1999; MÜSSELER; HOMMEL, 1997), a necessary condition for the emergence of consciousness is the attentional binding of the selected features (whereas the sole attentional selection of features would not be sufficient for consciousness to occur).

The idea that attention is linked to attention is not new (JAMES, 1890; POSNER, 1994; O'REGAN; NOË, 2001). Currently, there is not yet a shared view on the nature of the relationship between attention and consciousness, and the debate is still open about whether attention is really necessary for consciousness (for a review, see TSUCHIYA; VAN BOXTEL, 2013). The positions range from those who maintain that attention and consciousness are distinct phenomena that need not occur together (BACHMANN, 2011; KOCH; TSUCHIYA, 2006, LAMME, 2003; VAN BOXTEL et al., 2010) to those who maintain that the two are inextricably linked (DE BRIGARD; PRINZ, 2010; MACK; ROCK, 1998; POSNER, 1994). However, as I have tried to show (MARCHETTI, 2012; for a similar criticism, see DE BRIGARD; PRINZ, 2010; KOIVISTO et al., 2009; KOUIDER et al., 2010; SRINIVASAN, 2008), the view that there can be consciousness without some form of attention originates primarily from the failure to notice the varieties of forms and levels of attention (ALVAREZ, 2011; CHUN et al., 2011; DEMEYERE; HUMPHREYS, 2007; LABERGE, 1995; LAVIE, 1995; NAKAYAMA; MACKEBEN, 1989; PASHLER, 1998; TREISMAN, 2006) and consciousness (BARTOLOMEO, 2008; EDELMAN, 1989; IWASAKI, 1993; TULVING, 1985; VANDEKERCKHOVE; PANKSEPP, 2009). Not all forms of attention produce the same kind of consciousness, and vice versa not all forms of consciousness are produced by the same kind of attention. There are cases of consciousness in the absence of a focal form of top-down attention, but in the presence of a diffused form of top-down attention (ALVAREZ, 2011; CHONG; EVANS, 2011; TREISMAN, 2006). There are cases of consciousness in the absence of top-down attention but in the presence of some other form of attention, such as bottom-up attention (CARRASCO, 2011; CHICA et al., 2013). But there are never cases of consciousness in complete absence of some form of attention.

It should be noted that the fact that attention is necessary for consciousness does not imply that attention is the same thing as consciousness. In fact, not always does attention generate conscious phenomena: attention can also generate and modulate unconscious ones (NACCACHE et al., 2002; MONTASER-KOUSARI; RAJIMEHR, 2005; SUMNER et al., 2006; BAHRAMI et al., 2008). Moreover, as various authors have observed, some additional components other than attention are necessary for consciousness to occur, such as sense-organs, somatosensory organs, working memory, expectations and capacity of anticipation (see for example BAARS, 1988; EDELMAN, 1989; HAIKONEN, 2003; MARCHETTI, 2010, 2018, 2022; SRINIVASAN, 2008). Finally, there are models of attention that explicitly add the functions performed by some of these components to the ones classically associated with attention (for example KNUDSEN [2007] proposes that attention reflects the combined contributions of four distinct processes: working memory, competitive selection, top-down sensitivity control, and automatic filtering for salient stimuli), which is tantamount to admitting that such additional components are also necessary for consciousness.

On the basis of empirical evidence showing the tight link between attention and consciousness, as well as the specific nature and features of attention, I put forward a proposal (MARCHETTI, 2010, 2018, 2022) aiming at explicitly accounting for the phenomenal character of consciousness in terms of the working of attention. My hypothesis is that the phenomenal character of conscious experiences can be explained by considering the organ of attention as the source of the neural energy[21] necessary to perform attentional activity, and

[21] The concept of neural energy – for which alternative terms, such as "nervous energy", "psychic energy", "limited capacity processor", "resource", "effort", "pool of limited capacity", have also been used – has been analysed in various ways in relation to attention by many researchers and authors, for example: Csikszentmihalyi (1992), Kahneman (1973), Mach (1890), Wickens (1984).

attentional activity as an activity that, in a circular way, temporarily modulates the state of energy of the organ of attention. *It is precisely the temporary modulation of the state of the neural energy of the organ of attention, which occurs as a result of attentional activity, that constitutes the phenomenal aspect of consciousness.*[22]

The most basic, elemental conscious forms that such a temporary modulation gives rise to are either that of a constraint or a lack of constraint (to act in general): this aspect was illustrated very well by Piaget (1937), who – in describing how the idea, or concept, of an object is built up during the first stages of intellectual development - observed that the subject recognizes his own reaction before he recognizes the object as such. The constraints that a person experiences when acting attentionally are determined by the level of attention applied, the specific structure of his body and the relations resulting from the interaction between his body and other entities.

[22] This insight was partly inspired by Damásio's work; see for example: "We become conscious when the organism's representation devices exhibit a specific kind of wordless knowledge—the knowledge that the organism's own state has been changed by an object" (DAMÁSIO, 1999, p. 25).

THE PERIODIC NATURE OF CONSCIOUSNESS AND ATTENTIONAL PROCESSING

No doubt, one of the main features of conscious experience is its seamless, continuous nature. This feature is very well described by (GALLAGHER; ZAHAVI, 2008, p. 77):

> "If we look at a pedestrian who is crossing the street, our perception will not be restricted to capturing the durationless now-slice of his movement. Perceptually, it is not as if the pedestrian suddenly appeared as out of nowhere; and further, we do not have to engage in an explicit act of remembering in order to establish the temporal context of his current position. Nor, however, will it be the case that all the previous slices of his movement are perceptually present in the same way as his current position. If that were the case, the pedestrian would perceptually fill the entire space he has just traversed".

Intuitively, this feature, which was also captured by James' (1890) fortunate expression "stream of consciousness", seems to rest on a seamless neural processing that goes on continuously and uninterruptedly. However, an alternative account of the underlying neural mechanisms is also possible and seems even more plausible: conscious experience would rely on *discrete* processing epochs (VANRULLEN; KOCH, 2003). After all, it is well known that there is a certain minimal interstimulus interval (variable across senses, and estimated to be around 20-50 ms) below which two successive events are experienced as simultaneous (HIRSH; SHERRICK, 1961; SZYMASZEK et al., 2009), and that no one can attend continuously and uninterruptedly to an object that does not change (JAMES, 1890). Moreover, basic temporal integration mechanisms uniting disparate events into perceptual segments have been identified on different time scales and also in more complex intersensory perceptual tasks (for a review, see WITTMANN, 2011).

The insight that conscious experience is, in fact, the outcome of the combination and assembly of distinct processing epochs is substantiated by an increasing body of neurophysiological investigation (BAUMGARTEN et al., 2015; BLAIS et al., 2013; BUSCH et al., 2009; DOESBURG et al., 2009; FIEBELKORN et al., 2018; FINGELKURTS; FINGELKURTS, 2006, 2014; FINGELKURTS et al., 2010; KRANCZIOCH et al. 2007; MATHEWSON et al., 2009; NEULING et al., 2012; ROMEI et al., 2010; SHERMAN, et al., 2016; VAN DIJK et al., 2008; VANRULLEN, 2016; VARELA et al. 1981; WUTZ; MELCHER, 2014)[23].

This research shows that the physiological basis of the periodic processing epochs is essentially provided by electrical neural oscillations. Neural oscillations underpin visual perception (BLAIS et al., 2013; BUSCH et al., 2009; DOESBURG et al., 2009; MATHEWSON et al., 2009; ROMEI et al., 2010; SPAAK et al., 2014), perception of auditory stimuli (HO et al., 2019; NEULING et al., 2012), memory formation (LUO et al., 2013), maintenance of working memory information and temporal organization of working memory items (ROUX; UHLHAAS, 2014), somatosensory perception (BAUMGARTEN et al., 2015), perceptual priors (SHERMAN, et al., 2016) and evidence updating during decision making (WYART et al., 2012).

What is interesting to note for our discussion is that attention also operates in a periodic, pulse-like manner (BUSCH; VANRULLEN, 2010; DUGUÉ et al, 2015; FIEBELKORN et al., 2013; FIEBELKORN; KASTNER, 2019; LANDAU; FRIES, 2012; LANDAU et al., 2015; SENOUSSI et al., 2019; SONG et al., 2014; VANRULLEN, 2013, 2018; VANRULLEN et al., 2007; ZALTA et al., 2020; ZOELF; SOKOLIUK, 2014), and that, by so doing, it critically shapes conscious perception (DUGUÉ; VANRULLEN, 2017; GAILLARD; BEN HAMED, 2022; NAKAYAMA; MOTOYOSHI, 2019). For example, VanRullen et al. (2007) found that attention, even when focused on a single target location, samples information periodically like a blinking

[23] However, it should be noted that this field of research is not immune to controversy. See for example Fekete et al. (2018) and Keitel et al. (2022).

spotlight. Moreover, by analyzing the correlation between detection performance for attended and unattended stimuli and the phase of ongoing EEG oscillations, Busch and VanRullen (2010) showed that detection performance for attended stimuli actually fluctuated over time along with the phase of spontaneous oscillations in the θ (≈7 Hz) frequency band just before stimulus onset. This fluctuation was absent for unattended stimuli. This pattern of results suggests that attention in fact exerts its facilitative effect on perception in a periodic fashion. Doesburg et al.'s (2008) findings support the view that gamma-band synchronization is the mechanism that implements the selective properties of attention, its integrative properties, and the special relationship between attention and consciousness. Landau and Fries' study (2012) shows that selective attention samples stimuli in rhythmic way.

Further evidence of the link between attention and periodic brain processes is provided by studies in which oscillatory brain responses are entrained by periodic stimulation (JONES et al., 2002). The periodic nature of attentional processing is also visible at wider temporal scales: spontaneous eyeblinks, which occur 15-20 times per minute on average – are tightly correlated to attentional processing in that they tend to occur at breakpoints of attention, such as the end of a sentence while reading, a pause by the speaker while listening to a speech, and implicit breakpoints while viewing videos. This tight correlation has led Nakano et al. (2013, p. 702) to hypothesize that "eyeblinks are actively involved in the process of attentional disengagement during a cognitive behavior by momentarily activating the default-mode network while deactivating the dorsal attention network".

In summary, by demonstrating the periodicity of attention's operation and its influence on conscious perception, this extensive body of evidence further supports the hypothesis that conscious experience primarily arises from attention's functioning.

THE ADVANTAGES OFFERED BY ATTENTIONAL DISCRETE PROCESSING

What advantages might attentional discrete processing offer? From a purely computational point of view, there are certainly various advantages. According to Buschman and Miller (2010), restricting computations to discrete windows of time would: (a) ensure that informative spikes occur with the temporal precision that is both necessary for integration by downstream neurons and for spike-timing dependent plasticity; (b) act to stabilize and organize the neural network and its computations: periods of inhibition may act to "reset" the network to a base state, effectively limiting the number of states that neurons could obtain; (c) allow for easier coordination of processing within and between brain regions, by providing a specific moment at which information must be available for computation in a specific region, and at which the outcome of the computation is available. Baumgarten et al. (2015) further observe that discrete sampling of sensory information allows for the possibility of transforming perceptual input into temporal code, metabolic efficiency, and the efficient organization of information, thereby preventing information overload.

VanRullen et al. (2007) observe that the active, overt periodic sampling of the environment is a ubiquitous property of sensory systems (saccades in vision, sniffs in olfaction, whisker movements in rat somatosensation, and even electrolocation in the electric fish) and that attention might have evolved from these periodic processes, as a more economical means of covertly sampling endogenous representations.

In my view, however, the greatest advantages of discrete processing can be appreciated from the more general point of view of knowledge acquisition and production. Essentially, once the system has acquired the capacity to endogenously control attention,[24]

[24] It has been hypothesized that the endogenous system is phylogenetically younger than the exogenous one, which allows for the automatic responding to

that is, to pilot it on the basis of the knowledge acquired from previous experience rather than of immediate sensory stimulation (CORBETTA; SHULMAN, 2002; POSNER, 1980), the periodic nature of attentional processing gives it the possibility of stopping at any time the ongoing sequence of attentional operations and initiating a new one (LOGAN; COWAN, 1984). This allows the system to *disengage* from whatever flow of information is being processed and, subsequently, focus on a different piece or level of information. This is precisely the necessary precondition for cutting the direct links of the system with its proximal environment, and making common coding and distal processing possible (HOMMEL et al., 2001). Indeed, in order to be able to autonomously build the information necessary to satisfy its self-generated plans, the system must first stop to process the proximal information in an automatic, rigid stimulus-response way: this gives it the possibility of endogenously filtering out, selecting, assembling and integrating whatever information best fits its needs. As Haikonen (2003, p. 72) observes (commenting on the fact that when we scan a rough surface by mean of a rigid stick, we do not perceive the vibrations of the stick against our fingers but rather the groove patterns of the surface, even if there are no nerves on the tip of the stick), distal processing is not achieved by the hard-wired system of nerve fibers and cells "but by the omission of nerve end position information".

We already saw some of the advantages implied by common coding and distal processing with regard to the coordination between perception and action, and more in general the possibility for the generation and execution of self-generated plans and actions. But common coding and distal processing also offer some other

---

environmental demands and reacting quickly to stimuli that are likely to provide behaviourally relevant information (CARRASCO, 2011). Ontogenetically, the ability to endogenously control attention is not fully given at birth, but emerges and develops progressively in infancy (COLOMBO; CHEATHAM, 2006); more in general, the ability to endogenously control behaviour comes later than the ability to react on an exogenous basis (SNYDER; MUNAKATA, 2010).

advantages. By making us perceive the origination point of a sensation as being somewhere other than the real point of origination of the nerve signal (that is, the sensor or the tip of the nerve), common coding and distal processing make it possible for us to detect objects' directions and distances - thus allowing for adaptive locomotion (HIGUCHI, 2013) -, create mental maps of the surroundings, distinguish between internally and externally generated sensations, and ultimately enhance the sense of self (HAIKONEN, 2003).

Additionally, the periodic nature of attentional processing enables the segmentation of the continuous and undifferentiated stream of environmental information into elemental pieces of information. With the support of some supplementary organ such as working memory, procedural memory and comparators, these elemental pieces can be used as basic *mental atoms* or *building blocks* for a constructive process in which they are variously and recurrently assembled, combined and related.[25] Such a constructive process paves the way to very fundamental enhancements for the autonomy of the system. Let's consider some of these.

The constructive process allows for the possibility of creating new experiential dimensions on top of the one from which they originate. By focusing on, selecting and combining otherwise unrelated elements, attention makes us have conscious experience of events, objects and features that we would have never had if it had not been for its working. Therefore, we can imagine and simulate new scenarios and conditions: as observed by as Baumeister and

---

[25] As Fingelkurts et al. (2013) show, by means of electroencephalogram (EEG) measurement it is possible to identify both the single, simplest mental building-blocks and their combinations: "It has been proposed that EEG quasi-stationary segments (…) are equivalent to *simple mental operations* (phenomenal qualities, primary cognitive operations and emotions). (…) The quasi-stationary EEG segments (..) are *glued* to one another by means of the *rapid transitional processes/periods* (RTPs). RTP are observed within a short-time window, when EEG amplitude changes abruptly. Each RTP has very short duration in comparison to quasi-stationary segments length and can therefore be treated as a point or near-point. Thus, RTPs (or abrupt jumps in EEG amplitude) are, in fact, the markers of boundaries between concatenated quasi-stationary segments" (p. 8-9).

Masicampo (2010, p. 958), the full power of human consciousness consists in using the mental capacity for constructing sequential thoughts to conduct simulations during wakefulness, without relying on sensory input.

Typical examples of new experiential dimensions that did not exist in nature are art, ethics and economy: each is built on a specific and articulated way of relating and combing the selected mental building blocks (AMIETTA, 1991; CECCATO, 1972; MARCHETTI, 1997). However, even more basic experiential dimensions are produced thanks to attentional discrete processing: one of these is time. Even though time seems to be a ubiquitous, absolute reality given universally and independently of us, a careful examination testifies to the contrary: time is primarily a transitory mental product. As evidenced by studies of developmental psychology (DROIT-VOLET, 2001), the notion of time is not innate, but progressively develops in children until the age of 8-10; we do not always experience the passage of time, but only occasionally and mainly when we are led by the context to do so; even the very experience of the passage of time does not prove to be really independent of us: indeed, it can be modulated by so many and various subjective factors such as stress, expectations, age, habit, etc., that the same physical event can be experienced to last differently according to which of these factors comes into play (FLAHERTY, 1999). Likewise for the experience of the succession of events: when attending to a particular stimulus, we perceive it earlier in time than if we had directed attention elsewhere (SPENCE, 2010). The temporal dimension is primarily a mental construct: as such, we experience it only when, and according to the way in which, we attentionally constitute it (whether voluntarily or induced). As I have tried to show (MARCHETTI, 2009), time-sensation is determined by the quantity of incremental labor performed by the portion of our attention (A_t) that is kept focused on the conscious product of the activity performed by means of another portion of one's attention (A_e). The activity performed by A_t represents the "temporal activity" (for instance, estimating duration); the activity performed by A_e

represents the "non-temporal activity" (for instance, perceiving the shape of an object). The amount of neural energy—supplied by the organ of attention—expended to support the activity of A_t constitutes the basis on which the conscious experience of duration and more in general time-sensation are based.[26]

A further advantage offered by the constructive process is the creation of new and ordered sequences of elements. Such ordered sequences are the basis of scientific knowledge and all kinds of procedures. They allow us to anticipate what will follow after a certain step of the sequence; if correctly repeated, they allow us to re-obtain what they originally yielded. Typical examples of ordered sequences are spatial order and temporal order. How are temporally ordered sequences obtained? If we consider that a given event X can be associated with a certain level of expenditure of A_t, an event Y that is associated with more expenditure of A_t appears to us to happen "after" X, whereas an event Z that is associated with less expenditure of A_t appears to happen "before" X. A "succession" or "sequence" of events, actions, etc., as well as their "duration", can then be built out of the levels of neural energy (A_t) associated with them. Since the level of A_t can only increase, this makes it possible to arrange or order events, actions, etc. in a univocal and exact way: precisely, in a temporal way.

In spatial order, the possibility of using working memory to keep track of the various conscious sensations produced by a moving sense-organ, is fundamental in my opinion. Let's suppose that you are perceiving a surface by moving your index finger on it. By keeping present in consciousness, in an incremental way, the single sensations produced by the index finger while it moves, you will shape a sequence or succession of sensations, which is the basis for the formation of two-dimensional constructs, such as "path", "line" and "distance".

[26] Eagleman (2008, p. 134) puts forward a similar explanation: "duration is a signature of the amount of energy expended by neurons", even though he (EAGLEMAN; PARIYADATH, 2009) does not seem to directly link the notion of neural energy expenditure to attention.

Once an ordered sequence is created, it is possible to build various kinds of relations on it: relations of comparisons ("X is nearer to us than Y" or "X is brighter than Y"), spatial relations ("X was in front of Y"), temporal relations ("A arrived before Y"), causal relations ("It is X that moves Y"), logical relations, physical relations, etc.[27]

Another possible way to combine mental building-blocks is by means of *correlators* (CECCATO, 1972; CECCATO; ZONTA, 1980). Correlators are mental constructs with the specific function of tying together two elemental mental building blocks to form correlations. A correlation is the basic unit of linguistic thought and is produced with the support of working memory and procedural memory (BENEDETTI, 2006). Linguistically, correlators are designated by prepositions, conjunctions and grammatical cases (genitive, dative, etc.) (BENEDETTI, 2011; MARCHETTI, 2023a; 2023b). Other examples of correlators are the mathematical and logical operators. Language represents perhaps the most evident instance of the constructive process that attentional discrete processing affords. Through language, we can combine the single words and thus convey vastly, literally infinite new meanings and conscious experiences: as Baumeister and Masicampo (2010, p. 956) observe "conscious thinking and speech involve a process of actively combining concepts to make something that may have additional, unforeseen, newly emergent properties". Additionally, language also allows us to create new kinds of thoughts specifically based on sequential steps, such as logical reasoning.

As Benedetti's (2009, 2011) extensive and in-deep analysis shows, correlators are themselves constituted by sequences of elemental mental operations (among which the ones of attention play a key role) that are assembled and chucked together by means of working memory and procedural memory. More in general, I think that the meanings of all words convey a set of condensed

[27] See also Carstensen's (2007, 2011) and Scheider and Kuhn's (2011) proposals on how attention can generate spatial and temporal orders.

instructions on the attentional operations one has to perform if one wants to consciously experience – either as a pure meaning, an image, a real perception, a thought process, a concept, or something else – what is expressed through and by them (MARCHETTI, 2010; MARCHETTI, 2023c).

It should be noted that while there are no limits to combining mental building blocks, the outcome of the combination is not always viable (GLASERSFELD, 1998). That is, even though we are completely free to select, relate and combine elemental mental building-blocks, it is not said that our attentional and combinatorial activity always produces satisfactory results: nature unavoidably places constraints and, like a sieve, selects only what can overcome the pitfalls and obstacles it presents (MARCHETTI; MARCHETTI, 2020). In this regard, language and more in general social cooperation play an important role in that they allow us to correct, validate and approve the shortcomings of our imagination and thoughts: by sharing our conscious experiences (ideas, thoughts, perception, etc.) with others, we can constantly verify their validity and the possibility of their usage and application (BAUMEISTER; MASICAMPO, 2010).

SELF-CONSCIOUSNESS

A person acquires his upmost degree of autonomy once he becomes self-conscious. Self-consciousness allows a person to directly control and guide the course of his actions by means of his conscious activity, self-determine his goals, values and behavior, regulate and monitor himself, take decisions, and voluntarily modify and adapt his behavior. From the moment in which a person becomes self-conscious, his actions are primarily and directly governed not so much by his innate instincts as by what happens in his consciousness, even though the latter can be occasioned by the former.

Additionally, self-consciousness provides a person with the sense of being a persistent, coherent entity, self or agent. Even if a person undergoes changes and various experiences, he continues to exist as a unified and coherent whole, on and from which all his actions and experiences center and evolve: what the person feels makes him experience to be a consistent, persistent, unique agent, an "invariant dimension" to which the multitude of changing experiences constantly refer (GALLAGHER; ZAHAVI, 2008, p. 204).

It should be noted that although phenomenally the self seems to be a unitary, homogeneous, monolithic entity, at a closer inspection it turns out to be composed of different modules operating on different levels of representational and functional complexity (DAMÁSIO, 2010; GALLAGHER; ZAHAVI, 2008). For example, it is possible to distinguish a sense of agency (I am the initiator of my movements and thoughts) from a sense of ownership (I am the owner of the limb that moves or of the thoughts I have).This distinction becomes apparent when, for example, someone pushes us from behind: we sense that it is our body (not someone else's) that is moving, and therefore we experience ownership for the movement, but we do not experience agency for the movement (because the movement was not caused or initiated by us). Moreover, both the sense of ownership and the sense of agency are in turn based on complex mechanisms on several levels: a very basic level of sensorimotor integration, a non-conceptual level, a propositional level, and a meta-representational level (SYNOFZIK et al., 2008).

Neither is self-consciousness something that a person possesses from his birth, despite the sense of a persistency and continuity that it provides to the person. Rather, it is an ability that emerges chronologically in development "like onions, layers after layers, in a cumulative consolidation" (ROCHAT, 2003, p. 730), and that the person must "learn" (CLEEREMANS, 2008). As Vosgerau and Newen (2007) observe, one of the fundamental conditions for self-consciousness to emerge is the person's ability to make a distinction between his self and the world. This self-world distinction is not just given, because every sensation carries information about both the sensing system and the world, and moreover, the information about our sensory system changes dramatically during development (just consider how the weight of the limbs changes with age). For example, when we lift an object, we can distinguish between the weight of the object and the weight of our limb only if the force needed to lift the limb alone is subtracted from the actual force needed for the lifting movement. Therefore, self-world distinction must be *learnt* and *achieved*.

According to Vosgerau and Newen, self-world distinction requires some kind of division of input sensation into self-related and world-related information: this division is achieved through the development of a common coding (or a "table" grouping the different codes containing the same content as the basis of a common coding) that groups the systematic co-variation of a certain afference (e.g. the proprioceptive information of my limb's movement) with certain efferences (the corresponding motor commands). Such systematic co-variations can be found for example between motor commands and tendon receptor responses. Tendon receptors fire only when the muscle is contracted; in contrast, in passive movement, when no contraction of the muscle is involved, the tendon receptors do not respond. Since muscle contraction always involves an efference of the system (action), there is a systematic co-variation between efferences and tendon receptor afferences. The efferences can then be grouped with their caused re-afferences. Sensation can hence be divided into two classes: the class that is caused by the system itself and the class that is caused by the world. Another example of systematic co-variation that allows for self-world distinction is represented by self-touch: when touching ourselves, there is a systematic covariance between two different haptic afferences (the sensation derived from touching and the sensation derived from being touched) which does not occur when we touch an object.

Vosgerau and Newen observe that, in order for a system to develop such self-world distinctions, all it needs is to start to move somehow (which, incidentally is facilitated in children by a-priori, inborn behaviors such as sucking and grasping reflexes [PIAGET, 1936]), and it has the ability to detect and store systematic co-variation, thereby creating a table grouping the efferences with the appropriate re-afferences. Vosgerau and Newen (2007, p. 30) explain this last ability as a "system-inherent feature of neuronal networks that simply register systematic contingencies". However, I think that this explanation is only partly tenable: given the vast number of signals and frequencies in our brain, there is a high probability for any signal to be associated with any other signal. In order to detect and store co-variations and, consequently, develop a common coding, a more specific and dedicated process is needed. As we have seen when considering how common coding develops in general (HOMMEL et al., 2001), the most plausible candidate is attention.

Finally, it is important to note that whatever the mechanism leading to self-world distinction – whether the tendon receptors hypothesized by Vosgerau and Newen or some other, such as the predictive coding proposed by Hohwy (2007) –, it cannot explain by itself how conscious experience generates in general. Such a mechanism can certainly explain the subject's capacity to assign the cause of a certain sensation to an external agent rather than to himself, or to judge whether a certain conscious experience reflects a real object of the world rather than a hallucination; however, in order to work, it presupposes the existence of conscious experience (whether in the form of a sensation elicited by a tendon receptor, or in some other form).

CONCLUSION

In this article, we have seen that conscious experience as we live it emerged as a necessary consequence of the transformation of processing information from a purely automatic and rigid stimulus-driven response way to a more flexible and autonomous way driven by self-generated tasks. This transformation entails that a system does no longer passively process (or better, react to) the pre-defined information of the environment, but actively determines what information is important for it. In order to occur, this transformation first requires that the system is deprived of its proximal, immediate links with the environment, because they strictly limit and specify its behavior. Once these links are cut, the system can build new, distal and *mediated* relations with the environment on the basis of its own specific and contingent values, needs and plans. Consciousness is precisely this *mediated* way of continuously relating the system with the environment.

Attention plays a fundamental role in shaping both the phenomenal, qualitative aspect of consciousness and its contents. The phenomenal aspect of consciousness results from the temporary modulation in the state of the neural energy of the system induced by the attentional activity performed by the system. The contents of consciousness are determined by the attentional segmentation of the continuous and undifferentiated stream of environmental information into elemental mental building blocks, and the ensuing association, combination and assembly of such elemental building blocks. Both the attentional selection of the elemental mental building blocks and their combination are guided by the system's main needs, values and self-generated tasks.

The selective and combinatorial working of attention produces both new basic experiential dimensions such as time and space, and complex cultural experiential dimensions such as ethics, art, etc. These new dimensions allow us to imagine and simulate new scenarios and conditions without relying on a direct sensory input, thus enhancing our capacity to autonomously control the environment. The working of attention also allows for the creation of ordered sequences, such as series of elements, procedures, spatial and temporal order, etc., and correlation of elements. Language represents the main visible way of correlating and combining single elements into theoretically infinite sequences. More in general, language conveys – through the meaning of the combined words – the condensed instructions of the attentional operations one has to perform if one wants to consciously experience what these combinations of words express.

REFERENCES

ALVAREZ, George A. Representing multiple objects as an ensemble enhances visual cognition. *Trends in Cognitive Sciences*, v. 15, p. 122-131, 2011.

AMIETTA, Pier Luigi. *La creatività come necessità.* Milano: Etas, 1991.

BAARS, Bernard J. *A Cognitive Theory of Consciousness*. Cambridge: Cambridge University Press, 1988.

BACHMANN, Talis. Attention as a process of selection, perception as a process of representation, and phenomenal experience as the resulting process of perception being modulated by a dedicated consciousness mechanism. *Frontiers in Psychology*, v. 2, p. 1-7, 2011. doi: 10.3389/fpsyg.2011.00387.

BACHMANN, Talis. Neurobiological mechanisms behind the spatiotemporal illusions of awareness used for advocating prediction or postdiction. *Frontiers in Psychology*, v. 3, n. 593, p. 1-8, 2013.

BAHRAMI, Bahador; CARMEL, David; WALSH, Vincent; REES, Geraint; LAVIE, Nilli. Unconscious orientation processing depends on perceptual load. *Journal of Vision*, v. 8, n. 12, p. 1-10, 2008.

BARSALOU, Lawrence W. Perceptual symbol systems. *Behavioral and Brain Sciences*, v. 22, p. 577-660, 1999.

BARTOLOMEO, Paolo. Varieties of attention and of consciousness: evidence from neuropsychology. *Psyche*, v. 14, p. 1-33, 2008.

BAUMEISTER, Roy F.; MASICAMPO, E. J. Conscious Thought Is for Facilitating Social and Cultural Interactions: How Mental Simulations Serve the Animal-Culture Interface. *Psychological Review*, v. 117, n. 3, p. 945-971, 2010.

BAUMGARTEN, Thomas J.; SCHNITZLER, Alfons; LANGE, Joachim. Beta oscillations define discrete perceptual cycles in the somatosensory domain. *Proceedings of the National Academy of Sciences,* v. 112, n. 39, p. 12187–12192, 2015.

BENEDETTI, Giulio. Operational Noology as a new methodology for the study of thought and language: theoretical aspects and possible practical applications. *Cognitive Processing,* v. 7, p. 217-243, 2006.

BENEDETTI, Giulio. The Meaning of the Basic Elements of Language in Terms of Cognitive Operations: Operational Semantics. *Advanced Studies in Biology,* v. 1, n. 6, p. 255-305, 2009.

BENEDETTI, Giulio. *An Enigma in Language.* The Meaning of the Fundamental Linguistic Elements. A Possible Explanation in terms of Cognitive Functions: Operational Semantics. New York: Nova Science Publishers, 2011.

BLAIS, Caroline; ARGUIN, Martin; GOSSELIN, Frédéric Gosselin. Human visual processing oscillates: evidence from a classification image technique. *Cognition,* v. 128, n. 3, p. 353-362. 2013.

BUSCHMAN, Timothy J.; MILLER, Earl K. Shifting the spotlight of attention: evidence for discrete computations in cognition. *Frontiers in Human Neuroscience,* v. 4, n. 194, p. 1-9, 2010. doi: 10.3389/fnhum.2010.00194.

BUSCH, Niko A.; DUBOIS, Julien; VANRULLEN, Rufin. The phase of ongoing EEG oscillations predicts visual perception. *Journal of neuroscience,* v. 29, n. 24, p. 7869-7876. 2009.

BUSCH, Niko A.; VANRULLEN, Rufin. Spontaneous EEG oscillations reveal periodic sampling of visual attention. *Proceedings of the National Academy of Sciences of the United States of America,* v. 107, n. 37, p. 16.048-16.053, 2010.

CARRASCO, Marisa. Visual attention: The past 25 years. *Vision Research*, v. 51, p. 1.484-1.525, 2011.

CARSTENSEN, Kai-Uwe. (2007). Spatio-temporal Ontologies and Attention. *Spatial Cognition & Computation*, v. 7, n. 1, p. 13-32, 2007.

CARSTENSEN, Kai-Uwe. Toward Cognitivist Ontologies. *Cognitive Processing*, v. 12, n. 4, p. 379-393, 2011.

CASTELFRANCHI, Cristiano. Autonomy for AGI. *Journal of Artificial General Intelligence*, v. 3, n. 2, p. 31-33, 2012.

CECCATO, Silvio. *La mente vista da un cibernetico*. Torino: Eri, 1972.

CECCATO, Silvio; ZONTA, Bruna. *Linguaggio consapevolezza pensiero*. Milano: Feltrinelli, 1980.

CHICA, Ana B.; BARTOLOMEO, Paolo; LUPIÁÑEZ, Juan. Two cognitive and neural systems for endogenous and exogenous spatial attention. *Behavioural Brain Research*, v. 237, p. 107–123, 2013.

CHONG, Sang C.; EVANS, Karla K. Distributed versus focused attention (count vs estimate). *Wiley Interdisciplinary Reviews: Cognitive Science*, v. 2, n. 6, p. 634–638, 2011.

CHUN, Marvin M.; GOLOMB, Julie D.; TURK-BROWNE, Nicholas B. A Taxonomy of External and Internal Attention. *Annual Review of Psychology*, v. 62, p. 73-101, 2011.

CLEEREMANS, Axel. Consciousness: the radical plasticity thesis. *Progress in Brain Research*, v. 168, p. 19-33, 2008.

COLOMBO, John; CHEATHAM, Carol L. The emergence and basis of endogenous attention in infancy and early childhood. *Advances in child development and behavior*, v. 34, p. 283-322, 2006.

CORBETTA, Maurizio; SHULMAN, Gordon L. Control of goal-directed and stimulus-driven attention in the brain. *Nature reviews neuroscience*, v. 3, n. 3, p. 201-215, 2002.

CRAIGHERO, Laila; FADIGA, Luciano; RIZZOLATTI, Giacomo; UMILTÀ, Carlo A. Action for perception: A motor-visual attentional effect. *Journal of Experimental Psychology: Human Perception and Performance*, v. 25, p. 1.673-1.692, 1999.

CSIKSZENTMIHALYI, Mihaly. *Flow*: The Classic Work on how to achieve happiness. London: Random House Group, 1992.

DAMÁSIO, António. *The Feeling of What Happens*: Body and Emotions in the Making of Consciousness. New York: Harcourt Brace & Co., 1999.

DAMÁSIO, António. *Self Comes To Mind: Constructing the Conscious Brain.*

New York, NY: Random House, 2010.

DE BRIGARD, Felipe; PRINZ, Jesse J. Attention and consciousness. *Wiley Interdisciplinary Reviews: Cognitive Science*, v. 1, p. 51-59, 2010.

DEMEYERE, Nele; HUMPHREYS, Glyn W. Distributed and focused attention: Neuropsychological evidence for separate attentional mechanisms when counting and estimating. *Journal of Experimental Psychology: Human Perception and Performance*, v. 33, p. 1.076-1.088, 2007.

DENNETT, Daniel C. *Consciousness Explained.* Boston, NY: Little, Brown, 1991.

DOESBURG, Sam M.; ROGGEVEEN, Alexa B.; KITAJO, Keiichi; WARD, Lawrence M. Large-scale gamma-band phase synchronization and selective attention. *Cerebral Cortex*, v. 18, n. 2, p. 386-396, 2008.

DOESBURG, Sam M.; GREEN, Jessica J.; MCDONALD, John J.; WARD, Lawrence M. Rhythms of Consciousness: Binocular Rivalry Reveals Large-Scale Oscillatory Network Dynamics Mediating Visual Perception. *PLoS ONE*, v. 4, n. 7, e6142, p. 1-14, 2009. doi:10.1371/journal.pone.0006142.

DROIT-VOLET, Sylvie. Les différentes facettes du temps. *Enfances et Psy*, v. 1, p. 26-40, 2001.

DUGUÉ, Laura; MCLELLAND, Douglas; LAJOUS, Mathilde; VANRULLEN, Rufin. Attention searches nonuniformly in space and in time. *Proceedings of the National Academy of Sciences*, v. 112, n. 49, p. 15214-15219. 2015.

DUGUÉ, Laura; VANRULLEN, Rufin. Transcranial magnetic stimulation reveals intrinsic perceptual and attentional rhythms. *Frontiers in Neuroscience* v. 11 n. 154, p. 1-7, 2017.

EAGLEMAN, David M. Visual illusions and neurobiology. *Nature reviews. Neuroscience*, v. 2, n. 12, p. 920-926, 2001.

EAGLEMAN, David M. Human time perception and its illusions. *Current Opinion in Neurobiology, 18*, 131-136, 2008.

EAGLEMAN, David M.; PARIYADATH, Vani. Is subjective duration a signature of coding efficiency? *Philosophical Transactions of the Royal Society B*, v. 364, p. 1.841-1.851, 2009.

EAGLEMAN, David M.; SEJNOWSKI, Terrence J. Motion integration and postdiction in visual awareness. *Science*, v. 287, p. 2.036-2.038, 2000.

EAGLEMAN, David M.; SEJNOWSKI, Terrence J. Motion signals bias localization judgments: A unified explanation for the flash-lag, flash-drag, flash-jump, and Fröhlich illusions. *Journal of Vision*, v. 7, n. 3, p. 1-12, 2007.

EDELMAN, Gerald M. *The Remembered Present: A Biological Theory of Consciousness*. New York: Basic Books, 1989.

FEKETE, Tomer; VEN DE CRUYS, Sander; EKROLL, Vebjørn; VAN LEEUWEN, Cees. In the interest of saving time: a critique of discrete perception. *Neuroscience of Consciousness*, v. 4, n. 1:niy003, p. 1-8, 2018.

FIEBELKORN, Ian C.; KASTNER, Sabine. A rhythmic theory of attention. *Trends in cognitive sciences*, v. 23, n. 2, p. 87-101, 2019.

FIEBELKORN, Ian C.; PINSK, Mark A.; KASTNER, Sabine. A dynamic interplay within the frontoparietal network underlies rhythmic spatial attention. *Neuron*, v. 99, p. 842-853, 2018.

FIEBELKORN, Ian C.; SAALMANN, Yuri B.; KASTNER, Sabine. Rhythmic sampling within and between objects despite sustained attention at a cued location. *Current biology*, v. 23, n. 24 p. 2553-2558, 2013.

FINGELKURTS, Andrew A.; FINGELKURTS, Alexander A. Timing in cognition and EEG brain dynamics: discreteness versus continuity. *Cognitive Processing*, v. 7, p. 135–162, 2006.

FINGELKURTS, Andrew A; FINGELKURTS, Alexander A. Present moment, past, and future: mental kaleidoscope. *Frontiers in Psychology*, v. 5, n. 395, p. 1-4, 2014. https ://doi.org/10.3389/fpsyg.2014.00395.

FINGELKURTS, Andrew A.; FINGELKURTS, Alexander A; NEVES, Carlos. F. H. Natural world physical, brain operational, and mind phenomenal space–time.

Physics of Life Review, v. 7, n. 2, p. 195–249, 2010. https://doi.org/10.1016/j.plrev.2010.04.001

FINGELKURTS, Andrew A.; FINGELKURTS, Alexander A.; NEVES, Carlos. F. Consciousness as a phenomenon in the operational architectonics of brain organization: Criticality and self-organization considerations. *Chaos, Solitons & Fractals*, v. 45, n. 21, 2013. Available on: http://dx.doi.org/10.1016/j.chaos.2013.02.007

FLAHERTY, Michael G. *A watched pot:* How we experience time. New York: New York University Press, 1999.

GAILLARD, Corentin; BEN HAMED, Suliann. The neural bases of spatial attention and perceptual rhythms. *European Journal of Neuroscience*, v. 55, n. 11-12, p. 3209-3223. 2022.

GALLAGHER, Shaun; ZAHAVI, Dan. *The Phenomenological Mind*: An Introduction to Philosophy of Mind and Cognitive science. London: Routledge, 2008.

GIBSON, James Jerome. *The Ecological Approach to Visual Perception*. Hillsdale, NJ: Lawrence Erlbaum Associates Inc., 1986.

GLASERSFELD, Ernst von. *Il costruttivismo radicale*: Una via per conoscere ed apprendere. Roma: Società Stampa Sportiva, 1998.

HAIKONEN, Pentti O. *The Cognitive Approach to Conscious Machines*. Exeter: UK Imprint Academic, 2003.

HIGUCHI, Takahiro. Visuomotor control of human adaptive locomotion: understanding the anticipatory nature. *Frontiers in Psychology*, v. 4, n. 27, p. 1-9, 2013.

HIRSH, Ira J.; SHERRICK, Carl. Perceived order in different sense modalities. *Journal of Experimental Psychology*, v. 62, p. 423-432, 1961.

HO, Hao Tam; LEUNG, Johahn; BURR, David C.; ALAIS, David; MORRONE Maria Concetta. Auditory sensitivity and decision criteria oscillate at different frequencies separately for the two ears. *Current Biology*, v. 27, n. 23, p. 3643-3649, 2017.

HOHWY, Jakob. The Sense of self in the Phenomenology of Agency and Perception. *Psyche*, v. 13, p. 1-20, 2007.

HOMMEL, Bernhard. Action control according to TEC (theory of event coding). *Psychological Research*, v. 73, p. 512-526, 2009.

HOMMEL, Bernhard. Grounding attention in action control: The intentional control of selection. In: BRUYA, Brian J. (ed.). *Effortless attention*: A new perspective in the cognitive science of attention and action. Cambridge, MA: MIT Press, 2010. p. 121-140.

HOMMEL, Bernhard; MÜSSELER, Jochen; ASCHERSLEBEN, Gisa; PRINZ, Wolfgang. The Theory of Event Coding (TEC): A framework for perception and action planning. *Behavioral and Brain Sciences*, v. 24, p. 849-937, 2001.

IWASAKI, Syoichi. Spatial attention and two modes of visual consciousness. *Cognition*, v. 49, p. 211-233, 1993.

JAMES, William. *The Principles of Psychology*. New York: Holt, 1890.

JANCZYK, Markus; SKIRDE, Stefanie; WEIGELT, Matthias; KUNDE, Wilfried. Visual and tactile action effects determine bimanual coordination performance. *Human Movement Science*, v. 28, n. 4, p. 437-449, 2009.

JONES, Mari Riess; MOYNIHAN, Heather; MACKENZIE, Noah; PUENTE, Jennifer. Temporal aspects of stimulus driven attending in dynamic arrays. *Psychological Science*, v. 13, p. 313-319, 2002.

KAHNEMAN, Daniel. *Attention and effort*. Englewood Cliffs, NJ: Prentice Hall, 1973.

KEITEL, Christian; RUZZOLI, Manuela; DUGUÉ, Laura; BUSCH, Niko A.; BENWELL, Christopher S. Y. Rhythms in cognition: The evidence revisited. *European Journal of Neuroscience*, v. 55, n. 11-12, p. 2991-3009, 2022.

KLINGER, Eric; COX, W. Miles. Dimensions of thought flow in everyday life. *Imagination, Cognition and Personality*, v. 7, p. 105-128, 1987.

KNUDSEN, Eric I. Fundamental Components of Attention. *Annual review of neuroscience*, v. 30, p. 57-78, 2007.

KOCH, Cristof; TSUCHIYA, Naotsugu. Attention and consciousness: two distinct brain processes. *Trends in Cognitive Sciences*, v. 11, p. 16-22, 2006.

KOIVISTO, Mika; KAINULAINEN, Pasi; REVONSUO, Antti. The relationship between awareness and attention: evidence from ERP responses. *Neuropsychologia*, v. 47, p. 2.891-2.899, 2009.

KOUIDER, Sid; DE GARDELLE, Vincent; SACKUR, Jérôme; DUPOUX, Emmanuel. How rich is consciousness? The partial awareness hypothesis. *Trends in Cognitive Sciences*, v. 14, n. 7, p. 301-307, 2010.

KRANCZIOCH, Cornelia; DEBENER, Stefan; MAYE, Alexander; ENGEL, Andreas K. Temporal dynamics of access to consciousness in the attentional blink. *Neuroimage*, v. 37, n. 3, p. 947-955, 2007.

LABERGE, David. *Attentional Processing*: The Brain's Art of Mindfulness. Cambridge, Massachusetts: Harvard University Press, 1995.

LAMME, Victor A. F. Why visual attention and awareness are different. *Trends in Cognitive Sciences*, v. 7, p. 12-18, 2003.

LANDAU, Ayelet Nina; FRIES, Pascal. Attention Samples Stimuli Rhythmically. *Current Biology*, v. 22, n. 11, p. 1.000-1.004, 2012.

LANDAU, Ayelet Nina; SCHREYER, Helene Marianne; VAN PELT, Stan; FRIES, Pascal. Distributed attention is implemented through theta-rhythmic gamma modulation. *Current biology*, v. 25, n. 17, p. 2332-2337. 2015.

LAVIE, Nilli. Perceptual load as a necessary condition for selective attention. *Journal of Experimental Psychology: Human Perception and Performance*, v. 21, p. 451-468, 1995.

LEHAR, Steven. Gestalt isomorphism and the primacy of subjective conscious experience: A Gestalt Bubble model. *Behavioral and Brain Sciences*, v. 26, p. 375-444, 2003.

LIBET, Benjamin. *Mind Time*: The Temporal Factor in Consciousness. Cambridge, Massachusetts: Harvard University Press, 2004.

LOGAN, Gordon D.; COWAN, William B. On the Ability to Inhibit Thought and Action: A Theory of an Act of Control. *Psychological Review*, v. 91, n. 3, p. 295-327, 1984.

LUO, Huan; TIAN, Xing; SONG, Kun; ZHOU, Ke; POEPPEL, David. Neural response phase tracks how listeners learn new acoustic representations. *Current Biology*, v. 23, n. 11, p. 968-974, 2013.

MACH, Ernst. *Contributions to the analysis of the sensations.* La Salle: The Open Court Publishing Company, 1890.

MACK, Arien; ROCK, Irvin. *Inattentional Blindness.* Cambridge: MIT Press, 1998.

MARCHETTI, Giorgio. *La macchina estetica*: Il percorso operativo nella costruzione dell'atteggiamento estetico. Milano: Franco Angeli, 1997.

MARCHETTI, Giorgio. Studies on time: a proposal on how to get out of circularity. *Cognitive Processing*, v. 10, n. 1, p. 7-40, 2009.

MARCHETTI, Giorgio. *Consciousness, Attention and Meaning*. New York: Nova Science Publishers, 2010.

MARCHETTI, Giorgio. Against the view that consciousness and attention are fully dissociable. *Frontiers in Psychology*, v, 3, p. 1-14, 2012. doi: 10.3389/fpsyg.2012.00036.

MARCHETTI, Giorgio. Consciousness: a unique way of processing information. *Cognitive Processing*, v. 19, p. 435–464, 2018. doi: 10.1007/s10339-018-0855-8

MARCHETTI, Giorgio. The *why* of the phenomenal aspect of consciousness: Its main functions and the mechanisms underpinning it. *Frontiers in Psychology*, v, 13, p. 1-20, 2022. doi: 0.3389/fpsyg.2022.913309.

MARCHETTI, Giorgio. The Linguistic and Cognitive Relevance of Prepositions. In: MAGNI, Luca; MARCHETTI, Giorgio; ALHARBI, Ahlam. (eds.). *Learnable Theory and Analysis*. Rome: Luiss University Press, 2023a. p. 92-125.

MARCHETTI, Giorgio. The Cognitive Operational Meanings of Prepositions and their

Leveraging in Learnable Analysis. In: MAGNI, Luca; MARCHETTI, Giorgio; ALHARBI, Ahlam. (eds.). *Learnable Theory and Analysis*. Rome: Luiss University Press, 2023a. p. 126-187.

MARCHETTI, Giorgio. Attention and the Conscious Experience of Linguistic Meaning. In: LI, Fuyin Thomas. (eds). *Handbook of Cognitive Semantics, Vol. 4*. Leiden: Brill, 2023a. p. 90-137.

MARCHETTI, Giorgio; MARCHETTI, Pier Celeste. *Il visibile o l'invisibile? Dialoghi tra il serio e il faceto sulla conoscenza*. Rieti: PlaceBook Publishing, 2020.

MATHEWSON, Kyle E.; GRATTON, Gabriele; FABIANI, Monica; BECK, Diane M.; RO, Tony. To see or not to see: prestimulus α phase predicts visual awareness. *Journal of Neuroscience*, v. 29, n. 9, p. 2725-2732, 2009.

MATURANA, Humberto R.; VARELA, Francisco J. *The Tree of Knowledge: The Biological Roots of Human Understanding*. Boston: Shambhala, 1992.

MCCLOSKEY, Michael; WATKINS, Michael J. The seeing-more-than-is-there phenomenon: implications for the locus of iconic storage. *Journal of Experimental Psychology: Human Perception and Performance*, v. 4, n. 4, p. 553-564, 1978.

MONTASER-KOUSARI, Leila; RAJIMEHR, Reza. Subliminal attentional modulation in crowding condition. *Vision Research*, v. 45, p. 839-844, 2005.

MÜSSELER, Jochen; HOMMEL, Bernhard. Blindness to response-compatible stimuli. *Journal of Experimental Psychology: Human Perception and Performance*, v. 23, p. 861-872, 1997.

NACCACHE, Lionel; BLANDIN, Elise; DEHAENE, Stanislas. Unconscious masked priming depends on temporal attention. *Psychologycal Science*, v. 13, p. 416-424, 2002.

NAKANO, Tamami; KATO, Makoto; MORITO, Yusuke; ITOI, Seichi.; KITAZAWA, Shigeru. Blink-related momentary activation of the default mode network while viewing videos. *Proceedings of the National Academy of Sciences of the United States of America*, v. 110, n. 2, p. 702-706, 2013.

NAKAYAMA, Ken; MACKEBEN, Manfred. Sustained and transient components of focal visual attention. *Vision Research*, v. 29, p. 1.631-1.647, 1989.

NAKAYAMA, Ryohei; MOTOYOSHI, Isamu; Attention periodically binds visual features as single events depending on neural oscillations phase-locked to action. *Journal of Neuroscience*, v. 39, n. 21, p. 4153-4161, 2019.

NEULING, Toralf; RACH, Stefan; WAGNER, Sven; WOLTERS, Carsten H.; HERRMANN, Christoph S. Good vibrations: oscillatory phase shapes perception. *Neuroimage*, v. 63, n. 2, p. 771-778, 2012

O'REGAN, J. Kelvin; NOË, Alva. A sensorimotor account of vision and visual consciousness. *Behavioral and Brain Sciences*, v. 24, n. 5, p. 939-1.031, 2001.

PASHLER, Harold E. *The psychology of attention*. Cambridge, Massachusetts: The MIT Press, 1998.

PIAGET, Jean. *La naissance de l'intelligence chez l'enfant*. Paris et Neuchâtel: Delachaux et Niestlé, 1936.

PIAGET, Jean. *La construction du réel chez l'enfant*. Paris et Neuchâtel: Delachaux et Niestlé, 1937.

POSNER, Michael I. Orienting of Attention. *Quarterly Journal of Experimental Psychology*, v. 32, p. 3-25, 1980.

POSNER, Michael I. Attention: the mechanisms of consciousness. *Proceedings of the National Academy of Sciences of the United States of America*, v. 91, p. 7.398-7.403, 1994.

REVONSUO, Antti. *Inner Presence*: Consciousness as a Biological Phenomenon. Cambridge, Massachusetts: The MIT Press, 2006.

ROCHAT, Philippe. Five levels of self-awareness as they unfold early in life. *Consciousness and Cognition*, v. 12, p. 717-731, 2003.

ROMEI, Vincenzo; GROSS, Joachim; THUT, Gregor. On the role of prestimulus alpha rhythms over occipito-parietal areas in visual input regulation: correlation or causation? *Journal of Neuroscience*, v. 30, n. 25, p. 8692-8697, 2010.

ROUX, Frédéric; UHLHAAS, Peter J. Working memory and neural oscillations: alpha–gamma versus theta–gamma codes for distinct WM information? *Trends in cognitive sciences*, v. 18, n. 1, p. 16-25, 2014.

SCHEIDER, Simon; KUHN, Werner. Finite relativist geometry grounded in perceptual operations. *Spatial Information Theory*, v. 6899, p. 304-327, 2011.

SENOUSSI, Mehdi; MORELAND, James C.; BUSCH, Niko A.; DUGUÉ, Laura. Attention explores space periodically at the theta frequency. *Journal of Vision*, v. 19, n. 5, p. 22-22. 2019.

SHERMAN, Maxine T.; KANAI, Ryota; SETH, Anil K.; VANRULLEN, Rufin. Rhythmic influence of top–down perceptual priors in the phase of prestimulus occipital alpha oscillations. *Journal of cognitive neuroscience*, v. 28, n. 9, p. 1318-1330, 2016.

SIMONS, Daniel J.; LEVIN, Daniel T. Change blindness. *Trends in Cognitive Sciences*, v. 1, p. 261-267, 1997.

SIMONS, Daniel J.; LEVIN, Daniel T. Failure to detect changes to people during a real-world interaction. *Psychonomic Bulletin & Review*, v. 5, p. 644-649, 1998.

SNYDER, Hannah R.; MUNAKATA, Yuko. Becoming self-directed: Abstract representations support endogenous flexibility in children. *Cognition*, v. 116, p. 155-167, 2010.

SONG, Kun; MENG, Ming; CHEN, Lin; ZHOU, Ke; LUO, Huan. Behavioral oscillations in attention: rhythmic α pulses mediated through θ band. *Journal of Neuroscience*, v. 34, n. 14, p. 4837-4844, 2014.

SPAAK, Eelke; DE LANGE, Floris P.; JENSEN, Ole. Local entrainment of alpha oscillations by visual stimuli causes cyclic modulation of perception. *Journal of Neuroscience*, v. 34, n. 10, p. 3536-3544, 2014.

SPENCE, Charles. Prior entry: attention and temporal perception. In: NOBRE, Anna C.; COULL, Jennifer T. (ed.). *Attention and Time*. Oxford: Oxford University Press, 2010. p. 89-104.

SRINIVASAN, Narayanan. Interdependence of attention and consciousness. *Progress in Brain Research*, v. 168, p. 65-75, 2008.

SUMNER, Petroc; TSAI, Pei-Chun; YU, Kenny; and NACHEV, Parashkev. Attentional modulation of sensorimotor processes in the absence of perceptual awareness. *Proceedings of the National Academy of Sciences of the United States of America*, v. 103, p. 10.520-10.525, 2006.

SYNOFZIK, Matthis; VOSGERAU, Gottfried; NEWEN, Albert. I move, therefore I am: A new theoretical framework to investigate agency and ownership. *Consciousness and Cognition*, v. 17, n. 2, p. 411-424, 2008.

SZYMASZEK, Aneta; SEREDA, Magdalena; PÖPPEL, Ernst; SZELAG, Elzbieta. Individual differences in the perception of temporal order: the effect of age and cognition. *Cognitive Neuropsychology*, n. 26, p. 135-147, 2009.

THÓRISSON, Kristinn R.; HELGASSON, Helgi Páll. Cognitive Architectures and Autonomy: A Comparative Review. *Journal of Artificial General Intelligence*, v. 3, n. 2, p. 1-30, 2012.

TREISMAN, Anne. How the deployment of attention determines what we see. *Visual Cognition*, v. 14, p. 411-443, 2006.

TREISMAN, Anne M.; GELADE, Garry. A feature-integration theory of attention. *Cognitive Psychology*, v. 12, p. 97-136, 1980.

TSUCHIYA, Naotsugu; VAN BOXTEL, Jeroen J. A. Introduction to research topic: attention and consciousness in different senses. *Frontiers in Psychology*, v. 4, n. 249, 2013. doi: 10.3389/fpsyg.2013.00249.

TULVING, Endel. Memory and consciousness. *Canadian Psychology*, v. 26, p. 1-12, 1985.

VAN BOXTEL, Jeroen J. A.; TSUCHIYA, Naotsugu; KOCK, Christof. Consciousness and attention: on sufficiency and necessity. *Frontiers in Psychology*, v. 1, p. 1-13. doi:10.3389/fpsyg.2010.00217.

VANDEKERCKHOVE, Marie; PANKSEPP, Jaak. The flow of anoetic to noetic and autonoetic consciousness: A vision of unknowing (anoetic) and knowing (noetic) consciousness in the remembrance of things past and imagined futures. *Consciousness and Cognition*, v. 18, p. 1.018-1.028, 2009.

VAN DIIK, Hanneke; SCHOFFELEN, Jan-Mathijs; OOSTENVELD, Robert; JENSEN, Ole; Prestimulus oscillatory activity in the alpha band predicts visual discrimination ability. *Journal of Neuroscience*, v. 28, n. 8 p. 1816-1823, 2008.

VANRULLEN, Rufin. Visual attention: a rhythmic process? *Current Biology*, v. 23, n. 24, p. R1110–R1112, 2013. doi: 10.1016/j.cub.2013.11.006.

VANRULLEN, Rufin. Attention cycles. *Neuron*, v. 99, p. 632–634, 2018. doi: 10.1016/j.neuron.2018.08.006.

VANRULLEN, Rufin. Perceptual cycles. *Trends in cognitive sciences*, v. 20, n. 10, p. 723-735, 2016.

VANRULLEN, Rufin; CARLSON, Thomas; CAVANAGH, Patrick. The blinking spotlight of attention. *Proceedings of the National Academy of Sciences of the United States of America*, v. 104, p. 19.204-19.209, 2007.

VANRULLEN, Rufin; KOCH, Christof. Is perception discrete or continuous? *Trends in Cognitive Sciences*, v. 7, n. 5, p. 207-213, 2003.

VARELA, Francisco J.; TORO, Alfredo de; JOHN, E. Roy; SCHWARTZ, Eric L. Perceptual framing and cortical alpha rhythm. *Neuropsychologia*, v. 19, p. 675-686, 1981.

VICARIO, Giovanni B. *Psicologia generale*: I fondamenti. Roma-Bari: Editori Laterza, 2001.

VICARIO, Giovanni B. *Il tempo. Saggio di psicologia sperimentale.* Bologna: Il Mulino, 2005.

VOSGERAU, Gottfried; NEWEN, Albert. Thoughts, Motor Actions, and the Self. *Mind & Language*, v. 22, n. 1, p. 22-43, 2007.

WICKENS, Christopher D. Processing resources in attention. In: PARASURAMAN, Raja; DAVIS, D. R. (ed.). *Varieties of attention*. New York: Academic Press, 1984. p. 63-102.

WITTMANN, Marc. Moments in Time. *Frontiers in Psychology*, v. 5, n. 66, p. 1-9, 2011. doi: 10.3389/fnint.2011.00066.

WUTZ, Andreas; MELCHER, David. The temporal window of individuation limits visual capacity. *Frontiers in Psychology*, v. 5 n. 952, p. 1-13, 2014.

WYART, Valentin; DE GARDELLE, Vincent; SCHOLL, Jacqueline; SUMMERFIELD, Christopher. Rhythmic fluctuations in evidence accumulation during decision making in the human brain. *Neuron*, v. 76, n. 4, p. 847-858, 2012.

ZALTA, Arnaud; PETKOSKI, Spase; MORILLON, Benjamin. Natural rhythms of periodic temporal attention. *Nature communications*, v. 11, n. 1051, p. 1-12, 2020.

ZOEFEL, Benedikt; SOKOLIUK, Rodika. Investigating the rhythm of attention on a fine-grained scale: evidence from reaction times. *Journal of Neuroscience*, v. 34, n. 38, p. 12619-12621, 2014.

CAPÍTULO 3

SIGNIFICADO CORPÓREO: DE MOVIMENTOS ETIOLÓGICOS A AÇÕES INTENCIONAIS[28]

Hugo Mari

PUC Minas

OBSERVAÇÕES INICIAIS

A capacidade humana para significar não reconhece nenhum limite superior que a ela possa ser imputado: qualquer objeto ou coisa, qualquer evento ou fato que se interponha em nosso caminho é um significante que nos desafia à significação. Estamos sempre propensos a enfrentar esse desafio de modo espontâneo, efetivo e sem restrições que não sejam aquelas determinadas pelo alcance do corpo: não podemos significar visualmente o que não vemos, nem auditivamente o que não ouvimos. Esse processo nos integra ao mundo natural, pois é através dele que erigimos uma forma de vida, projetando o amanhã, mas conhecendo hoje as oscilações contingentes do querer; fomentando desejos, mas experimentando os limites do poder, alimentando sonhos, mas sucumbindo-se às condições reais do fazer. Apesar de todas essas instabilidades que marcam o processo de nossa existência,

[28] Texto integrado ao projeto *Uma visão integrada da cognição humana: corpo/significado, cérebro, mente, linguagem*, financiado pela FAPEMIG – processo SHA – APQ-00121-10.

que se expressa nessa equação contínua entre (querer (poder (fazer))), a contínua busca pelos significados representa a forma primordial de manutenção do organismo, impelindo-nos a atribuir às coisas valores que asseguram a recomposição contínua de sua ordem.

Grande parte dessa discussão costuma ser materializada nas correlações estreitas e mutuamente dependentes entre o organismo, os processos de conhecimento e as interações de um indivíduo como o seu nicho bio-psico-sócio-cultural (ou um *ecological approach*, como propõe Gibson). Assim, nada mais pertinente nessa trajetória do que avaliar as seis teses desenvolvidas por Zlatev (2003) em *Meaning = Life (+ Culture): An outline of a unified biocultural theory of meaning*, que redimensionam a questão do significado para uma perspectiva corpórea e evolucionista, inserida numa construção contínua da existência.

A partir dessa discussão do autor, pretendemos nos valer de sua concepção de significado, tentando mostrar sob que aspectos podemos dela nos apropriar com vistas a explicitar o alcance da noção de corporificação, em se tratando dos processos de significação disseminados pelos sistemas naturais. Destacamos, como objetivo principal dessa reflexão, a necessidade de mostrar em que extensão – certamente não será a única forma – podemos entender a ideia de significado corpóreo, ou ao menos compreendê-la sob algum ponto de vista. Desse modo, reconhecida essa nova dimensão para o significado, podemos indagar: (a) de que forma ela se manifesta nos fatos da língua? (b) em que medida ela explica melhor aspectos da significação linguística; (c) sua extensão recobre todos os processos de significação para uma língua natural?[29] Aqui vamos propor uma reflexão sobre um conjunto de ações materializadas no sistema verbal da língua portuguesa, sem a pretensão de ser uma resposta direta para as questões apontadas, mas, ao menos, uma forma de enfrentá-las.

---

[29] Entendemos que encaminhar uma avaliação do significado corpóreo, orientada por questões desse teor, implica sua naturalização, isto é, como assinala Grammont (2010): 'O que é naturalizar? Literalmente, naturalizar um objeto epistêmico é fazê-lo "natural" no sentido de torná-lo concreto e apreensível pelas ciências empíricas'. 'What is it to naturalize? Literally, naturalizing an epistemic object is to make it "natural" in the sense of making it concret and graspable by empirical sciences.'

SIGNIFICADO CORPÓREO

No texto em questão, Zlatev (2003) destaca a importância do conceito de significado, repassando diversos momentos de sua discussão, seja no campo da Linguística, seja no da Filosofia, conforme aponta ao citar autores como Frege, Wittgenstein, Grice, Ogden e Richards, Jackendoff, que apontaram concepções diferentes para o significado. Nessa trajetória histórica, o conceito de significado conheceu enfoques linguísticos, filosóficos, psicológicos, pragmáticos, além de funcionalidades específicas a ele associadas. A crítica de Zlatev reconhece, nesse conjunto de enfoques, certa dispersão nas abordagens teóricas do significado que perpassam preocupações com o resultado de uma consciência coletiva de grupos até propriedade de uma relação cérebro/mente de um indivíduo. Certamente, nem o fazer coletivo, nem as realizações individuais podem ser considerados indiferentes para o significado. Por outro lado, o autor aponta ainda dois aspectos que, segundo ele, são essenciais para neutralizar essa dispersão sobre o conceito: o teor integrativo e o domínio sensível, ambos capazes de livrar o significado de uma redução informativa e instrumental.

A partir dessas observações críticas, Zlatev pretende uma abordagem sobre o significado que seja transdisciplinar e integradora, contemplando uma perspectiva 'explicitly evolutionary and developmental', com base em dois aspectos fundamentais:

> O primeiro é que todos os sistemas vivos e somente os sistemas vivos são capazes de produzir significado. Isso acontece assim porque a vida implica a presença de um valor intrínseco, que constitui a condição necessária e suficiente para o significado. (ZLATEV, 2003, p. 3)[30]

[30] *The first one is that all living systems and only living systems are capable of meaning. This is so because life implies the presence of intrinsic value, which constitutes the necessary and sufficient condition for meaning.* (ZLATEV, 2003, p. 3)

Essa condição inicial é a base para a formulação do seu conceito de significado como sendo algo de ordem constitutiva para os seres vivos, por mais primários que possam ser considerados na escala evolutiva, como veremos à frente. A vida, por sua dimensão complexa e adaptativa, implica um valor intrínseco que representa uma condição necessária para o significado, já que qualquer animal se torna apto a decidir minimamente, em razão de sua sobrevivência, sobre o que se converte em energia e o que não se converte; o que é propício à manutenção de sua ordem sistêmica e o que atenta contra ela; enfim, entre o que pode trazer conforto e prazer ao organismo e aquilo que possa lhe ser lesivo. Essa seria uma primeira noção de valor, empreendida pelos seres vivos e, provavelmente, tornada cada vez mais complexa na escala de padrões ontogenéticos. Certamente, os nossos sensores dispõem de mecanismos inatos para considerar hostis certos padrões de intensidade de som e de luz e de aceitar outros; como também de adquirir outros padrões que se especializam em sua história adaptativa no ambiente. Todos esses movimentos de um organismo implicam construir significados a partir de sua experienciação com objetos e fatos do seu nicho.

Na segunda condição, Zlatev afirma:

> A segunda proposta é que há uma *hierarquia de sistemas de sentido*, que é ao mesmo tempo evolutiva e epigenética: cada nível anterior é pressuposto por aquele que se segue e a ele integrado, tanto na evolução como no desenvolvimento ontogenético humano. (ZLATEV, 2003, p. 3)[31]

Por essa condição, o significado, como um valor, não pode ser visto, na história filogenética da vida animal, como algo estanque e distante das necessidades reais dos organismos que dele se valem. Zlatev, em outros momentos do texto, concebe essa hie-

[31] The second proposal is that there is *a hierarchy of meaning systems* which is both evolutionary and epigenetic: each preceding level is presupposed by and integrated in the one that follows, both in evolution and in human ontogenetic development. (ZLATEV, 2003, p. 3).

rarquia em termos de quatro estágios distintos, mas contínuos, na história evolutiva das espécies. No estágio mais elementar da escala filogenética (vermes e bactérias), o organismo é dotado de um sistema de valores inatos, responsável pela sua manutenção. O estágio seguinte se faz representar por um implemento desse primeiro sistema, através de associações adquiridas, presentes em répteis, em muitos mamíferos e em pássaros. O terceiro estágio, em que se destacam os processos miméticos, engendrados a partir dos elementos disponíveis no segundo estágio, recobre mamíferos, como macacos, e cetáceos, como golfinhos. O sistema de valores mais avançado é o simbólico, extensivo ao *homo sapiens*, pois é ele que possibilita a emergência da consciência de ordem superior e de um quadro de emoções mais elaborado. Ao estabelecer esse quadro intrincado de relações implicado na evolução filogenética e no desenvolvimento ontogenético, Zlatev insiste na perspectiva de um processo gradativo e contínuo, destacando o simbólico como o estágio mais avançado.

Com essa contextualização, o conceito de significado do autor, como veremos à frente, torna-se mais compreensível e operacional, já que ele tem importância fundamental para todas as formas de vida que foram incluídas nos estágios filogenéticos, acima descritos. Assim, ele é tão importante para uma forma elementar de vida como para formas mais evoluídas: um organismo precisa atribuir significado tanto para aquilo que contribui para a manutenção de sua ordem (valor positivo) quanto para aquilo que atenta contra essa ordem (valor negativo). Como as formas de vida mostram características distintas em seu processo adaptativo contínuo, o processo de atribuição de valores também se ajusta às expectativas de cada organismo em termos de sua estabilidade estrutural, de suas necessidades experienciais e de seus projetos intencionais.

A partir das considerações implicadas nessas duas condições, vejamos a forma como Zlatev define o significado:

> **Significado** (S) é a relação entre um **organismo** (O) e seu **ambiente** (A) físico e cultural, determinado pelo **valor** (V) **de A para O**, ou seja: **S = V (O, A)**. (ZLATEV, 2003, p. 3)[32]

Essa formulação destaca uma dimensão relacional e não puramente descritiva do significado por mostrar o *modus operandi* de um organismo sobre o seu ambiente como forma de obtenção de valores para os 'objetos e eventos' que integram esse mesmo ambiente. O teor dessa formulação já mostra, em seu modo de funcionamento, a importância que deve ser dada ao corpo como critério de decisão sobre valores: o que interessa a funcionalidades a serem desenvolvidas pelo corpo, o que deve ser visto com alguma reserva e o que deve ser visto como algo contrário a essas funcionalidades.

Zlatev acopla a esse conceito seis teses que procuram mostrar aspectos determinantes do seu funcionamento e do alcance que ele pode assumir. Não vamos repassar aqui cada uma das teses em detalhes, reconhecendo, porém, que, em seu conjunto, as cinco primeiras constituem uma totalidade sobre o conceito proposto de significado.[33] Vamos retomar algumas delas, reorientando sua formulação para análise a ser desenvolvida sobre ações verbais e admitindo que umas serão, nesse momento, mais relevantes para os propósitos dessa análise. Deixamos, para uma utilização pontual mais à frente, a Tese 2, que, resumidamente, mostra o papel de valores inatos para preservação da vida bem como a Tese 5, que, em síntese, aponta o papel do significado para a emoção como condição necessária para a

---

[32] **Meaning (M)** is the relation between an **organism (O)** and its physical and cultural **environment (E)**, determined by the **value (V) of E for O. M = V (O, E)** (ZLATEV, 2003, p. 3).

[33] A tese 6 representa uma retomada das cinco teses iniciais para situá-las em termos dos quatro sistemas de valores associados a formas de organismos específicos que mostramos anteriormente – **Tese 6.** Com base nos conceitos introduzidos nas Teses 1-5, quatro tipos diferentes de sistemas de significado podem ser definidos, formando uma *hierarquia evolutiva e epigenética*. (**Thesis 6**. On the basis of the concepts introduced in Theses 1-5, four different types of meaning systems can be defined, forming an *evolutionary and epigenetic hierarchy*. (ZLATEV, 2003, p. 7)"

experiência fenomenológica. Repassamos, então, de modo mais detalhado, as teses 1, 3 e 4.

> **Tese 1.** O significado é a relação entre um *organismo* e seu *meio ambiente*, determinado pelo *valor* que *aspectos* ambientais particulares (que se distribuem em *categorias*) têm para esse mesmo organismo. (ZLATEV, 2003, p. 5)[34]

Vamos destacar, nessa tese, a importância que podemos atribuir aos valores decorrentes de aspectos de um ambiente a partir dos quais um organismo se sustenta e se adapta continuamente. Podemos pensar o conjunto de nossas ações sobre o mundo fenomênico (mas não exclusivamente) como desafios que são colocados para o organismo humano e que precisam ser constantemente ajustados, conforme demandas dele próprio em seu nicho. Para cada sensor, dispomos de um amplo conjunto de formas verbais (em proporções diferentes) que possibilitam o desempenho de um organismo no seu ambiente. Como exemplo inicial, podemos imaginar ações que se atrelam ao sistema háptico e, em particular, à mão, que, ao assumir como ponto de referência o fato de que ela pode implicar (não unicamente) três ações básicas: *pegar, empurrar* e *puxar*. Submetidos a ações dessa natureza, precisamos impor ao organismo uma construção contínua de processos de ajustes, pois ele é colocado num desafio constante de decidir o que pode ser empurrável, pegável e puxável, já que constantemente somos expostos a novos objetos. Assim, decidir sobre objetos que comportam essas predicações é decidir sobre um valor que a eles podemos conferir em função das condições estruturais e funcionais do corpo. E decidir sobre os valores a eles atribuí**veis** é decidir sobre uma parcela do seu significado.

Muitas das predicações que atribuímos a um objeto são decorrentes da partilha com outros sujeitos; todavia, é possível que,

---

[34] **Thesis 1.** Meaning is the relationship between an *organism* and its *environment*, determined by the *value* which particular environmental *aspects* (falling into *categories*) hold for that organism. (ZLATEV, 2003, p. 5)

em muitas circunstâncias, haja predicações que representam decisões que o sujeito precisa tomar, como forma de preservação do próprio organismo. Nada disso parece estranho ao desenvolvimento cognitivo de um sujeito: para qualquer objeto, o número de predicações que podemos lhe atribuir é infinito. É possível que essas predicações se organizem em blocos de valores que atendam a conveniências do organismo e outros que lhe representam ameaças. Dessa construção orgânica da significação é que devemos derivar a intersubjetividade, como uma instância em que organismos diferentes partilham valores, como também a subjetividade, como instância de uma organização própria de valores de um organismo. Passemos a um comentário sobre a **Tese 3**:

> **Tese 3**. O significado de aspectos culturais (categorias) é avaliado com base em *sistemas de valores convencionais,* consistindo (predominantemente) de *signos*. Estes precisam ser adquiridos antes que possam determinar a relação de significado para o organismo. (ZLATEV, 2003, p. 5)[35]

Ressaltamos nessa tese fatos relativos aos significados culturais, considerados como um sistema de valores convencionais associados a signos. Assim, para organismos que vivem em sistemas culturais complexos, os aspectos do ambiente a serem considerados não são apenas de ordem física, mas implicam a produção de material cultural, de práticas sociais e de rituais de natureza diversa. Além do mais, por se tratar de práticas simbólicas, essa dimensão do significado representa o modo pelo qual os seres interagem uns com os outros (intersubjetividade), mas também interagem com o seu ambiente para além de uma correlação física. Diferentemente do significado, implicado nos aspectos físicos relativos à Tese 2, o significado das categorias culturais pode não ser estritamente associado

[35] **Thesis 3.** The meaning of cultural aspects (categories) is evaluated on the basis of *conventional value systems* consisting (predominantly) of *signs*. These need to be acquired before they can determine the meaning relation for the organism. (ZLATEV, 2003, p. 5)

à sobrevivência material do organismo, mas à manutenção da sua coesão social e de seu processo interacional no ambiente, incluindo aqui o partilhamento com outros sujeitos. Os sistemas de valores inatos, biologicamente determinados, continuam se fazendo presentes, mas são menos determinantes em se tratando do domínio de valores simbólicos convencionais. Tais valores parecem estar evolutivamente adaptados para compensar as formas de interação social, como processos que dão suporte ao desenvolvimento de convenções.

Por exemplo, nossa atividade visual sobre o ambiente recobre muitos detalhes: com ela percebemos movimentos em escalas diferentes, formas qualitativamente distintas, cores numa variação infinita (não enumerável); situamos objetos no nosso entorno com distanciamento variável; projetamos complementos de arcos, de retas, mesmo quando interrompidos; somos capazes de recompor visualmente um objeto diante de traços muito esquemáticos, etc. Muitas das ações que operamos com o olho podem representar uma atividade física (*ver, enxergar*), mas certamente muitas das ações do olho discriminam outros detalhes na percepção dos objetos. *Apreciar, contemplar, admirar, examinar, perscrutar, vislumbrar, divisar, fitar, mirar* são ações circunscritas a atividades sociais para além do domínio sensório-motor do olho. Com essas ações o organismo humano experiencia valores estéticos, capta detalhes descritivos, reorienta atencionalmente a percepção entre outras características que se interpõem no campo visual. No nosso entendimento, essa tese aponta diretamente para a questão dos signos linguísticos e é nessa direção que exemplificamos esses fatos, a partir da análise de ações verbais que desenvolveremos mais à frente. Passemos à Tese 4:

> **Tese 4.** Tanto os sistemas de valores inatos quanto os adquiridos servem como *sistemas de controle*, orientando e avaliando o comportamento do organismo e sua adaptação. (ZLATEV, 2003, p. 6)[36]

[36] **Thesis 4.** Both innate and acquired value systems serve as *control systems* by directing and evaluating the organism's behavior and its adaptation. (ZLATEV, 2003, p. 6)

Selecionamos essa tese com o objetivo de mostrar de que forma Zlatev concebe o significado como um sistema de valores que comanda o organismo em termos de seu comportamento e de sua adaptação. No fundo, os valores internos bem como os adquiridos têm a função de determinar para o organismo que ações ele deve cumprir em função de necessidades adaptativas; tais valores são também responsáveis pelo teor intencional que move o organismo para certas ações, assim como para os processos de aprendizagem. Todos os sensores humanos, embora disponham de estruturas internas aptas à percepção de modalidades sensoriais, requer adaptações à estimulação de padrões diferentes que recebe do meio ambiente. O nosso ouvido, por exemplo, está exposto a ondas sonoras de decibéis muito diferentes: das turbinas de um jato a uma respiração quase silenciosa. A nossa exposição contínua às ondas sonoras – o ouvido não cessa de transmiti-las ao cérebro – nos obriga a uma adaptação de produzi-las e nos expormos a elas dentro de um padrão compatível com as nossas estruturas auditivas – em média de 20 a 80 dB. Esse é um aspecto do processo adaptativo do organismo: as estruturas inatas disponibilizam as condições iniciais para um processo de ajuste contínuo, moldado pelas condições ambientais em que se insere o organismo.

Na discussão seguinte, vamos avaliar um conjunto de ações que perpassam a atividade sensório-motora de um organismo humano e o seu valor intencional que muitas dessas ações assumem.

Movimentos e ações

As teses de Zlatev aqui destacadas, em conjunto com o seu conceito de significado, representam orientações importantes para o entendimento dos movimentos corporais e, por extensão, das ações humanas, em particular aquelas que se acham associadas à atividade sensorial. Podemos destacar parte dessa discussão, a partir de formulações de Haddock (2013), conforme a citação seguinte:

> Se eu movimento meu corpo com a intenção de fazer alguma coisa, então o movimento do meu corpo envolve intrinsecamente a minha intenção de fazer isso. No entanto, se o meu corpo se move, mas eu não movo meu corpo com a intenção de fazer alguma coisa, então o movimento do meu corpo não envolve intrinsecamente minha intenção de fazer algo. (HADDOCK, 2013, p. 26)[37]

A formulação de Haddock delineia-se como uma orientação disjuntivista[38] para os movimentos corporais, isto é, aqueles que são desprovidos de qualquer valor intrínseco intencional e aqueles que dispõem de tais valores na sua consecução. A distinção proposta pelo autor, como fonte de um valor intencional para os movimentos, fundamenta-se numa vinculação da dimensão intencional à consciência do seu agente sobre os movimentos, ou de sua decisão deliberada na

---

37 If I move my body with the intention of doing something, then the movement of my body intrinsically involves my intention of doing this thing. However, if my body moves but I do not move my body with the intention of doing something, then the movement of my body does not intrinsically involve my intention of doing this thing. (HADDOCK, 2013: p. 26).

38 Na filosofia do conhecimento, é comum destacar duas formas de orientação para os processos de percepção. Há uma concepção *dualista*, que parte de duas fontes do conhecimento (mente e o cérebro, por exemplo) e que, embora assemelhadas e até mesmo indistinguíveis, em algumas formas de processamento, sustenta os processos de forma independente. Há uma concepção monista (mente/cérebro) que tende a fundir duas fontes de percepção e que considera a realidade em sua unicidade global. Alternativamente a essas duas orientações e do ponto de vista da percepção, existem propostas disjuntivistas em relação aos diversos padrões sensoriais. Por exemplo, a percepção visual capta uma dimensão real dos objetos, uma ilusória e também uma alucinatória (em vez de supor que tudo que o olho capta é real ou que tudo que ele capta é ilusório, ou alucinatório). Numa de suas formulações, Ruben (2010) propõe: 'Existem muitas formas diferentes a partir das quais se pode afirmar que algo deva, precisamente, ser denominado uma teoria disjuntivista da percepção, mas por teoria disjuntivista da percepção, quero propor a seguinte relação bicondicional: (1) Algo parece para S que p, se e somente se ou (a) S vê ou percebe que p, ou (b) apenas parece para S como se fosse que p.' ("There are many different ways in which to state something that might accurately be called a disjunctive theory of perception, but by the disjunctive theory of perception, I will mean this biconditional: (1) It looks to S that p iff *either* (a) S sees or perceives that p *or* (b) it merely looks to S as if that p.")

consecução das ações proporcionadas por uma dimensão corporal. Se "*meu corpo se move*", posso não ter desse movimento consciência ou podemos não fazer dele uma deliberação com vistas à realização de um ato. Em contraste, se "*eu movo meu corpo*", imprimo aos meus movimentos corporais a intenção de realizar algo e meus movimentos se tornam conscientes por desenharem objetivos a serem alcançados. As dificuldades associadas a uma caracterização dos movimentos intencionais do corpo colocam em questão essa visão disjuntivista e passa admitir uma visão não disjuntivista, como sintetiza o próprio Haddock:

> Devemos pensar uma primeira forma de compreender a natureza dos movimentos corporais como uma concepção disjuntiva desses movimentos, em razão da suposição de que os movimentos corporais sejam não apenas movimentos-A como também movimentos-M. Devemos pensar uma segunda forma como sendo uma concepção unitária e não disjuntiva dos movimentos corporais, em razão da suposição de que todos os movimentos corporais sejam movimentos-M. (HADDOCK, 2013, p. 26-7)[39]

As duas formas de movimentos, consideradas pelo autor, têm as seguintes características: movimentos-A (*agent movements*) correspondem a ações deliberadas de um agente, visando a um alvo qualquer, e movimentos-M (*mere movements*) não se associam a um poder de decisão de qualquer processo agentivo. Os limites entre os dois tipos podem ser muito fluidos, já que certos movimentos-M podem ser reinterpretados como movimentos-A, dependendo de usos específicos. De certa forma, essa tipologia contribui para a adoção de uma abordagem disjuntivista, embora não se possa assumi-la

---

[39] We might think of the first way of understanding the nature of bodily movements as a disjunctive conception of these movements, because of its claim that bodily movements are either A-movements or M-movements. And we might think of the second way as a unitary or non-disjunctive conception of bodily movements, because of its claim that all bodily movements are M-movements. (HADDOCK, 2013, p. 26-7)

como solução para dirimir a dificuldade para o reconhecimento de fenômenos dessa natureza. Muitos autores apontam vantagens e desvantagens associadas à visão disjuntivista e, sem entrar nos detalhes teóricos dessa discussão, vamos adotá-la nessa proposta da análise de verbos de ação em português, destacando movimentos que estão integrados a uma etiologia dos processos sensoriais de outros que constituem uma dimensão intencional,[40] tendo como consequência um resultado sobre os fatos do mundo ou sobre o próprio corpo (uma mudança de seu estado, por exemplo), proporcionada por uma deliberação do seu agente.

Movimentos do corpo humano, com vistas à execução de uma ação, podem ser concebidos de forma muito diferenciada e quase sempre estão integrados numa sequência de movimentos secundários que resultam numa ação e para os quais nem sempre o nosso sistema atencional está orientado. Em geral, a realização de uma ação decorre também da integração de modos sensoriais distintos. Por exemplo, a ação que nos *leva a tomar café numa xícara* inclui a mobilização de diversos movimentos do sistema háptico (braço, mão, dedos, falanges; equilíbrio, cabeça, lábios), do sistema visual (a orientação espacial para alcançar a xícara...), bem como do gustativo e do olfativo, complementarmente. Na reflexão que vamos desenvolver, movimentos mais localizados serão destacados para que possamos considerar, de forma mais direta, a ideia de significado corpóreo.

Assim, vamos iniciar a discussão a partir do esquema seguinte, considerando três formas que combinam, em etapas diferentes, movimentos corporais. Nesse momento ainda estamos concebendo formas

---

40 Uma ação intencional é, certamente, um evento muito mais complexo do que aqui compreendido, como mencionam Livet e Petit (2010), reportando a Pacherie: "Pacherie, seguindo uma linha de raciocínio similar, mas ligeiramente diferente, propõe distinguir três tipos de intenção: uma intenção primeira, orientada para o futuro; uma intenção em ação, orientada para o presente; uma intenção motora." ("Pacherie, folowing a similar but slithtly different line of reasoning, proposes to distinguish three types of intention: a prior intention, a future-directed one; intention in action, a present directed one; and motor intention." (LIVET; PETIT, 2010, p. 26)

genéricas com índices gerais especificando partes do corpo, metaverbos compatíveis com índices corporais e com um valor funcional de causalidade, bem como variáveis verbais associadas a movimentos consecutivos.

ESQUEMA 1: ESTRUTURA GERAL DOS MOVIMENTOS

Fórmula geral para movimentos etiológicos	$(\text{CORPO}_{[\text{I, J, K}]}$	$(\text{X}_{[\text{METAVERBO I, J, K}]}$ para...))

Fórmula geral para movimentos intencionais	$(\text{CORPO}_{[\text{I, J, K}]}$	$(\text{X}_{[\text{METAVERBO I, J, K}]}$ para $\text{Y}_{[\text{VERBO}]}))$

Fórmula geral para anulação de movimentos intencionais	$(\text{CORPO}_{[\text{I, J, K}]}$	$(\text{X}_{[\text{METAVERBO I, J, K}]}$ para $\text{Y}_{[\text{VERBO}]}) (\rightarrow \Diamond \text{Z}_{[\text{VERBO}]}))$

Uma codificação inicial para os componentes dessas fórmulas pode ser descrita da seguinte maneira:

ESQUEMA 2: CODIFICAÇÕES

Elementos	Codificação funcional
I, J, K:	São índices para partes do corpo, os quais especificam algum elemento sensório-motor que integra um sistema perceptivo: cabeça, mãos, pés, pernas, olhos, nariz, boca, ouvidos.
X:	É uma variável metaverbal, condicionada a índices corporais e que expressa um movimento etiológico (original, causação primária) de uma parte do corpo. Em nossa formulação, representa um [movimento-E], equivalente ao [M-movimento] na formulação de Haddock.

Y:	É uma variável intencional verbal que expressa um movimento sequencial (causal ou não) a X e que registra a intenção do agente; é responsável por gerar um resultado, isto é, uma ação consequente sobre o mundo das coisas ou sobre o próprio corpo. Representa um [movimento-A], nos termos de Haddock, aqui adotado.
Z:	É uma variável verbal que expressa um movimento ocasional, intencional ou não intencional [movimento-O] que constitui uma (pré)sequela de Y, de tal forma a poder anular Y ou tornar o seu resultado inconcluso.

De modo menos sintético, podemos ilustrar os elementos acima, considerando sua extensão para o sistema verbal do português. Adiantamos que a ilustração feita para cada um dos elementos contidos nas fórmulas não representa um elenco fechado de itens lexicais verbais que podem ser materializados tanto em Y como em Z. O mesmo podemos afirmar em relação à escolha dos metaverbos que materializam X: um estudo mais detalhado talvez nos leve a uma seleção mais precisa ou à fixação de uma forma *ad hoc* com um valor lexical esvaziado.

A) Sobre X = movimento-E

Assumimos X como um movimento etiológico, representando, portanto, um padrão original – uma causa primária – para um movimento necessário e associado a qualquer parte do corpo e que seja capaz de desencadear outros movimentos mais complexos. Como movimento etiológico, ele se caracteriza por procedimentos inatos, podendo dispor de uma causação primária sob a forma de um reflexo que ativa instintivamente uma parte do corpo. Como movimento primário, nem sempre ele é explicitado nas ações em que se acha integrado como condição essencial. Assim, dizemos normalmente 'Ele Y: ajoelhou-se', sem recorrer à forma plena: 'X: dobrar a perna PARA Y: ajoelhar-se'; igualmente, dizemos 'Ela pegou o celular', sem recorrer à forma plena: 'X: abrir/fechar a mão PARA Y: pegar o celular', já que, em ambos os casos, a forma sintética é suficiente para traduzir a ação intencional do agente, orientação mais determinante para as formas linguísticas, socialmente mais significativas. Apenas em circunstâncias especiais, expressamos, em nossas ações, o movimento-E que dá origem a um movimento-A consecutivo, a não ser quando fazemos dele uma ação intencional: por exemplo, num exercício físico, podemos sugerir a alguém que *abra* e *feche* a mão.

Atribuímos a X a função de um metaverbo[41] pelo fato de nos valermos dele não como uma forma verbal corrente na língua, mas como movimentos intrínsecos de um sensor, às vezes até mesmo marcado por orientações contrapostas, mas integradas e complementares. Existem razões que justificam a decisão por um metaverbo:

(i) Não há uma única forma verbal que seja representativa de certos movimentos etiológicos de uma parte do corpo: ABRIR/FECHAR é um movimento complexo que integra tanto a etiologia da *boca*, das *mãos*, como dos *olhos*; ESTICAR/DOBRAR representa causações primárias tanto para a etiologia das *pernas* como dos *braços*.[42] Afinal, a perspectiva de conceber pares complementares nos parece ser a estratégia mais adequada, já que não podemos, no caso das mãos, dos olhos ou de outros sensores determinar o movimento original: *abrir* ou *fechar*, por exemplo.

(ii) Há partes do corpo que comportam dois padrões iniciais de movimento, outros apenas um: as pernas comportam ESTICAR/DOBRAR, o nariz, ASPIRAR, o olho admite FIXAR OU ATENCIONAR, ABRIR/FECHAR; a proposta de um metaverbo – a ser depurada de forma mais precisa – é uma forma de integrar essas duas dimensões

---

41 As formas usadas para representar os metaverbos (movimentos-E) podem, em muitas circunstâncias, ser usados também para representar movimento-A. No primeiro caso, portanto, não têm o valor de um item lexical comum.

42 É possível que uma parte dos metaverbos seja constituída por aquilo que Kelso e Engstrøm (2006) denominaram *pares complementares*, isto é, oposições que são detectadas em muitas dimensões da natureza e não são mutuamente exclusivas, mas integrativas, através de processos que reconciliam contrários – uma teoria de dinâmicas de coordenação metaestáveis.

sem a necessidade de fazê-las distintas nesse nível de descrição,[43] da mesma forma que uniformizar o processo para certos casos.

(iii) As partes do corpo que comportam formas contrapostas podem se orientar em razão da natureza de movimento-A para pernas DOBRAR quando Y é sentar, mas ESTICAR quando Y é levantar; para a cabeça, temos VIRAR, para localizações horizontais, mas BAIXAR/LEVANTAR para posicionamentos verticais; um movimento-A apenas torna mais saliente uma perspectiva da etiologia do sensor, mas essencialmente não altera a necessidade de sua etiologia.

(iv) Como vimos, não existe uma única expressão linguística para expressar o movimento etiológico de cada parte do corpo, além do mais umas podem ser mais usuais que outras; o que seria mais rotineiro para *pernas* e *braços* – ESTICAR, ESTENDER, ou ESPICHAR? Em outras palavras, podemos completar esse comentário afirmando, como já o dissemos, que um metaverbo não é um item lexical de uma língua específica.

(v) Há sensores para os quais ainda precisamos esclarecer melhor o que seja o seu movimento etiológico – pode-se postular RESPIRAR ou ASPIRAR para o *nariz*, ATENCIONAR para o *ouvido;* mas seriam essas as formas mais apropriadas para a etiologia desses sensores? Certamente, existem outros padrões que precisam ser avaliados face a uma compreensão melhor da funcionalidade das partes do corpo envolvidas na realização de ações intencionais.

B) SOBRE Y = MOVIMENTO-A

Por outro lado, Y são formas verbais reais nessa perspectiva de análise, as quais expressam movimentos intencionais de um agente e,

---

43 No caso do *olho*, especificamente, pode-se supor uma formulação mais complexa para o metaverbo, isto é, mover/atencionar ou mover/fixar, supondo uma 'tomada de decisão' do sensor para assumir o que representa o seu movimento-E. Mas, por esse argumento, nada impede que as outras formas sejam também contaminadas por uma 'tomada de decisão' do sensor: mover (abrir/fechar) as mãos, mover (esticar/dobrar) as pernas. Nas duas situações, *mover* teria apenas o teor de um metametaverbo que indicaria apenas um pressuposto – uma condição inicial – para a etiologia do sensor.

como tal, trazem como consequência um resultado qualquer, dentro de uma grande variabilidade de resultados possíveis para nossas ações intencionais (domínio/isolamento de um objeto, estado alterado do corpo, um objetivo alcançado, etc.). Assim, o movimento-E de ESTICAR/DOBRAR as *pernas* apresenta um resultado quando intencionalmente associado a *pular*, *saltar* (um objetivo alcançado), *sentar*, *ajoelhar* (uma alteração corporal), etc. São estes, pois, movimentos que caracterizam o resultado de uma ação intencional do seu agente (movimento-A), mas o que expressa a intenção do agente é a fórmula complexa: ($X_{[\text{METAVERBO}]}$ para $Y_{[\text{verbo}]}$), sendo Y, portanto, a realização intencional.

Apontamos, inicialmente, a existência de uma correlação entre o índice corporal e a natureza do metaverbo que, mesmo propenso a um teor difuso na fixação de uma forma que expresse um movimento-E, mantém certa compatibilidade funcional, assim: f(mão) → abrir/fechar; f(perna) → esticar/dobrar. Da mesma forma, existe a possibilidade de correlações entre X:metaverbo e Y:verbo mas com um o teor de determinação mais difuso, até mesmo em razão da vasta diversificação e especialização das formas de movimento-A como extensões de movimento-E. Talvez fosse mais apropriado aqui tratar de certas implicações que poderiam ser formuladas em termos locais, mas não de uma rede de causalidade, da forma que foi feita na relação do índice corporal com o metaverbo, onde a parte do corpo pode disparar certos movimentos etiológicos, mas, momentaneamente, inibir outros.

Assim, as implicações de X para Y teriam caráter um pouco diferente, como se pode demonstrar nos exemplos seguintes: (X:estender o braço para Y:cumprimentar / pegar / empurrar / puxar, etc.), com todos os cruzamentos possíveis; da mesma forma (X:atencionar o ouvido para Y:ouvir, escutar, compreender, reconhecer, discriminar, etc.). Enfim, a diferença pode ser justificada, considerando dois fatos: (a) a correlação entre o índice corporal e o metaverbo é restrita, o que nos permite tratá-la como determinação;[44]

[44] A natureza dessa correlação pode ser ainda justificada em razão do fato de que a expansão e a especialização do léxico das línguas naturais não opera sobre os movimentos etiológicos (que provavelmente são universais), mas sobre os

(b) a relação entre X:metaverbo e Y:verbo, ainda que seletiva – X seleciona muitos Y, mas não todos – é aberta, logo não podemos vê-la como determinação.[45] Como inventário aberto, a relação entre X e Y ainda requer aprofundamentos.

Devemos considerar ainda, sob o escopo de Y, o fato de muitas das nossas ações mostrarem um teor de complexidade muito grande, fazendo-se representar por muitos movimentos sucessivos. Mencionamos anteriormente 'tomar café numa xícara' como um movimento que aciona muitos aspectos do sistema sensorial háptico, ainda que o efeito intencional final seja o de degustar o café (sensação gustativa). Nele estão envolvidos, entre outros, movimentos do tipo: (a) Y:ESTENDER o braço para X: pegar a xícara; (b) Y:ABRIR a mão para X: prender a xícara com dois dedos; (c) X:DOBRAR o braço para Y:trazer a xícara à boca; (d) X:ABRIR a boca para Y:ingerir o café; (e)X: GIRAR a mão para Y: derramar o café na boca, etc. Grande parte de nossas ações comporta-se dessa maneira, mas isso não nega o esquema de análise que foi proposto sobre a correlação entre movimento-E e movimento-A. Cada etapa descrita acima é uma combinação desses dois tipos de movimentos em ações cada vez mais complexas.

c) Sobre Z = movimento-O

Fazendo uma expansão da forma esboçada por Haddock, acrescentamos a ela um movimento ocasional [movimento-O], isto é, um movimento que pode surgir como uma (pré)sequela decorrente da tentativa de se realizar, intencionalmente, Y. Por exemplo, ao intencionar realizar Y: *saltar sobre um obstáculo*, o agente pode Z: (*escorregar*,

---

movimentos intencionais. Para *boca* temos X:abrir/fechar (com algumas variações estilísticas circunstanciais: escancarar/cerrar...), mas temos Y:comer (provar, experimentar, beliscar, cear, lanchar, lambiscar, papar, devorar...), Y:beber (tragar, bebericar, sorver, ingerir, dar goladas, tomar um porre, embebedar...).

[45] Se a relação fosse considerada como determinação, as fórmulas em X deveriam 'prever' fórmulas correspondentes em Y que poderiam ser criadas. Isso não existe, certamente: o inventário lexical para Y é aberto e, provavelmente, submetido a extensões metafóricas, metonímicas, miméticas.

tropeçar, embaraçar as pernas, desequilibrar-se) e, portanto, não alcançar o resultado esperado pela realização de Y. Se o movimento-O implica movimentos como os apontados acima, podemos considerá-lo como não intencional, pois ninguém *escorrega* ou *tropeça*, por exemplo, com o objetivo de levar um tombo (a não ser numa encenação artificial) e deixar de concretizar uma ação em curso.

Entretanto, ao lado de um movimento-O não intencional, podem existir, para circunstâncias locais, movimentos-O que sejam plenamente intencionais. Por exemplo, um atleta, durante o processo de execução do salto triplo, avaliando as condições iniciais - arranque fraco, velocidade baixa, dor física -, pode Z: (*abortar*, *refugar*, *desistir de* Y). Aqui estaremos diante de um movimento-O de natureza intencional, pois o atleta, deliberadamente, optou por *abortar*, *refugar* Y. É possível também que Z possa ter o teor de um metaverbo vicário (*desistir*, por exemplo) e de ser relativamente independente das correlações criadas entre X e Y.

Considerados aspectos mais salientes apresentados no Esquema 1 e no Esquema 2, vamos listar uma série de formas verbais, compreendendo as relações X, Y, Z e buscando destacar, em alguns comentários, a dimensão corpórea do significado e o modo pelo qual ele representa um valor calculado pelo organismo em sua relação com o ambiente.

ESQUEMA 3: FÓRMULA GERAL PARA AÇÕES INTENCIONAIS

Fórmula geral para ações intencionais	
0. (CORPO$_{[I, J, K]}$	(X $_{[METAVERBO\ I, J, K]}$ para Y $_{[verbo]}$))

Ações intencionais específicas	
1. (CORPO$_{[olhos]}$	(X $_{[fixar]}$ para Y $_{[enxergar, ver, apreciar, admirar, divisar, mirar, fitar...]}$))[46]

[46] As formas verbais indicadas para movimentos-A (linhas 1 a 10) indicam apenas uma exemplificação parcial daquilo que a língua pode prover como formas

2. (CORPO$_{\text{[braços/mãos]}}$	(X$_{\text{[esticar/dobrar]}}$ para Y$_{\text{[empurrar, pegar, puxar, arrastar...]}}$))
3. (CORPO$_{\text{[cabeça]}}$	(X$_{\text{[virar]}}$ para Y$_{\text{[despistar, disfarçar, evitar, localizar...]}}$))
4. (CORPO$_{\text{[pernas]}}$	(X$_{\text{[dobrar]}}$ para Y$_{\text{[agachar-se, ajoelhar-se, sentar-se, rastejar...]}}$))
5. (CORPO$_{\text{[pernas]}}$	(X$_{\text{[esticar]}}$ para Y$_{\text{[pular, correr, caminhar, dançar, chutar...]}}$))
6. (CORPO$_{\text{[boca]}}$	(X$_{\text{[abrir/fechar]}}$ para Y$_{\text{[beber, comer, mastigar, ingerir, morder...]}}$))
7. (CORPO$_{\text{[boca]}}$	(X$_{\text{[abrir/fechar]}}$ para Y$_{\text{[falar, dizer, gritar, murmurar, cochichar...]}}$))[47]
8. (CORPO$_{\text{[mãos]}}$	(X$_{\text{[abrir/fechar]}}$ para Y$_{\text{[segurar, soltar, agarrar, apertar, espremer, espalmar...]}}$))
9. (CORPO$_{\text{[ouvido]}}$	(X$_{\text{[sentir]}}$ para Y$_{\text{[localizar, perceber, escutar, ...]}}$))
10. (CORPO$_{\text{[nariz]}}$	(X$_{\text{[aspirar]}}$ para Y$_{\text{[farejar, cheirar, fariscar, inalar...]}}$))

O item 0 representa a fórmula completa e essencial para representar movimentos-A, agora especificados em itens verbais, enumerados nas linhas de 1-10.[48] A função dessa fórmula é mostrar um conjunto de verbos que constituem ações de uma parte do corpo e que operam no ambiente em que os seres humanos atuam. Esses agrupamentos, comandados por uma dimensão sensorial própria, constituem padrões de inserção do organismo em seu meio ambiente. Desse modo, as ações verbais representadas por Y, combinadas

extensivas para um movimento etiológico. Além do mais, um mesmo índice atribuído ao corpo (como, fizemos para pernas e boca, acima) pode compreender um conjunto de movimentos-A com especializações diferentes.

47 Embora vinculadas a um sensor, as ações aqui apontadas (1 a 10) não têm o mesmo teor de complexidade ou de autonomia em termos de sua realização. Considerando as duas sequências para *boca*, nenhuma delas poderia ser uma decorrência apenas do movimento-E de abrir/fechar; certamente suas unidades requerem muitos outros processos. De resto, isso é válido também para as unidades no interior de uma sequência: Y:*comer* implica um processo gradual de Y: *mastigar*, que não se faz presente em Y: *beber*, etc.

48 Com certeza, não são as únicas enumerações possíveis para cada sensor: não apenas desdobramentos para um sensor podem ser feitos, com vistas a atender um conjunto mais especializado de movimentos-A, como também muitos outros movimentos-A podem ser inseridos em cada linha.

com movimentos-E, são, ao mesmo tempo, desafios que o organismo enfrenta – precisamos aprender o que podemos *puxar*, *beber*, *espremer* – e objetivos a alcançar – precisamos ajustar o nosso organismo a partir de muitas dessas ações, selecionando aquelas que lhe são agradáveis e aquelas que lhe são lesivas. Aqui, gostaria de me valer da Tese 2 de Zlatev, para justificar a importância dos movimentos-A para o organismo:

> **Tese 2.** O significado de aspectos físicos (categorias), percebido através de *sistemas de valores inatos*, está fundamentado em seu papel para a preservação da vida de indivíduos e de seus semelhantes. (ZLATEV, 2003, p. 5)[49]

O nicho, através do qual o nosso corpo circula, é constituído por objetos físicos (coisas, fatos, eventos) com os quais interagimos continuamente. Dominamos esses objetos através de um sistema de valores inatos (e não inatos também) que determinam o seu significado para a preservação da vida. O essencial dessa tese é mostrar que o significado não é algo indiferente à nossa existência biofísica, nem um agregado externo que a ela vamos associando, mas, antes, uma condição interna do organismo para a sua preservação, nos aspectos mais diferenciados a que somos expostos ao longo de nossa permanência no mundo como seres vivos. Cada um desses fenômenos e objetos que se interpõem à nossa sobrevivência, não importa sua natureza, é um desafio à atribuição de valor para o organismo. Assim, as formas verbais que listamos nas linhas de 1 a 10 são processos vitais (mas não únicos e em escalas diferentes) para a manutenção de uma ordem como seres vivos: são eles que modelam nosso corpo para ações a serem realizadas, para posturas a serem assumidas; para assunção do que é benéfico; para rejeição ao que é nocivo. Enfim, são esses processos verbais, com ampliações que podem ser feitas para

[49] **Thesis 2.** The meaning of physical aspects (categories), perceived via *innate value systems,* is based on their role for the preservation of the life of the individual and its kin. (ZLATEV, 2003, p. 5)

cada um dos sensores, responsáveis por propiciar ao organismo um escrutínio sobre toda a extensão do ambiente que o cerca.

Até aqui, os movimentos-A foram descritos em sua dimensão física, embalados pelo fato de representarem, de modo efetivo, uma intervenção dos agentes sobre o mundo. Na arquitetura do significado proposta por Zlatev, através das teses que estamos avaliando, o autor ressalta a importância das emoções, como destacado na tese seguinte:

> **Tese 5**. Um valor intrínseco, consequentemente o significado, está intimamente conectado com a emoção e o sentimento e representa uma condição necessária, mas não suficiente para a experiência fenomênica. (ZLATEV, 2003, p. 6)[50]

Na perspectiva dessa tese, nenhum dos processos verbais apontados acima pode ser desprovido de um traço emocional, pois isso, segundo o autor, representa uma condição necessária para a experiência fenomenológica. A experiência de um atleta, numa prova de atletismo, com Y:*saltar* pode se associar a traços emocionais de júbilo, de expectativa, diferentemente de alguém que precisa superar um obstáculo na iminência de perigo, que poderá manifestar o traço de medo, insegurança, etc. O movimento-A de Y:*beber* pode ser realizado com prazer (para bebidas do agrado do agente), mas certamente com desprazer (para remédios, por exemplo). Um agente que realiza a ação de Y:*atravessar* uma rua experiencia diversos sentimentos como *apreensão*, *medo*, *expectativa*.

Passemos agora a uma avaliação da terceira dimensão proposta no Esquema 1, que se refere a ações que possibilitam a anulação das ações intencionais, isto é, movimentos-O, como já especificamos conceitualmente. Vamos abordar os movimentos dessa natureza em dois padrões básicos: o primeiro considerando movimentos-O como não intencionais, e o segundo, como intencionais.

---

[50] **Thesis 5.** Intrinsic value, and consequently meaning, is intimately connected to *emotion* and *feeling* and represents a necessary, but not sufficient condition for phenomenal experience. (ZLATEV, 2003, p. 6)

Esquema 4a: Fórmula para anulação não intencional de ações intencionais

Fórmula geral para anulação de ações	
0. $(\text{CORPO}_{[\text{I, J, K}]}$	$((\text{X}_{[\text{METAVERBO}]}\ \text{para Y}_{[\text{verbo}]}) \rightarrow \lozenge\, \text{Z}_{[\text{VERBO}]})$

Anulação não intencional de ações intencionais específicas	
1. $(\text{CORPO}_{[\text{pernas}]}$	$(\text{X}_{[\text{esticar}]}\ \text{para Y}_{[\text{pular, correr, dançar...}]}) \rightarrow \lozenge\, \text{Z}_{[\text{VACILAR}]})$
2. $(\text{CORPO}_{[\text{mãos}]}$	$(\text{X}_{[\text{abrir/fechar}]}\ \text{para Y}_{[\text{puxar, agarrar, apertar, empurrar...}]}) \rightarrow \lozenge\, \text{Z}_{[\text{VACILAR}]})$
3. $(\text{CORPO}_{[\text{boca}]}$	$(\text{X}_{[\text{abrir/fechar}]}\ \text{para Y}_{[\text{falar, cantar, beber, mastigar, ingerir, morder...}]}) \rightarrow \lozenge\, \text{Z}_{[\text{VACILAR}]})$
4. $(\text{CORPO}_{[\text{ouvido}]}$	$(\text{X}_{[\text{atencionar}]}\ \text{para Y}_{[\text{localizar, perceber, escutar, ...}]}) \rightarrow \lozenge\, \text{Z}_{[\emptyset]})$
5. $(\text{CORPO}_{[\text{nariz}]}$	$(\text{X}_{[\text{aspirar}]}\ \text{para Y}_{[\text{farejar, cheirar, fariscar...}]}) \rightarrow \lozenge\, \text{Z}_{[\emptyset]})$
6. $(\text{CORPO}_{[\text{olhos}]}$	$(\text{X}_{[\text{abrir/mover}]}\ \text{para Y}_{[\text{enxergar, ver, apreciar, vislumbrar, admirar, divisar, mirar, fitar... }]}) \rightarrow \lozenge\, \text{Z}_{[\emptyset]\,?})$

A possibilidade de suspensão de ações em curso é real, e nesse estudo, em particular, gostaríamos de mostrar como podemos concebê-la em função das ações configuradas no Esquema 3, ou seja, para movimentos-A. Postulamos, para uma sequência de movimentos, um movimento-O com a finalidade de justificar a suspensão do curso de uma ação, por razões intencionais ou não intencionais. Assim, no Esquema 4a, definimos pela linha 0 a fórmula geral que inclui agora possíveis movimentos-O, associados a sensores corporais indicados.

Na primeira parte desse esquema – linhas de 1 a 6 –, destacamos o valor de Z, enquanto um movimento não intencional, algo que equivaleria a um acidente no transcorrer de uma ação intencional. Nesse caso, dividimos as linhas em dois blocos: para as três primeiras reconhecemos para parte do sistema háptico (*pernas* e *mãos*), bem como para o sensor *boca*, a possibilidade de movimento-O, que podemos representar por uma forma vicária como Z:vacilar, podendo ser materialmente realizado como Z: (*tropeçar*, *derrapar*, *escorregar*) para *pernas*; Z: (*escapulir*, *soltar*, *escapar*) para *mãos* e Z: (*engasgar*, *gaguejar*) para *boca*, entre outros possíveis.

Por outro lado, as linhas 4 a 6, que representam respectivamente os sensores *nariz*, *ouvido* e *olhos*, não disporiam de um movimento-O numa perspectiva não intencional, logo, a indicação que foi apontada Z:Ø. De fato, é difícil imaginar o que poderia representar uma interrupção do fluxo de absorção química das narinas, de absorção sonora dos ouvidos e da absorção de luz pelos olhos, de modo aleatório, isto é, representado por um movimento-O. No caso dos olhos, registro uma dúvida para Z não intencional, admitindo um movimento-O como *cochilar*, que, certamente, implica a obstrução de parte da entrada de luz no organismo, já que as pálpebras se abaixariam. De toda forma, os três últimos casos ainda requerem uma avaliação mais aprofundada.

Na sequência, vamos avaliar um aspecto complementar do movimento-O, quando associado a ações intencionais, isto é, a sua possibilidade de suspensão, em razão de algum outro tipo de movimento intencional.

Esquema 4B: Fórmula para anulação intencional de ações intencionais

Anulação intencional de ações intencionais específicas	
1'. $(\text{CORPO}_{[\text{pernas}]}$	$((X_{[\text{esticar/dobrar}]}\ \text{para}\ Y_{[\text{pular, correr, dançar...}]}) \rightarrow \Diamond Z_{[\text{DESISTIR}]})$
2'. $(\text{CORPO}_{[\text{mãos}]}$	$(X_{[\text{abrir/fechar}]}\ \text{para}\ Y_{[\text{puxar, agarrar, apertar, empurrar...}]}) \rightarrow \Diamond Z_{[\text{DESISTIR}]})$
3'. $(\text{CORPO}_{[\text{nariz}]}$	$(X_{[\text{aspirar}]}\ \text{para}\ Y_{[\text{farejar, cheirar, fariscar...}]}) \rightarrow \Diamond Z_{[\text{VEDAR}]})$
4'. $(\text{CORPO}_{[\text{ouvido}]}$	$(X_{[\text{atencionar}]}\ \text{para}\ Y_{[\text{localizar, perceber, escutar, ...}]}) \rightarrow \Diamond Z_{[\text{VEDAR}]})$
5'. $(\text{CORPO}_{[\text{boca}]}$	$(X_{[\text{abrir/fechar}]}\ \text{para}\ Y_{[\text{falar, cantar, beber, mastigar, ingerir, morder...}]}) \rightarrow \Diamond Z_{[\text{VEDAR}]})$
6'. $(\text{CORPO}_{[\text{olhos}]}$	$(X_{[\text{abrir/mover}]}\ \text{para}\ Y_{[\text{enxergar, ver, apreciar, vislumbrar, admirar, divisar, mirar, fitar... }]}) \rightarrow \Diamond Z_{[\text{VEDAR}]})$

No Esquema 4b, temos uma retomada dos exemplos do Esquema 4a, distribuídos em dois grupos. Para operar as duas linhas iniciais (1' e 2'), postulamos uma forma vicária Z:DESISTIR, para caracterizar de modo geral movimentos intencionais que servem para interromper o fluxo de uma ação intencional. Assim, podemos ter como atualizações possíveis para a forma Z: (*refugar*, *interromper*, *abortar*) para *pernas* e Z: (*largar*, *interromper*) para *mãos*, entre outros. Para os demais casos – linhas 3', 4', 5' e 6' –, postulamos Z:VEDAR, também como forma vicária com substituições desejáveis, mas certamente sem a mesma naturalidade dos casos anteriores. Dessa forma, podemos intencionalmente obstruir, interromper o sistema de ondas que afetam esses sensores.

Assim, mesmo do ponto de vista intencional, os movimentos-O continuam sendo algo complexo, exigindo uma depuração maior de sua forma de existência para a diversificação de partes do corpo implicadas nas ações. De fato, os substitutos para a forma nesses casos acabam assumindo um caráter muito distinto, por se fazerem representar por expressões como Z: (*tapar nariz*, *ouvido*, *boca*, *olhos*), Z: (*fechar boca*, *olhos*). Além do mais, tais expressões sugerem um efeito muito diferente dos outros casos já apresentados: por exemplo, *tapar ouvidos/narinas* não representa necessariamente a interrupção de uma ação intencional em curso, como *tropeçar* e *escapulir* podem fazê-lo, mas apenas o bloqueio circunstancial do funcionamento do sensor em questão. De toda forma, o cenário relativo a funcionalidades dos movimentos-O ainda requer estudos mais detalhados.

As dificuldades sobre esses últimos casos estão longe, entretanto, de terem apenas um caráter peculiar e um teor de ambiguidade funcional, elas são também reveladoras de um fato linguístico curioso, isto é, a ausência de um elenco de verbos que fossem relativamente especializados na interrupção intencional das ações decorrentes desses sensores, que são numerosas. Destacaria, por hipótese, duas orientações que apontam uma possibilidade de explicação para esse aspecto, em particular.

A primeira diz respeito à natureza diferenciada de tais ações: Y: (*correr*, *assentar*, *puxar*) não têm a mesma fundamentalidade para o organismo como Y: (*respirar*, *ver*, *ouvir*, *falar*). Logo, pode-se Z:*abortar* um projeto para correr um percurso, para assentar-se num banco, para puxar uma cadeira, sem qualquer ameaça à estabilidade do organismo, mas somente em circunstâncias muito especiais (um exercício físico qualquer), vamos deixar de respirar, de ver e de ouvir e até de falar, já que essas ações se traduzem pelo teor de sua essencialidade para o organismo e para a constituição desse organismo como sujeito de linguagem, diferentemente das primeiras.

A segunda razão, ainda especulativa, implica que as ações do primeiro conjunto são executadas para além do próprio organismo, ou evidenciam uma forma de intervenção do organismo no seu meio ambiente Y: (*correr*, *assentar*, *puxar*), por essa razão se tornam canceláveis com repercussões menos significativas para o próprio organismo. As ações do segundo conjunto visam à preservação do próprio organismo (*respirar*, *ver*, *ouvir*, *falar*) tanto em termos físicos, como em termos de sua socialização no meio ambiente. Fisicamente, as sensações de odor, contínuas por natureza, preservam o corpo de ambientes indesejáveis e hostis; as sensações auditivas, também contínuas, nos afastam de perigos, ajudam preservar o nosso equilíbrio; as sensações visuais, fundamentalmente, organizam o campo espacial do organismo: a localização de objetos; a qualificação imediata desses objetos pela cor, pela forma, pela distância do corpo; a valoração dos fatos pelo conforto que nos causa. Pela boca, distinguimos sabores que nos são agradáveis daqueles que seriam agressivos ao organismo, mas também, numa dimensão multimodal, exercitamos nossa capacidade de interação através da linguagem. Todas essas situações representam uma condição em que a dimensão corporal do significado, como um valor extraído de sua interação com o meio ambiente, pode ser realçado, de modo evidente.

CONSIDERAÇÕES FINAIS: A MULTIMODALIDADE DAS AÇÕES CORPÓREAS

Embora definindo o conjunto de movimentos-A numa dimensão unimodal, sabemos que grande parte desses movimentos, envolvendo atividades motoras do sistema háptico, por exemplo, implica necessariamente a modalidade visual. Quando mencionamos anteriormente a exigência de que o organismo 'faça cálculos' para o desempenho de certos movimentos, é importante ressaltar a atividade visual nessa tarefa. O que torna possível Y: (*pegar*, *alcançar*, *puxar*) um objeto com as mãos (sem auxílio de instrumentos intermediários) é o cálculo que o olho faz da distância entre a maior extensão do braço e a localização do objeto, por exemplo. Não podemos decidir sobre a possibilidade de Y: apanhar uma manga com as mãos sem *ver* e calcular sua localização na mangueira. O que possibilita Y: (*empurrar*, *deslocar*, *puxar*) um objeto é uma avaliação que o olho faz desse objeto em razão do contraste entre o seu porte e a capacidade motora do corpo, como também das condições de sua mobilidade.

Existem muitos movimentos acionados por dimensões do sistema háptico, por exemplo, que implicam, provavelmente, uma referência direta ao sistema visual, por ser ele que torna seguro nossos movimentos por superfícies diversas; que nos possibilita transpor obstáculos em superfícies acidentadas; que nos conduz na tarefa de subir/descer escadas ou aclives e declives muito íngremes. Há muitas ações, com um teor muito repetitivo para um organismo, que acabam por se tornar um hábito – uma convenção como diz Zlatev – por ser um valor que o organismo já administra, em muitos casos sintetizando informações oriundas de sistemas perceptivos diferentes.

Consideradas a partir desse ponto de vista, muitas ações multimodais podem ter um dos sistemas integrados como um filtro que possibilite disparar certo movimento-A, como também inibi-lo. Nos casos acima, o critério visual, em primeira instância e, portanto, sujeito a equívocos, é que decide sobre a factibilidade de certos movimentos-A. Não tentamos Y: *empurrar* (um muro, uma árvore, um poste), porque os *vemos* como objetos fixados ao solo; tentamos Y: *puxar* (uma cadeira, uma mesa, uma geladeira) por uma avaliação visual que fazemos do porte desses objetos; mas não tentamos Y:*empurrar* (um caminhão, um ônibus por um avaliação visual da desproporção entre o seu peso suposto e a força disponível para um organismo humano – embora muitos agentes possam ser treinados para isso). É possível que não levemos muitas substâncias à boca para Y:*ingerir* em função de uma inibição causada pelo olfato, ou por alguma forma de sensor do sistema háptico que avalie sua temperatura, sua dureza, etc. É claro que essas circunstâncias aqui listadas devem ser consideradas em termos de uma forma inaugural do conhecimento; no nosso aprendizado cultural devem existir outras formas de restrição que nos impedem a ingestão de substâncias nocivas ao organismo.

Existem ainda muitos detalhes a serem considerados numa análise, relativamente à dimensão corpórea dos significados. Aqui destacamos um aspecto, relacionado a três formas de movimentos associados a partes específicas do corpo humano, representando ações complexas e integradas num sistema perceptivo ou parte de um sistema ou em sistemas diversos.

Por último, gostaríamos de fazer um comentário final de ordem metodológica. Destacamos, como centro dessa discussão, dois objetos específicos – significado corpóreo e movimento –, que foram avaliados de forma mais enfática, através de três orientações, a saber, *naturalização, intencionalidade e disjuntivismo*. Entendemos que essas três orientações, cada vez mais, terão uma repercussão direta para os nossos processos de análise. Não sei se existem padrões metodológicos que as impulsionam – dentre outras – como instâncias decisórias de pesquisa e nem o quanto podemos almejar dessa imersão nas circunstâncias atuais. Ao menos como improviso especulativo, o que delas podemos esperar?

Devemos nos valer da *naturalização* para mostrar os valores processuais que podemos atribuir a certos conceitos, a certas categorias que, em sua formulação original, estão mais orientados para o teor constitutivo, para o teor de fundamentação, para um teor originário dos objetos do que para ferramentas processuais de análise. Com esse propósito, torna-se de importância estratégica naturalizar a intencionalidade, mostrando de que forma podemos fazer dela uma operação que possibilite justificar orientações que imprimimos aos nossos atos, à forma de interpelações sobre os fatos do mundo, enfim, significar a partir de valores que criamos para objetos e fatos que integram nosso nicho bio-sócio-cultural.

De modo semelhante, precisamos rediscutir nossa posição sobre a forma pela qual interpelamos os fatos e os objetos que nos cercam, a partir de uma perspectiva disjuntivista:[51] nem nossa percepção é estritamente monista – a realidade é uma totalidade –, nem certamente dualista – a separação de fenômenos físicos de fenômenos mentais, por exemplo. Convivemos com duplicidades perceptivas: o produto da atividade visual é, a um só tempo, o domínio de fatos reais, como também a fabricação da ilusão, da alucinação; o olor provocado por uma fruta pode nos levar a uma alucinação do seu sabor; o que lemos em um texto é, ao mesmo tempo, fatos que já experienciamos e tantos outros que imaginamos dever ser como nos parecem.

Nem o apagamento de fronteiras, como quer o monismo, nem a exacerbação da sua existência, como (ainda?) insiste o dualismo, parecem sustentar mais expectativas sobre funcionalidades do corpo que integra o diverso e que discrimina o uniforme em toda a extensão dos nossos sistemas perceptivos. A nossa contínua capacidade de atribuir significados deve ser tributária ao desenvolvimento desses sistemas que se especializam, cada vez mais, na capacidade de discretizar o mundo das coisas e na de integrar as coisas do mundo. Essa parece ser uma forma de vida que experienciamos, quando aceitamos o desafio que a natureza nos impõe: a necessidade de atribuir significados.

---

[51] Existem muitos aspectos controversos dentro do disjuntivismo, até mesmo por não haver uma única concepção. Byrne e Logue (2009) consideram alguns padrões de abordagem pela combinação disjunta/conjunta dos componentes que são alvo dessa abordagem, isto é, V = verídico; I = ilusório e H = alucinatório. Assim, podemos ter: $V \vee I \vee H$, com discriminação perceptiva dos três componentes; V/I $\vee$ H, com a percepção disjunta entre o grupo V/I e V; finalmente, $V \vee$ I/H, com discriminação perceptiva entre V e o grupo I/H.

REFERÊNCIAS:

BYRNE, Alex; LOGUE, Heather (2009). Introduction. In: *Disjunctivism*: contemporary readings. Cambridge, Mass: The MIT Press, p. vii-xxix.

GRAMMONT, Franck. (2010.) Naturalizing intention in Action: an integrative view. In: GRAMMONT, Franck; LEGRAND, Dorothée; LIVET, Pierre. *Naturalizing intention in action*. Cambridge, Mass: The MIT Press, p. 3-18.

HADDOCK, Adrian. (2013). Bodily movements. In: O'CONNOR, Timothy; SANDIS, Constantine (Ed.). *A companion to the philosophy of action*. Malden, MA: Wiley-Blackwell, p. 16-31.

GIBBSON, James J. (1966). The senses considered as perceptual system. Boston: Houghton.

KELSO, J. A. Scott; ENGSTRØM, David A. (2008). *The Complementary Nature*. Cambridge, Mass: The MIT Press.

LIVET, Pierre; PETIT, Jean-Luc (2010). Problems of the contemporary "Theory of Action". In: GRAMMONT, Franck; LEGRAND, Dorothée; LIVET, Pierre. *Naturalizing intention in action*. Cambridge, Mass: The MIT Press, p. 21-38.

RUBEN, David-Hillel. (2011). Disjunctive theories of perception and action. In: HADDOCK, Adrian; MACPHERSON, Fiora. *Disjunctivism*: perception, action, knowledge. New York: Oxford University Press, p. 227-243.

ZLATEV, Jordan. (2003) Meaning = Life (+ Culture). An outline of a unified biocultural theory of meaning. *Evolution of Communication*, v. 4, n. 2, p. 253-296.

CAPÍTULO 4

PRODUÇÃO DE SENTIDO: MODELAMENTO DE ARQUITETURA MENTAL E *BLENDING*

Per Aage Brandt[52]

Case Western Reserve University

DELEGAÇÃO DE ESPAÇO

A noção de espaço mental tem sido objeto de interesse de pesquisadores da cognição e pensadores que descobriram que noções alternativas, como "objeto mental" ou "conteúdo mental", são mais vagas e menos úteis na análise semântica. Um "espaço mental" é uma "porção" (como diria Umberto Eco) de significado que traz consigo uma estrutura conceitual interna, um mínimo de qualidade imagética e um *status* fenomenológico como um cenário ao qual podemos nos referir. A situação presente de um sujeito instaura, portanto, um espaço mental, na medida em que a dêixis, uma frase ou gesto dêitico, pode se referir a ela. Qualquer outro cenário ou situação é experimentado como um espaço mental quando referido, anafórica ou cataforicamente, por algum meio semiótico que, assim, conecta um espaço mental não-presente ao presente ou a um espaço já estabelecido, ou seja, um espaço não-

[52] Texto publicado *in memoriam*. Tradução de Sandra Cavalcante e Josiane Militão.

-presente que está ligado a um espaço presente. O processo de se referir a espaços não presentes é chamado de construção de espaço em Fauconnier (1985). A representação básica da construção de espaço é um diagrama com uma flecha de um *container* a outro. Os espaços podem conter entidades como, por exemplo, pessoas e funções, e estes podem ser específicos de um espaço particular ou ser compartilhados por diferentes espaços.

Na FIG. 1, relativa à construção mental da sentença "Em 1929, o presidente era um bebê", presidência é uma função específica de um espaço (o espaço real), enquanto o elemento que preenche essa função, uma pessoa (presidente), é representado em dois espaços.[53] O adjunto adverbial *em 1929* é um "construtor de espaço".

FIGURA 1 – CONSTRUÇÃO DE ESPAÇO

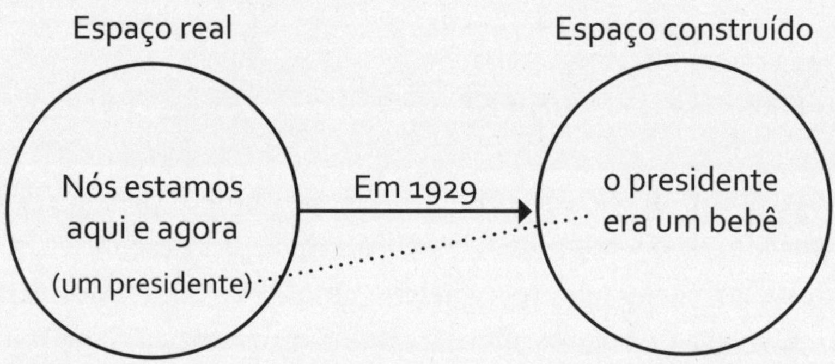

Fonte: O autor.

Esse fenômeno de conectar um espaço *offline* ao espaço *online* é, ao mesmo tempo, trivial e fundamental no pensamento e na comunicação humana. Mesmo assim, não é comum analisá-lo como uma questão de espaços mentais, sem restringi-lo a uma questão de

[53] Por que o "espaço real" aqui-e-agora seria um espaço mental? Porque temos que representar, mentalmente, essa parte do universo real, isto é, representá-lo como um espaço de situação real, a fim de sermos capazes de realizar a operação mental de transporte de entidades entre "contextos" distintos – e, nesse exemplo, de apreciar a interpretação segundo a qual um bebê poderia ser eleito como presidente.

tempo e morfologia verbal. Só recentemente tem sido dada atenção para a riqueza do campo semântico aberto pelo fenômeno.[54]

O *background* semântico-pragmático de "construção do espaço" é, ao nosso ver, a intersubjetividade enunciativa: *Eu digo a você que X*. Essa postura bitransitiva implícita permite uma *primeira pessoa* (P1) permanecer no espaço *online* enquanto envia uma *segunda pessoa* (P2) para outro espaço *offline*, X. Dessa forma, P2 é uma função enunciativa que possui sua base no espaço P1 e é delegada por P1 a esse outr*o espaço, X,* onde P1 não está presente no momento. Sob essa ótica, construção de espaço é *delegação de espaço*.[55] O problema, agora, é analisar mais profundamente e classificar os caminhos da delegação de espaço. Simplificando: para que tipo de espaços os seres humanos podem, mentalmente, enviar uns aos outros?

Inicialmente, apresentaremos uma consideração formal que nos ajudará a modelar o próprio mecanismo de delegação. Se, para uma entidade – tal como P2 – capaz de se mover entre espaços, cognitivamente, um espaço mental não se restringe a ser o contêiner de um cenário, mas é também *um fator dinâmico*, um atrator, locativo, a topologia dinâmica introduzida na semântica do filósofo matemático René Thom pode oferecer uma modelização adequada. Uma de suas catástrofes elementares, a topologia cúspide descreve conflitos de atrator duplo e mudanças de estados do sistema.[56] A convenção usada permite que os atratores mínimos representem espaços e que o sistema "sob a influência" seja P2. O caminho através da topologia

---

[54] Fauconnier e Sweetser (1996) é o primeiro exemplo dessa nova abordagem profícua.

[55] Em muitas línguas, o pronome P2 *você* (ou o morfema correspondente) é usado de forma impessoal: "Se você for a Copenhague, você deve tomar uma cerveja em Nyhavn...", *você* é o delegado *standard*, como *man*, em alemão – fazendo referência à parte '*offline*' da realidade experimentável que chamamos de "mundo".

[56] Thom (1972) iniciou uma nova abordagem para a fenômenos dinâmicos na ciência e no mundo do significado experientado; Petitot (2011), Wildgen (1985) e Brandt (1992) têm explorado uma série de domínios nos quais a "teoria da catástrofe" thominiana se aplica e abre horizontes inesperados; há agora uma quantidade considerável de literatura sobre o assunto – uma fonte explorável de reflexão para pesquisadores cognitivos e semióticos.

de controle representa delegação de espaço (DE); a parte retrofletida do caminho demonstra o caráter recursivo de DE.

FIGURA 2 – A DELEGAÇÃO ESPACIAL CÚSPIDE

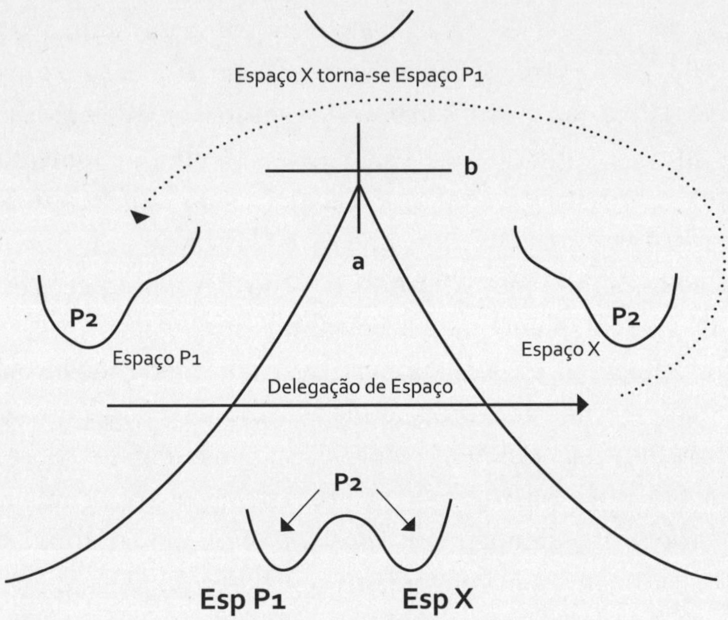

$$y = x^4 + ax^2 + bx$$

Fonte: O Autor.

Essa operação enunciativa – pela qual uma alteração (variação *b*, enquanto *a* é negativo) nos pesos relativos dos atratores conflitantes (Esp P1 e Esp X) – 'envia' P2 de Esp P1 para Esp X, descreve o caminho de bifurcação de um atrator actante para dois, dos quais um pode novamente permitir uma bifurcação, e assim por diante, pela recursão chamada 'histerese'. Em contraste, a operação ainda não descreve a *dimensão semântica* da bifurcação, ou delegação. O estudo de inúmeros exemplos demonstra que, pelo menos, as seguintes dimensões ou tipos de delegação estão constantemente ativos na semiótica humana e na produção de sentido: **delegação por mudan-**

ça de ***lugar***, ***tempo***, ***voz*** (**evidencialidade**),[57] ***modalidade*** (incluindo epistêmica, deôntica, raiz,[58] atos de fala), *volição* e *representação* (mundos textuais imóveis, etc. e, finalmente, os *gêneros de atividade* (em jogos, em diferentes instituições, em diferentes tipos de discurso, etc.). Esses tipos de espaços *offline* descrevem a extensão da imaginação humana, por assim dizer. Cenários e crenças condicionais, contrafactuais, fantásticas, mágicas, grotescas, absurdas e, até mesmo, totalmente impossíveis são perfeitamente comuns na prática semiótica humana, seja acontecendo apenas em mentes individuais ou compartilhadas intersubjetivamente.[59] Cada tipo de delegação segue um interpretante enciclopédico mentalmente disponível e potencialmente compartilhado, por exemplo, um mapa geográfico (de lugares), um calendário (de tempo), um sociograma (de vozes), um mapa de domínio (de modalidades), um mapa cultural (de gêneros de atividade). Por outro lado, na parte de delegação do processo (P1), existe um espaço de enunciação 'grau zero', em que a fala, a comunicação, em geral, é internamente indeterminada (Estou apenas dizendo algo a alguém sobre as coisas do mundo...) mas, externamente, não, uma vez que um espaço semiótico base é determinado em muitos níveis.[60]

---

57 Ver "Evidentiality and Enunciation", Brandt (2004b).

58 Com o termo modalidade "raiz", Sweetser (1990) refere-se às expressões das dinâmicas modais, compreendidas como força física. Ela afirma: "vejamos *can* como um tanque de combustível cheio em um carro, e *may* como o equivalente a uma porta de garagem aberta." (p. 53). De acordo com Talmy – mas não com Sweetser (1990) –, o significado físico da modalidade seria a raiz de todos os possíveis significados modais, sejam sociais, epistêmicos ou atos de fala. Então Sweetser mantém o termo em homenagem ao seu colega.

59 De que forma os espaços mentais podem ser 'compartilhados'? Bem, esse é o assunto de todo este projeto. Aqui há dois princípios para começar: primeiramente, preparamo-nos para organizar o significado de uma certa complexidade em espaços que são próprios para a representação e memória, e estamos preparados para nos referirmos imediatamente a esse formato em comunicação com outras mentes através da linguagem e outros meios semióticos; em segundo lugar, todos os meios semióticos de comunicação, incluindo a música, contêm instruções para o preenchimento de determinados espaços com determinados conteúdos.

60 Brandt e Brandt (2005).

Aqui se segue um diagrama que resume os tipos mais marcantes de delegação, organizados pela crescente complexidade do interpretante (FIG. 3).

FIGURA 3 – TIPOS DE DELEGAÇÃO DE ESPAÇO

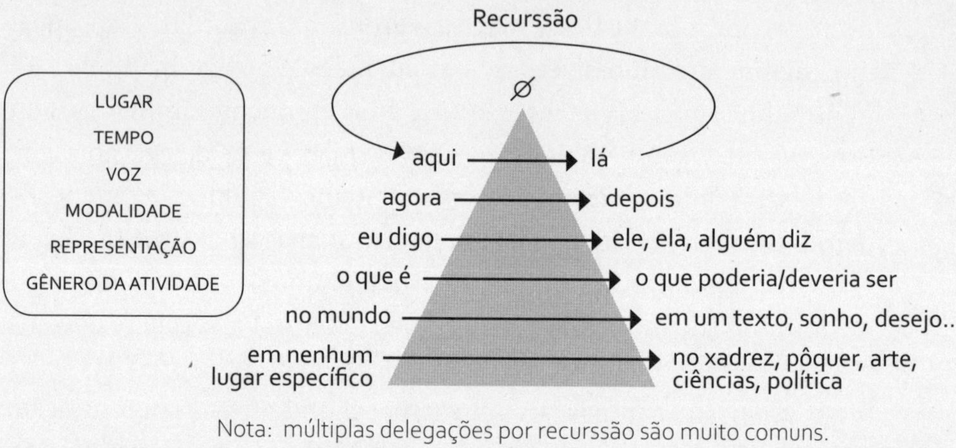

Fonte: O Autor.

Os seis tipos aqui listados não são, de maneira alguma, concebidos como exclusivos; a lista é, provavelmente, mais longa e pode ser concebida de outra maneira, no entanto, não parece ser redutível a uma versão mais curta.

O conteúdo de um espaço mental é experienciado por P2 (e P1) como um todo mental fenomenológico.[61] Ao ouvir a frase: "Em 1929, o presidente era um bebê", o enunciatário, mentalmente, experiencia uma cena imaginária com um bebê iniciando sua carreira política, talvez chorando de uma forma particularmente convincente. De fato, quando pensamos em algo, em algum lugar, ou divagamos ou *pensamos nele*. Predicamos algo sobre o nosso tema e acredito que isso aconteça através do envio de mais material ao longo do canal aberto pela delegação, a fim de que o espaço X em questão, gradualmente, seja preenchido com informações de vários tipos. Nós não apenas criamos espaços, mas também os mantemos por um tempo durante a conversa ou durante estados meditativos. A divisão enunciativa entre P1 e P2 nos permite desempenhar mentalmente os dois papéis e, dessa forma, ter a percepção *online* e reflexão *offline*, simultaneamente, e nos manter em ambos e, até mesmo, em vários espaços delegados por um longo tempo, estejamos sonhando acordados ou concentrados em difíceis problemas teóricos, ou ambos. A vantagem de mantermos diversos espaços em paralelo é que podemos, então, a partir da memória ou recrutando *inputs* externos, enviar conteúdo a partir de alguns espaços para os outros e rever os espaços à luz desse novo conteúdo.

Nossa memória, em particular, precisa manter experiências recentes, enquanto alimenta espaços prospectivos e orientados para a

[61] Essa afirmação pode precisar de uma explicação. Um espaço mental não é uma soma de conteúdos, mas um formato espaçotemporal em si mesmo, que pode ser mantido enquanto o conteúdo se modifica. Como tal, um mínimo temporal para conceber um espaço mental pode corresponder à estrutura temporal de consciência situacional base, aproximadamente 3 segundos de acordo com o neuropsicólogo Pöppel (1997). O conteúdo situacional certamente vem com o seu próprio horizonte de tempo, às vezes, vivido por presença projetada, protensão, retenção e outras propriedades Husserlianas (Husserl, 1980). Essa diferença entre as temporalidades envolvidas torna possível 'segurar' voluntariamente um espaço de tempo enquanto preenchemos, esvaziamos, ou alteramos seu conteúdo: podemos controlar e monitorar o seu formato enquanto deixamos o seu conteúdo fluir em seus próprios termos.

ação a partir dessas fontes experienciais.[62] Em uma operação de *comparação*, por exemplo, os componentes da matriz comparativa são espaços mentais ativados em paralelo, enquanto a superposição esquematizada desses espaços é realizada mentalmente. Em uma configuração *condicional contrafactual*, os componentes factuais e contrafactuais formam uma rede de espaços em que uma delegação (prótase) condicional, modal, a partir do espaço factual, leva a outra delegação (apódose), que também é de natureza modal. Um exemplo disso será apresentado abaixo (3-a). Entre outras coisas, vamos discutir, brevemente, a rede padrão para metáforas estruturais(3c). Antes de darmos exemplos de tipos de rede importantes (3a-e), no entanto, precisamos situar o conteúdo semântico de tais espaços mentais e redes em um contexto realista da arquitetura mental humana.[63] Na verdade, os possíveis conteúdos da consciência humana são organizados em uma "arquitetura" de níveis e conexões que vamos agora considerar.[64]

Em um cenário percebido ou recordado, ou até mesmo apenas imaginado, podemos movimentar o nosso foco de atenção e

---

[62] Sem uma discussão do *status* dos espaços mentais na arquitetura mental, perderíamos a oportunidade de estudar sua possível 'densidade' e consistência fenomenológica. Correríamos o risco de nos convencermos de que uma *xícara azul* é o resultado de "*mesclar*" um espaço de 'azulismo' com um espaço de 'xicarismo'. Tal compreensão da semântica dos espaços mentais é guiada apenas pelo léxico ('xícara', 'azul'), e não por uma construção ou delegação de espaço: P2 não pode ser projetado para 'azulismo'. Não há esse tipo de delegação de espaço. Em uma crítica anterior, Line Brandt (2000) escreve: "Alguns teóricos, por vezes, tendem a esquecer que *blending* é um processo que ocorre no nível conceptual de consciência e, portanto, aplica-se a fenômenos conceituais e não à fenomenologia básica da *Gestalt.* Em tais momentos de generalização, a teoria da integração conceptual também é convocada para explicar fenômenos como a identidade e a capacidade de perceber uma xícara azul (ou seja, de perceber uma xícara como azul), uma reivindicação que, para mim, passou a ser caracterizada como "a falácia da xícara azul". Esse exemplo se refere a Fauconnier e Turner (1999). Até onde sei, esta é a primeira crítica ao uso arbitrário da noção de espaço mental em Fauconnier e Turner.

[63] Ver Brandt (2006).

[64] Brandt (2007) discute níveis correspondentes de individualidade e subjetividade na consciência, note que a arquitetura mental (de fenomenal objetividade) e subjetividade hierárquica em parte se sobrepõem, mas não coincidem.

também alterar a distância conceitual para o seu alvo ('*zoom in*' e '*zoom out*'). Se prestarmos atenção a essa mobilidade semântica de nossa atenção, vamos notar que as modificações voluntárias de seu foco tendem a acontecer em "saltos" qualitativos entre níveis de complexidade. Embora a configuração padrão seja situacional[65] – orientada para a atual situação espaçotemporal do sujeito – é naturalmente possível atentar para objetos específicos dentro desse cenário. Isso ocorre, normalmente, por razões técnicas: a necessidade de interpretação causal *online* das dinâmicas e atuais constelações de objetos.[66] Na mesma linha, os objetos podem ser percebidos por seus aspectos, tais como timbre, cor, matiz, sombreamento, textura, etc. – que a tradição chama de *qualia*. *Qualia* são essenciais na percepção estética das coisas. A experiência de um objeto, no espaço e no tempo, é resultado complexo de uma integração mental de *qualia*; uma situação, por sua vez, é um resultado complexo da integração mental de objetos. Em ambos os casos, há muito mais no resultado do que nos ingredientes. O processo de organização chamada *Gestalt* (em Psicologia da *Gestalt*) inclui um *design* cognitivo para um "objeto" e, da mesma forma, no nível seguinte, o formato cognitivo de uma "situação". O sentido que atribuímos a um objeto inclui constância espaço-temporal (que *qualia* não possui). O sentido que atribuímos a uma situação inclui subjetividade e *agency* (que os objetos não possuem). Esses fatores pertencem ao tipo de estrutura que caracteriza cada nível. Existem níveis de integração para além dos três mencionados até agora. Situações integram o que me proponho a chamar de *noções*; assim, noções são 'exemplificadas' por situa-

[65] Brandt (2007) discute níveis correspondentes de individualidade e subjetividade na consciência, note que a arquitetura mental (de fenomenal objetividade) e subjetividade hierárquica em parte se sobrepõem, mas não coincidem.

[66] A fenomenologia clássica da *Gestalt* sabe que percebemos relações de objeto. Meu ponto é que nós realmente percebemos constelações de objetos na sua composição de uma forma dinâmica, mesmo quando ainda não somos capazes de especificar essa dinâmica, que aparece de uma forma subdeterminada, vamos então questionar ainda mais a sua esquematização causal.

ções, ou por cascatas situacionais que chamamos de narrativas. Uma noção, por outro lado, contém autoridade normativa, que nos permite comparar, avaliar e regular ações e estados de coisas. As regras e leis são noções nesse sentido. A linguagem, que é por si mesma completamente nocional, ajuda-nos a desenvolver sistemas nocionais, realizar as tarefas de avaliação das comunidades humanas e ajustar as noções existentes às novas realidades sociais (sistemas jurídicos são exemplos fundamentais dessa regulamentação internocional). A evolução de um nível nocional na arquitetura mental humana é condição essencial para o surgimento de culturas étnicas e políticas, rotinas educacionais e instituições em geral. A fase final de integração semântica ancora nocionalidade no núcleo da subjetividade individual: os afetos.[67] Noções se integram para pavimentar a base semântica da afetividade humana. Todos os afetos singulares - humores, emoções, paixões - estão enraizados em aglomerações de noções, o humor chamado "felicidade", tradicionalmente um motivo normativo básico no pensamento político, pressupõe noções como (presença de manifestações suficientes de) Liberdade, Justiça, Paz, Respeito, e ausência de Miséria e Impotência. Uma emoção como "raiva" pressupõe ofensa (falta de respeito), "medo" pressupõe perigo e impotência, e assim por diante. Uma paixão como o 'amor' pressupõe fidelidade, respeito, desejo, etc. A atividade estética humana - artes visuais, música, dança, teatro, narrativa e literatura poética - contribui, essencialmente, para a manutenção e a atualização das relações entre nocionalidade e afetividade.

[67] Essa ideia - de que noções finalmente alimentam os afetos - é certamente baseada em emoções elementares: surpresa pressupõe expectativas, tristeza pressupõe perda, etc. Nesses exemplos, afetos são semanticamente carregados. Há, naturalmente, afetos simples, como o medo, que são acionados por reações reflexas aos *qualia* e objetos, ou por nada; e mesmo os ignorantes podem ser 'felizes', sem precisar fazer malabarismos com filosofia política. Os níveis "superiores" são cruzados com níveis "inferiores" de muitas maneiras. Geneticamente, deve ter havido apenas um nível, em seguida, uma bifurcação *qualia*/afeto e, em seguida, mais ramificações que, no entanto, mantêm as antigas conexões diretas vivas.

Uma cascata de integrações e graus de complexidade leva, assim, o nosso conhecimento consciente de *qualia* (I) aos objetos, dos objetos (II) a situações, das situações (III) às noções, e das noções (IV) aos afetos (V). Abaixo do nível (I) de *qualia*, e para além do nível (V) do afeto, há um corpo neuronal, hormonal, muscular – assim a arquitetura estratificada descreve a mente no contexto dual do seu portador material, situado entre a percepção pré-mental e pós-mental o 'psicossomatismo'.[68] A consciência é uma clareira no nosso opaco ser corporal. A FIG. 4, a seguir, resume essa análise.

FIGURA 4 – A ARQUITETURA MENTAL DAS INTEGRAÇÕES PERCEPTIVAS

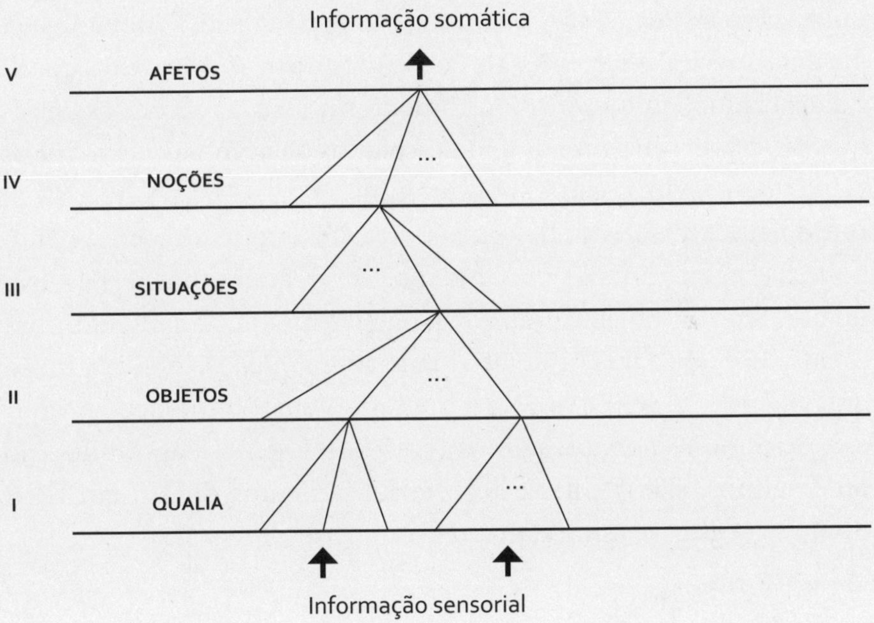

Fonte: O Autor.

[68] Afetos, de fato, afetam ou impactam nosso corpo; o *stress* seria um bom exemplo disso. Somos perseguidos por prazos e acabamos nos sentindo fatigados e deprimidos ou até mesmo coisa pior.

Espaços mentais, como discutido acima, representam basicamente significado situacional (nível III), enquanto permitem que uma "ressonância" de significado nocional e afetivo entre em cena. Nesse sentido, nosso imaginário é, basicamente, figurativo, nosso pensamento abstrato e simbólico, de fato, imagina figurativamente "situações" de interação de objetos simbólicos (em vez de um grande número de objetos não simbólicos), cada um carregando significado nocional específico.

Os objetos simbólicos, no entanto, não emergem da natureza,[69] eles são produzidos por sujeitos cognitivamente ativos e, portanto, resultam de atos simbólicos. Isso implica um aspecto complementar da arquitetura mental, ou seja, a existência de cascatas de integração semântica de um nível a outro, que descem a partir do nível V. A *mente agentiva,* ativa, interpreta seus conteúdos de ordem superior, em termos de conteúdos de ordem inferior, quando ela traduz, ou converte, sentimentos, ideias e reações às coisas que vão na direção descendente de planos de ação motivados, atos e eventos motores. Um símbolo é uma noção (IV) traduzida em um objeto expressivo (II), que se manifesta por um movimento gráfico (I); um ícone é uma cena imaginária, um cenário (III), traduzido em um objeto, uma imagem (II) manifestada pelo movimento de desenhar (I). Subjetividade como *intenção* é a integração descendente de sentidos como um todo; temos a intenção de agir e, ao mesmo tempo, prestamos (crescente) *atenção* ao mundo no qual agimos, e nos traços dos desdobramentos do ato em si. A FIG. 5, a seguir, resume essa análise.

[69] Um exemplo seria a análise de fronteiras de Barry Smith (1996): fronteiras *bone fide* interpretam diferenças naturais (rios podem ser fronteiras entre países), ao passo que fronteiras *fiat* são projetadas sobre um suporte natural não diferenciado (fronteiras como linhas desenhadas na areia).

FIGURA 5 – A ARQUITETURA MENTAL DE INTEGRAÇÕES AGENTIVAS

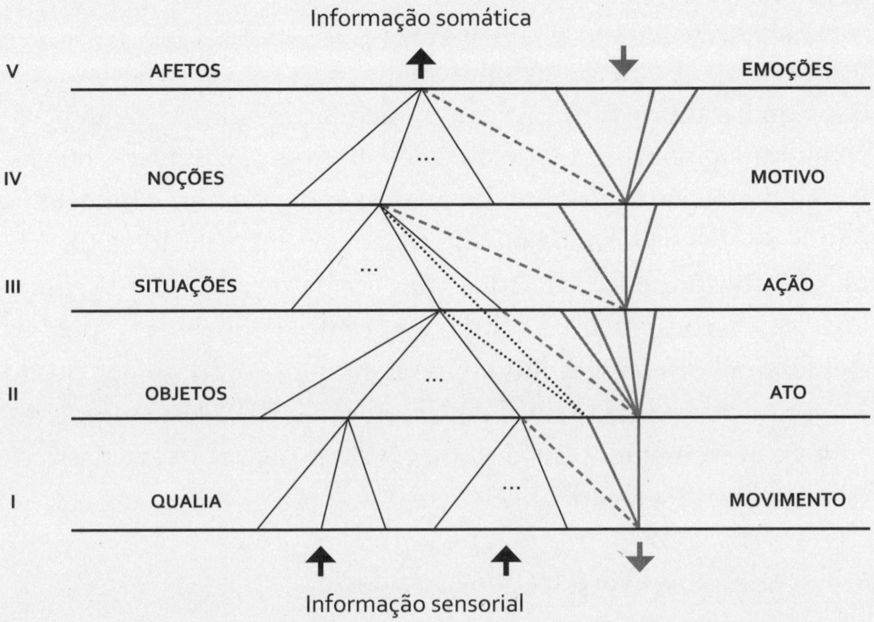

Fonte: O Autor.

O fluxo atencional ascendente e o fluxo intencional descendente exploram a mesma arquitetura estruturalmente estratificada. As amplas conexões cruzadas estão, da mesma forma, acontecendo, como podemos ver a partir das muitas formas individuais de sinestesia e das formas de semiose estabilizadas coletivamente (indicadas pelas linhas pontilhadas verdes e vermelhas na FIG. 5; por exemplo, símbolos: IV -> II; ícones: III -> II; dêixis: V -> I). Os fluxos e processos de construção de sentidos são, naturalmente, muito mais entrelaçados, distribuídos e quasi-holísticos do que o que consideramos neste breve esquema; a enorme quantidade de processos parciais específicos que caracterizam a arquitetura mental humana ainda está por ser estudada em profundidade e detalhe. Um subconjunto menor desses processos consiste em redes de espaço mentais. Alguns exemplos ilustrativos são dados abaixo.

REDES DE ESPAÇOS MENTAIS

Quando pensamos ou nos comunicamos, frequentemente utilizamos construções semânticas que são redes de espaços mentais e que, muitas vezes, são combinações de significados atencionais e intencionais. O modelo de *blending* que, aparentemente determina uma parte essencial de processos de *blending* conhecidos, é uma rede estrutural de cinco espaços preestabelecidos. Os humanos utilizam essa rede como um formato semântico-pragmático para a compreensão rápida e perfeita de operações mentais elementares diferentes muito importantes na produção de sentido – em um determinado nível de "abstração" (III). Neste momento, vamos, brevemente, considerar e revisitar alguns casos clássicos de redes de integração.

"Se eu fosse você..."

Imaginemos uma situação em que P1 esteja falando com um amigo P2, que está com problemas (X), e lhe dá o conselho para fazer Y. P1 utiliza a fórmula condicional contrafactual (*Se eu fosse você...*) para realizar esse ato comunicativo. Na fala de P1, a delegação vai para um espaço de referência contendo o problema de P2 (X) e para um espaço separado contendo e apresentando o conhecimento de P1(Y). A questão é, precisamente, que P2 está com problemas porque o Y não está em seu espaço (ou seja, em sua situação, incluindo o seu conhecimento). A fim de que Y esteja no espaço de X, e não limitado ao espaço da situação e do conhecimento de P1, P1 teria que se fundir com P2. Isso acontece em um terceiro espaço, criado (em inglês) através do estabelecimento de relevância – "*se*" + morfema *subjuntivo* da modalidade epistêmica sinalizando o valor /impossibilidade/.[70] Esse terceiro espaço é um *blend* contrafactual, em que Y vai resolver o problema X

[70] O morfema conjuncional "*se*" cria um espaço de delegação por modalidade epistêmica, sinalizando tanto /possibilidade/ quanto /impossibilidade/. Esse é o caso, tanto na interrogativa quanto nas construções gramaticais condicionais.

(por um esquema causal, tornando a conexão Y -> X relevante) e gerar uma valorização não contrafactual de Y em atos de fala de natureza modal, o que equivale à mensagem: "Estou, desse modo, dando a você o conselho de que você deveria fazer Y". Nesse sentido, o espaço *blend* coloca em cena, por delegação local, um espaço de sentido cujo conteúdo é a semântica pragmaticamente relevante do enunciado *Se eu fosse você...* no contexto do espaço base.

FIGURA 6 – "SE EU FOSSE VOCÊ..."

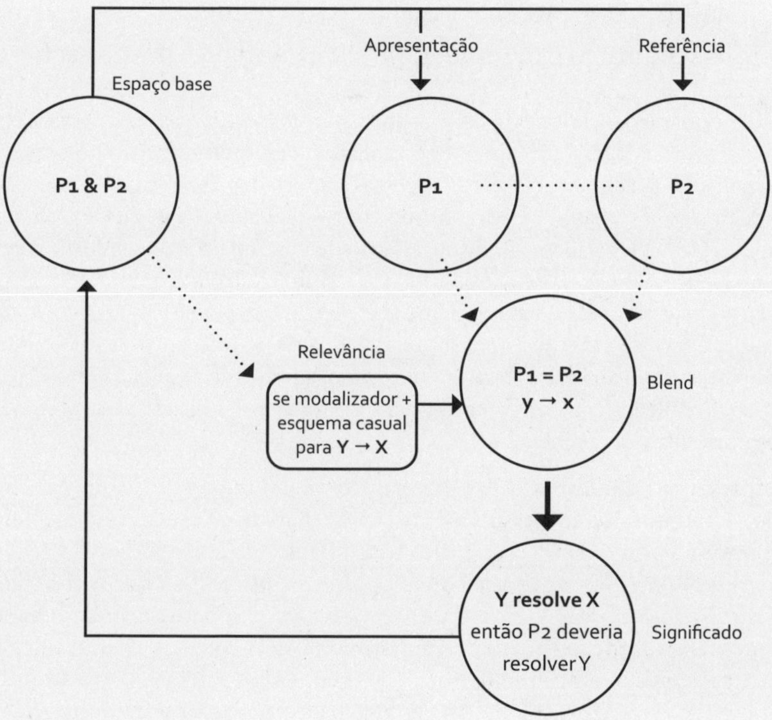

Fonte: O Autor.

Essa rede de cinco espaços,[71] como ilustra o exemplo, constitui

[71] O componente denominado Relevância não é, estritamente falando, um espaço mental, uma vez que seu conteúdo não aparece necessariamente na consciência dos sujeitos envolvidos, assim como em outros componentes da rede (por introspecção; ainda que,

um conjunto de partes interdependentes, que produz um formato generalizável para determinados processos de construção de sentido.

X é o Y de Z

Como (3.1) e (3.2) ilustram, e (3.3) vai confirmar, os *blends* são sempre predicativos: o espaço de *input* não referencial possui conteúdos que são predicados para conteúdos fundamentais no espaço de *input* referencial. Em expressões como: "Louis Armstrong é o Rei do Jazz", *o Y de Z* é um predicado para o sujeito X. Entretanto, é evidente que Z e X pertencem ao mesmo campo semântico, a cultura: o reino da música *jazz*, enquanto Y refere-se a um domínio semântico diferente, política nacional: dinastia real.[72] Essa

---

na verdade, muitos sujeitos neguem a sua própria introspecção). No exemplo, delegação modal e relevância causal são operações implícitas, mas indispensáveis no processo. A Relevância é uma coleção aberta de esquemas importados do Espaço Base que é uma fonte de múltiplas camadas de tais contribuições esquemáticas (especificada em Brandt e Brandt, 2005). Eles podem surgir do próprio diálogo, a partir do contexto narrativo da comunicação, do *background* cultural (como um "terreno comum"), ou a partir da competência cognitiva naturalmente partilhada por mentes humanas, treinadas pela experiência de vida. Em análise, acompanhamos e inferimos os estabilizadores esquemáticos implícitos de um *blend* 'retroativo' a partir do resultado, isto é, usando nossa capacidade humana de compreender a criação de significado desejada e, muitas vezes, alcançada pelo enunciado.

[72] Ao procurar na internet pela expressão "o rei de" ou "a rainha de", temos uma noção da popularidade dessa construção avaliativa. Note-se que a diferença de domínio é crucial para o significado avaliativo da construção. Então, *Pedro é o pai de Maria* não deve ser considerado um *blend* e, certamente, não é o caso de *Pedro* e *Maria* estarem em um espaço, enquanto *pai* está em outro espaço – tal concepção (Turner e Fauconnier, 2002) confunde uma construção gramatical com a operação semântica que estamos considerando e desconsidera, inteiramente, a semântica fenomenológica de espaços mentais, que não separa "valores" e "papéis" como uma análise formal de estrutura proposicional poderia fazer. Por contraste, *pai* está no espaço de apresentação não referencial em "George Washington é o pai do nosso país", porque o falante não acredita na paternidade literal de G. W. em relação a um país; o *blend,* ao contrário, limita-se a uma noção esquemática de fundação [do país]. Para a noção de *domínio*, conferir Brandt (2004a). George Lakoff se refere à diferença de domínio em sua Teoria da Metáfora Conceptual, em que o formato A É B ("AMOR É UMA JORNADA") pressupõe que o domínio alvo A (referencial, em nossos termos) e o domínio fonte B (apresentação, em nossos termos) devem ser diferentes.

rede, novamente, enfatiza um certo paralelismo e consequente mapeamento entre dois espaços de *input,* dos quais um é referencial – Armstrong, *jazz* –, enquanto o outro – a monarquia – apresenta uma certa perspectiva sobre o conteúdo do primeiro. Assim, no *blend*, Armstrong reina na terra do *jazz*; essa superposição figurativa e fusão de duas atividades, uma cultural (tocar), a outra política (reinar), atrai um esquema de relevância de /superioridade qualitativa/ e de /singularidade/. Surpreendentemente, esse esquema não decorre de qualquer conhecimento histórico preciso de reis; tem havido muitos governantes indignos, e a noção de governante não contém essencialmente recursos como /superioridade qualitativa/ e /singularidade/. O significado valorativo realmente "emerge no *blend*" (na expressão de Turner e Fauconnier), na medida em que ele é processado estável e operante ('significativo', relevante) pelo esquema específico, cuja estrutura, na qual sugiro pensarmos, consiste de uma covariação: quando a qualidade aumenta, o número de proprietários da qualidade diminui, até que reste apenas um (forma abreviada: Qn = - f (Ql)).

O esquema (de superioridade e singularidade) liga-se ao *blend* de tal forma que este estimule e produza aqui um espaço de sentido para *elogio*, vendo Armstrong como *o* melhor músico de *jazz* de todos os tempos. Esse sentido é o que é comunicado no exemplo, se nossa interpretação for correta. A rede está descrita na figura 7 a seguir.

O problema de Lakoff é que ele não explica ou mesmo explora os domínios da experiência humana e da experiência lexicograficamente relevante. Sua teoria tem, essencialmente, apenas um domínio físico, fonte de todas as fontes (B) e todo o resto, alvo (A). Esse fisicalismo é contraditório para ambos, tanto para os estudos empíricos da metáfora quanto para a fenomenologia geral.

FIGURA 7 – XYZ "LOUIS ARMSTRONG É O REI DO *JAZZ*!"

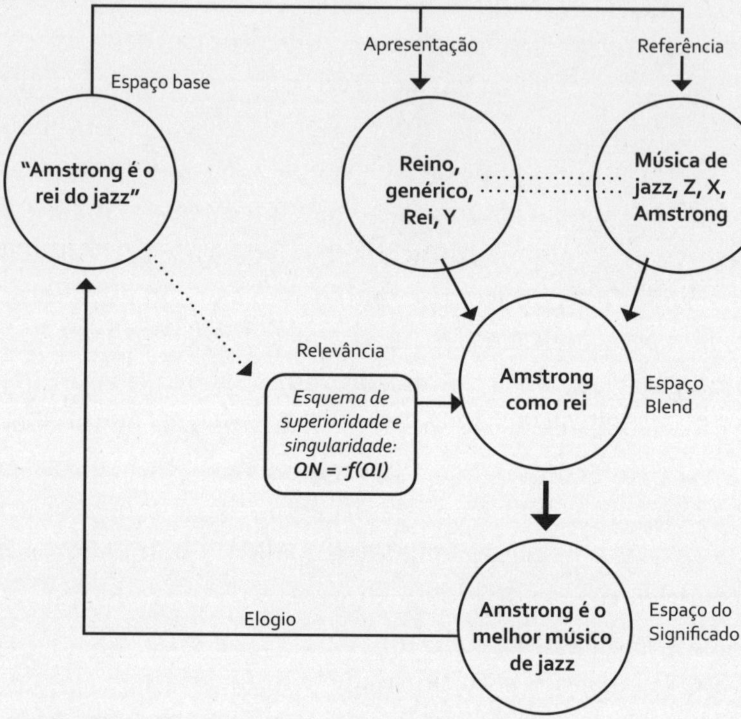

Fonte: O Autor.

A fórmula *X é o Y de Z* pode ser considerada uma figura retórica, uma vez que ela é uma forma figurativa de elogio, culpa, ou pelo menos de uma avaliação enfática em algum parâmetro e, como tal, é emocionalmente eficiente e mais convincente do que seria uma afirmação literal envolvendo um vocabulário de comparação avaliativa.

Metáfora

Na metáfora, a diferença de domínio entre *inputs* é novamente decisiva: há dois espaços *input* pertencentes a dois domínios semânticos, necessariamente, diferentes.[73] O espaço de apresentação possui

[73] Uma vez que morfemas, ou seja, palavras de classe fechada, são indiferentes

um conteúdo genérico (cf. o artigo indefinido em um açougueiro), enquanto o conteúdo do espaço de referência é genérico ou dêitico (cf. o pronome demonstrativo em este *cirurgião*... na metáfora muito debatida *Este cirurgião é um açougueiro*, Brandt e Brandt, 2005).

Metáforas de animais são recorrentes em todas as culturas humanas. *Aquiles é um leão. Nielsen é uma cobra.*[74] Diferentes animais são usados com diferentes significados em diferentes culturas; o que é transcultural é o fato de que essas fórmulas metafóricas possuem significados moralmente avaliativos para atingir determinados alvos humanos e que esses "efeitos de sentido" não podem ser induzidos diretamente da espécie como conhecida zoologicamente pela cultura em que é utilizada. Os sentidos obtidos metaforicamente se devem a esquematizações específicas ligadas a *blends* específicos.

Dizer que metáforas de animais são instâncias de uma metáfora conceitual SERES HUMANOS SÃO ANIMAIS é, estritamente falando, incorreto;[75] essa fórmula predicativa é um modelo teórico que

---

às diferenças de domínio, eles não podem trabalhar metaforicamente. Assim, em "*Jensen is on drugs*" ou "*Petersen is in love*" não utilizamos *on* e *in* metaforicamente, como a teoria da metáfora conceptual apregoa. Essas preposições funcionam em qualquer domínio, porque se referem à estrutura esquemática e não a categorias em domínios. Assim, *on* significa uma situação relativamente 'rasa, da qual se pode sair em determinadas circunstâncias, enquanto que *in* significa uma situação relativamente "profunda", da qual não é tão fácil sair. Novamente, aqui, 'raso' e 'profundo' não são estruturas espaciais físicas, mas esquemáticas, que trabalham em espaços imaginários de muitos tipos, pois se referem a gráficos mentais – a forma como pensamos por diagramas mentais.

74 As manifestações gramaticais de metáfora são variáveis – *predicação*: "Aquele cara é uma verdadeira cobra na grama. Não perca seu tempo." Ou *substituição* do sintagma nominal: "Como eu pude confiar naquela cobra na grama? Aqui, *aquela*... é dêitico, ao passo que *cobra* é genérico, dentro do mesmo sintagma nominal. O modo genérico é explícito no seguinte exemplo contextualizado: "Hear that rattle, fear that hiss /Beware of the Judas kiss / Watch your step, cover your back / Can't trust *a snake* in the grass." (Ouça aquele chocalho, tema aquele silvo. / Cuidado com o beijo de Judas/ Olhe onde pisa, cubra suas costas / Não se pode confiar em uma *cobra* na grama.") [De uma canção de Jedd Hughes sobre uma mulher sedutora].

75 Wei e Wong (2012). Além disso, seres humanos *são* animais. Não há diferença de domínio.

descreve um tipo de metáfora (para além de descrever uma verdade biológica). Esse tipo não é, por si só, uma metáfora, ou uma metáfora conceitual, como o jargão cognitivo muitas vezes a considera. No máximo, é uma hipótese para classificação prática de certas metáforas. O modelo *A É B* é insuficiente, uma vez que não leva em conta o fato de que "inferência", ou produção de sentido, não está ocorrendo pelas próprias relações predicativas, como uma transferência regular de B para A (como em cirurgião para Jensen na frase: não metafórica predicativa "Jensen é um cirurgião"). Acreditar que a produção de sentido na metáfora se deve à transferência predicativa comum é um erro grave. A semântica predicativa dos componentes de domínio-diferente de duplo-espaço na metáfora, ao contrário, traz uma *alienação figurativa* do alvo referencial. Essa *metáfora* cria, assim, uma instabilidade figurativa relevante, daí a sua força retórica potencialmente idiomática. Essa instabilidade emerge, então, como um mistério semântico instantâneo ou um desafio para o enunciatário, "resolvido" pelo esquema estabilizador que culturalmente se liga ao sentido figurativamente instável, "estranho", desfigurado, alvo referencial que emerge de maneira absurda e parcial, no *blend*, com uma 'fonte' de domínio-diferente predicada do espaço de apresentação.[76] A predicação, na semântica da metáfora, cria *o absurdo*, que desencadeia uma esquematização específica.

O exemplo da cobra-na-grama (veja nota 23) ilustra os princípios básicos ou propriedades da metáfora – ou seja, a diferença de domínio, aqui entre espécies naturais e questões interpessoais, a importação esquemática da lógica dinâmica-estratégica, o efeito de sentido avaliativo e a estabilidade estrutural da própria rede, o que pode explicar a velocidade e o nivelamento do processamento dessas predicações semânticas entre domínios.[77] A rede aqui sugerida é, portanto, a seguinte (FIG. 8).

---

[76] 'Fonte' e 'alvo' são, portanto, termos muito inadequados para os componentes *input* desse processo.

[77] Se as redes fossem tão instáveis e irregulares como as propostas por Fauconnier & Turner, o processamento e, portanto, a interpretação, seriam lentos e incertos, e o valor comunicacional de tais composições seria nulo.

FIGURA 8 – METÁFORA "COBRAS NA GRAMA"

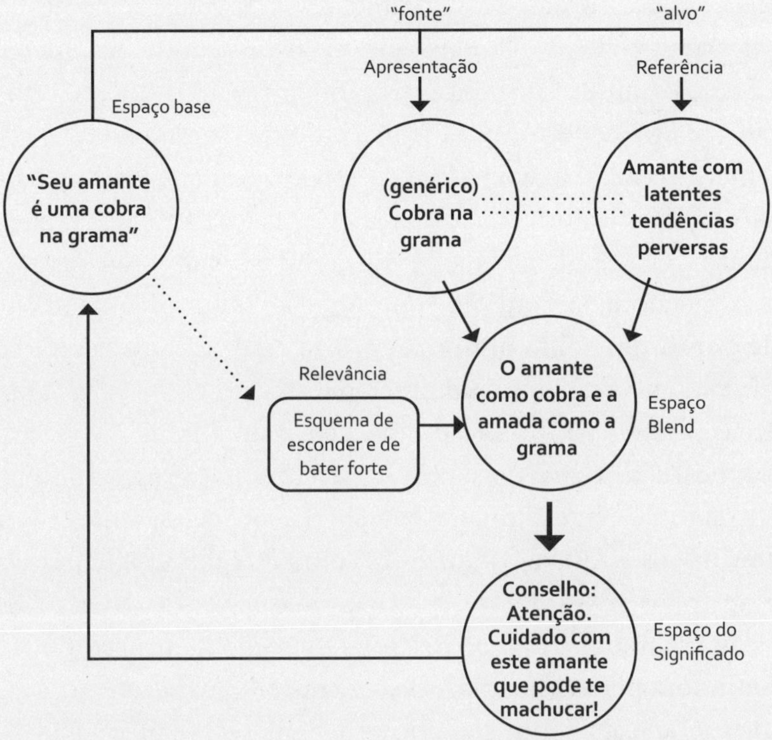

Fonte: O Autor.

O efeito performativo parece ser fácil e rapidamente obtido através da metáfora. O processo mental "alienante" de integração de entidades de natureza manifestadamente diferentes pode aumentar a expressividade e a importância da "lógica" esquemática na mensagem.[78]

Os adeptos da teoria da "metáfora conceptual" tendem a pensar que a ligação entre a fonte e o alvo une o conceptualizador [alvo]

[78] O princípio pode ser o seguinte: não conseguimos expressar um esquema sem preenchê-lo, investindo em suas categorias, as quais escondem o esquema em sua figuratividade. Uma estratégia de superposição antifigurativa de categorias figurativas, por sua vez, dá ao esquema a chance de ser colocado em primeiro plano. Para melhor explicar: quando duas categorias se contradizem entre si figurativamente, os esquemas já incorporados às categorias são neutralizados e a figura mesclada pode, portanto, atrair um novo esquema, que cria um novo significado.

à estrutura inerente à fonte. Como o exemplo anterior ilustra, isso não é realmente o caso (cobras podem fazer muitas outras coisas na grama além de morder, ocasionalmente, seres humanos); e as mesmas ligações fonte-alvo podem expressar culturalmente diferentes significados, porque o processo semântico crucial se dá quando um *esquema se liga ao blend*,[79] e a escolha cultural do esquema é variável. Portanto, não adianta apenas listar pares de fonte e alvo no estudo "empírico" da metáfora; o que é importante é o estudo dos esquemas como tais – através de metáforas culturalmente interpretadas.

A metáfora, na tradição conceptual cognitiva, tem ainda o papel de provar um ponto filosófico caro ao empirismo, a saber a ideia fisicalista do mapeamento unidirecional a partir do mais fisicamente concreto (fontes) na direção do mais abstrato e imaterial (alvos), o que explicaria a origem do sentido abstrato: a metáfora torna a mente abstrata. A mente humana perceberia, primeiramente, coisas e eventos físicos e, então, os utilizaria como estrutura fonte para mais alvos abstratos, e assim por diante. Assim, seria revelado que Locke, Berkeley e Hume estavam certos: *nihil in intellectu nisi prius in sensu* (resumindo: a percepção cria todos os conceitos). Entretanto, a experiência social acaba sendo tão primordial quanto a experiência física, e mesmo a experiência puramente mental, provavelmente primordial, tal como o sentimento da diferença entre sentir e imaginar e, dessa forma, por exemplo, entre ter e querer. A experiência dos atos de fala ("Não faça isso! Não faça aquilo!") é tão primordial quanto a experiência macrofísica (esbarrar em mesas e cadeiras, derramar leite, cair, etc.). Os domínios envolvidos no recrutamento de espaços para a metáfora *não* seguem nenhuma ordem direcional;[80] fontes

[79] Todos os *blends* precisam ser estabilizados por algum esquema, do contrário eles serão quase que imediatamente dissolvidos (dispensados) – a mente não compreende e decide esquecer o absurdo. Assim, o esquema é decisivo para os possíveis significados de uma metáfora, e interpretar mal uma metáfora é aplicar um esquema culturalmente "errado" ao seu *blend* percebido. Metáforas, portanto, são boas detectoras de esquemas.

[80] Dessa forma, os biólogos vão dizer que o sistema imunológico "reconhece" uma patogenia, mas sem necessariamente ter que acreditar que os sistemas

podem facilmente ser mais "abstratas" do que alvos. Abstração é, ao contrário, como já mencionado, um caso de arquitetura mental independente da metáfora. O que a metáfora *faz* ou *cria* não é abstração, mas um primeiro plano esquemático.

Hipótese

Quando, de repente, paramos, surpreendidos por uma visão inesperada, de um estado de coisas que pensávamos fossem diferentes, passamos por uma experiência oposta ao que realmente vemos e ao que tínhamos razões para acreditar que estivesse ali para ser visto. Ficamos, então, *surpresos* porque a continuidade entre o passado e o presente é quebrada: não compreendemos imediatamente como um estado conhecido poderia se tornar o novo estado percebido. O que se nos apresenta contrasta com aquilo a que ele se refere. Há um mapeamento entre os dois estados, por similaridade e dissimilaridade, mas também uma lacuna causal que nos faz pensar e que sempre expressa uma atitude interrogativa correspondente. Um exemplo simples, nesse sentido, seria o retorno a um lugar familiar, encontrando as coisas mudadas, como ocorre com Ulysses ao voltar para Ítaca. A superposição de estados contrastantes de questões em um *blend* vai, então, desencadear uma chamada para "explicação" (tornando "evidente" a descontinuidade instável). Sugestões excessivamente fáceis, como mágica *ad hoc* serão rejeitadas, e quanto mais crítico o cognoscente, mais específico será o tipo de causalidade proposto. Uma vez que tal esquematização explicativa hipotética é sugerida, e uma visão do processo de mudança é obtida, essa passará, em geral, por uma análise mais aprofundada – se o esquema X é correto, então (por dedução) outros fatos devem se manifestar e, em caso afirmativo, então (por indução), esses outros fatos devem apontar para a mesma explicação, em vez de para uma explicação diferente.[81]

imunológicos tenham mentes pensantes capazes de reconhecimento. Eles precisam usar a metáfora – tão frequentemente que ela passa despercebida.

[81] O importante estudo de Niño da(s) noção(ões) de C. S. Peirce sobre abdução, através de toda a obra do filósofo americano, propõe uma visão básica da conexão

A rede padrão aqui assume sua forma mais trivial, mas, ainda assim, a sua tarefa mais importante na cognição cotidiana e em nossa vida narrativa: a elucidação da experiência pelo preenchimento das lacunas causais, produzindo, assim, a impressão de que o mundo da vida é, de alguma forma, em princípio, homogêneo e "racional", causalmente coerente, apesar de suas contingências e pontos obscuros.

Uma vez que um esquema causal é efetivado, um novo processamento da rede, com novos *inputs*, pode demonstrar com sucesso que a explicação hipotética não é inteiramente *ad hoc*, uma vez que o mesmo esquema é reconhecido funcionando em diferentes contextos. O exemplo mais evidente pode ser a análise de uma metáfora (com uma fonte estranha e surpreendente) deduzindo uma hipótese sobre o esquema que faria com que ela significasse aquilo que ela realmente significa em seu contexto (espaço de base). Então, esse esquema, por sua vez, demanda um exame quanto à sua consistência interna e sua possível eficiência em outras composições semânticas.[82]

O efeito essencial de uma hipótese é oferecer uma interpretação de uma *mudança* em termos de uma *transição* causalmente aceitável. Ainda assim, a aceitabilidade causal é insuficiente para a aceitabilidade explanatória. Assim, o processo epistêmico segue o estágio hipotético no sentido de estabelecer uma crença. A rede de hipótese sugerida é a FIG. 9, a seguir.

---

entre pensamento abdutivo, dedutivo e indutivo, nessa ordem, que corresponde, *grosso modo*, à perspectiva sobre hipótese proposta aqui (NIÑO, 2008, 2012).

[82] A causalidade é conhecida por uma família aberta de esquemas: causalidade da "bola de bilhar", causalidade por "expansão", pela dinâmica do "fazer" ou do "permitir", etc. Ver Brandt (2004a).

FIGURA 9 – HIPÓTESE: "QUE DIABOS ESTá ACONTECENDO AQUI? PODERIA SER ... X? OU Y?... OU..."

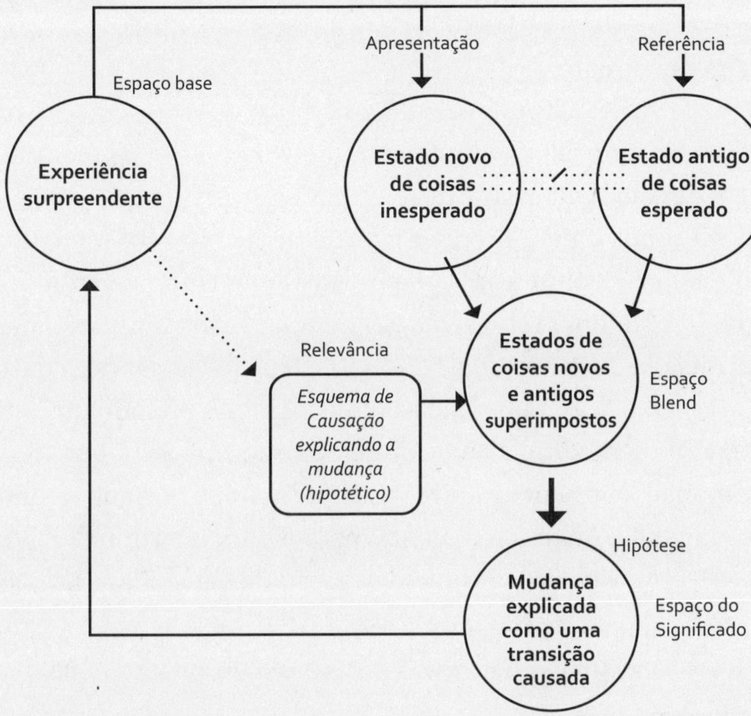

Fonte: O Autor.

O estado subjetivo (emocional) de surpresa cognitiva contém, como tal, um contraste entre dois espaços, que correspondem à experiência bruta de mudança, como mostrado (FIG. 9), e inicia uma rede, em que a sobreposição problemática das duas versões contrastivas de um estado de coisas, uma esperada e uma inesperada, mas percebida, é conectada por um esquema causal. A hipótese, no espaço do significado, é o resultado da aplicação desse esquema ao *blend* instável. Uma vez que muitos esquemas diferentes podem ocorrer alternativamente na mesma posição de "estabilizador", uma hipótese é frequentemente rodeada por outras hipóteses (empilhadas no espaço base).

Experiências surpreendentes e intrigantes são temas favoritos na comunicação humana; a troca e avaliação de hipóteses é, portanto, um jogo padrão no diálogo ("Por que isso? – Por que aquilo")? É fácil ver que a rede de hipótese é um caso especial da rede de *comparação*, sendo que esse último já é um tema favorito de conversação.[83]

Agenciamento

Como vimos acima (seção 2), o objetivo da representação mental é nos permitir o uso da mesma arquitetura e, assim, as mesmas representações, em ambas as direções, para a interpretação semântica do que sentimos e para o nosso planejamento e monitoramento da ação intencional, voluntária.[84] O famoso esquema fonte-caminho-alvo[85] é realmente uma representação de uma ação voluntária, percebida, planejada ou monitorada.[86] As construções semânticas da ação voluntária são *télicas*, ou seja, elas são concluídas quando um estado objetivo representado é alcançado, e elas são iniciadas quando um estado inicial representado é representado. Elas, portanto, contêm, necessariamente, um espaço mental para o estado terminal desejado (objetivo), estabelecido por uma delegação de *desejo* ("sonho") e um espaço mental para o estado de coisas inicial, em curso. O dinâmico esquema causal-intencional,[87] que representa obstáculos antecipados

---

[83] Estou me referindo a conversações como as seguintes. A: Eu experimentei X e fiquei surpreso; B: Isso me lembra de Y, que se deveu a Z; A: Então, talvez X também possa ser devido a Z (...). A rede tomaria X e Y como *inputs* e faria a tentativa de Z como um esquema para o *blend*.

[84] Em Brandt (2004a), as análises de causalidade e ação são conectadas em uma unidade narrativa compreendendo duas redes, uma incorporada à outra. Da mesma forma, (3 d) e (3 e) permitem tais incorporações, o que, interessantemente, muitas vezes, implica em um compartilhamento de esquemas causais – fazer alguma coisa e, em seguida, desfazê-la, é um caso claro de compartilhamento de esquema causal ou reutilização (se o esquema causal é reversível).

[85] Ver Tencheva (2012).

[86] Os neurônios-espelho, no nosso sistema motor, são conhecidos por reagir a ações percebidas, imaginadas, e planejadas e à *agency*. Ver Rizzolatti e Sinigaglia (2008).

[87] A intenção não "pretende", simplesmente, mover-se ao longo de um caminho, mas, em vez disso, procurar por seu estado alvo representado inerentemente enquanto aceita vários caminhos, dependendo da resistência (causal) que esses oferecem ao "intento" para se mover na direção do estado alvo. O esquema "fonte-caminho-

e superações, é o que torna uma trajetória – a partir do estado inicial para o estado terminal – relevante como um *projeto.*

FIGURA 10 – AGENCIAMENTO

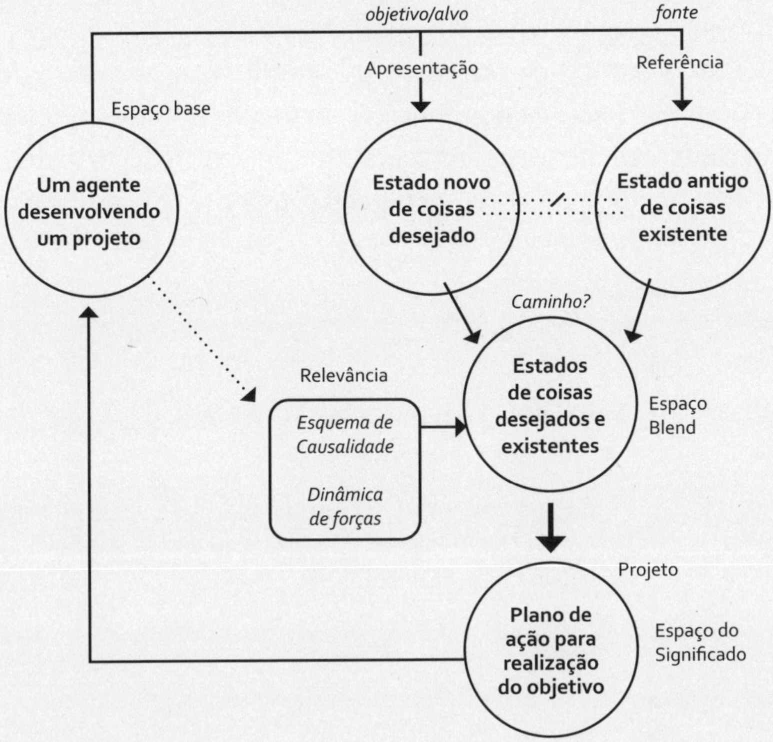

Fonte: O Autor.

No "Estado de coisas existente", pode ser que já haja uma história de *mudança* (como em 3.4), produzindo uma incorporação de uma rede em outra e permitindo uma transferência do sujeito de experimentador para agente potencial e, até mesmo, uma transferência de esquema, caso o objetivo seja reverter a situação atual para uma situação inalterada. (A barra na linha pontilhada da figura indica o contraste desejado – ou 'dessemelhança' – que anima qualquer projeto). A motivação para um projeto é "fazer diferença". Mudar o mundo em algum ponto.

alvo" é, portanto, realmente um esquema de dinâmica de força, a não ser que aquele esquema descreva um processo ritual, um ato cerimonial (em que o caminho é realmente importante e sua realização constitua um objetivo em si mesmo).

CONCLUSÃO

Essa apresentação e discussão sobre espaços mentais, *blending* e arquitetura mental ofereceu um resumo dos resultados preliminares de uma abordagem semiótico-cognitiva para a análise e teorização (de alguns aspectos) da produção de sentido. Consideramos cinco casos proeminentes de tal produção e, assim, ilustramos um modelo que permite a análise a ser teorizada em um quadro de uma visão da consciência e do significado, mais geral e, espero, mais realista.

REFERÊNCIAS

BADDELEY, Alan D. *Working memory, thought and action*. Oxford: Oxford University Press, 2007.

BRANDT, Line. *The Communicative Mind*: A Linguistic Exploration of Conceptual Integration and Meaning Construction Newcastle upon Tyne: Cambridge Scholars Publishing, 2013.

BRANDT, Line. *Explosive Blends*: From Cognitive Semantics to Literary Analysis. Thesis, University of Roskilde, 2000.

BRANDT, Line; BRANDT, Per Aage. Making sense of a blend. A cognitive-semiotic approach to metaphor. *Annual Review of Cognitive Linguistics*, v. 3, n. 3, p. 216-249, 2005.

BRANDT, Per Aage. The Mental Architecture of Meaning. A view from Cognitive Semiotics. TECCOGS – Revista digital de Tecnologías Cognitivas, São Paulo, n. 4, 2010.

BRANDT, Per Aage. On Consciousness and Semiosis. *Cognitive Semiotics – Multidisciplinary Journal on Meaning and Mind*, Bern, n. 1, p. 46-64, 2007.

BRANDT, Per Aage. Form and Meaning in Art. In: TURNER, Mark (ed.). *The Artful Mind*: Cognitive Science and the Riddle of Human Creativity. New York: Oxford University Press, 2006.

BRANDT, Per Aage. *Spaces, Domains, and Meaning*: Essays in Cognitive Semiotics. European Semiotics, v. 4. Bern: Peter Lang Verlag, 2004a.

BRANDT, Per Aage. Evidentiality and enunciation. In: ARRESE, Juana Marín (ed.). *Perspectives on Evidentiality and Modality*. Madrid: Ed. Complutense, 2004b.

BRANDT, Per Aage. Eve Sweetser. From etymology to pragmatics... Book review. *Journal of Pragmatics*, v. 25, p. 281-302, 1996.

BRANDT, Per Aage. *Morphologies of Meaning*. Aarhus: Aarhus University Press, 1995.

BRANDT, Per Aage. *Dynamiques du sens*. Aarhus: Aarhus University Press, 1994.

BRANDT, Per Aage. *La Charpente modale du sens*: Pour une sémiolinguistique morphogénétique et dynamique. Amsterdam, New York: John Benjamins, 1992.

FAUCONNIER, Gilles; SWEETSER, Eve (ed.). *Spaces, Worlds and Grammars*. Chicago, London: The University of Chicago Press, 1996.

FAUCONNIER, Gilles; TURNER, Mark. *The Way We Think*: Conceptual Blending and the Mind's Hidden Complexities. New York: Basic Books, 2002.

FAUCONNIER, Gilles; TURNER, Mark. Analysis Versus Global Insight: How and Why Do We Blend Cause and Effect?, University of California at Berkeley, 1999.

HUSSERL, Edmund. *Vorlesungen zur Phänomenologie des inneren Zeitbewußtseins*. Tübingen: Max Niemeyer Verlag, 1980. (Original publicado em 1928.)

NIÑO, Douglas. *Abducting abduction*: Avatares de la comprensión de la abducción de Charles S. Peirce. (Doctoral Dissertation), Bogotá: Universidad Nacional de Colombia, 2008.

NIÑO, Douglas, 2012. Abducción e Inducción en Peirce: evolución y criterios. To appear in: *DeSignis. Revista de la Federación Latinoamericana de Sémiotica*, 2012.

PETITOT, Jean. *Cognitive Morphodynamics*: Dynamical Morphological Models of Constituency in Perception and Syntax. European Semiotics, v. 11. Bern: Peter Lang Verlag, 2011.

PÖPPEL, Ernst. Consciousness versus states of being conscious. *Behavioral and Brain Sciences*, v. 20, n. 1, 1997.

RIZZOLATTI, Giacomo; SINIGAGLIA, Corrado. *Mirrors in the Brain*: How We Share our Actions and Emotions. Oxford: Oxford University Press, 2008.

SMITH, Barry. Mereotopology. A Theory of Parts and Boundaries. *Data and Knowledge Engineering*, v. 20, p. 287-303, 1996.

SWEETSER, Eve. *From etymology to pragmatics*: Metaphorical and cultural aspects of semantic structure. Cambridge: Cambridge University Press, 1996.

SWEETSER, Eve. Mental Spaces and the Grammar of Conditional Constructions. In: FAUCONNIER, Gilles; SWEETSER, Eve (ed.). *Spaces, Worlds and Grammar*: Cognitive Theory of Language and Culture 2, p. 318-333. Chicago; London: The University of Chicago Press, 1996.

TINCHEVA, Nelly. The Source-Path-Goal Schema in the Structure of Political Speeches. *Political Speeches*: A Cognitive Perspective on Text and Structure. Sofia: Askoni, 2012.

WEI, Lixia; WONG, Bee Eng. A Corpus-Based Study on Snake Metaphors in Mandarin Chinese and British English. *GEMA Online™ Journal of Language Studies* 311, v. 12, n. 1, 2012.

WILDGEN, Wolfgang. *Archetypensemantik. Grundlagen* für *eine dynamische Semantik auf der Basis der Katastrophentheorie*. Tübingen: Gunter Narr Verlag, 1985.

CAPÍTULO 5

ESTRATÉGIAS DE PILOTAGEM ATENCIONAL NA ARGUMENTAÇÃO

Paulo Henrique A. Mendes

Maíra Avelar

INTRODUÇÃO

Nosso artigo pretende discutir as relações entre significado e atenção, com base nas concepções teóricas desenvolvidas por Marchetti (2010) e Oakley (2009), com vistas a analisar os recursos de linguagem utilizados para pilotar as operações atencionais ativadas no processamento de um comunicado da Justiça Eleitoral dirigido aos jovens. De um ponto de vista teórico, tentaremos articular aspectos do sistema atencional formulado por Oakley, composto pelos subsistemas de sinal, de seleção e interpessoal, com o modelo de consciência baseado na perspectiva de primeira pessoa, proposto por Marchetti (2010), o qual se fundamenta na interação contínua entre dois sistemas: o sistema perceptual e o esquema do 'self'. Buscaremos analisar como o significado emerge no comunicado a partir da interação entre esses dois sistemas, em função da atividade atencional realizada pelos sujeitos envolvidos na interação com seus respectivos órgãos de atenção, produzindo e modificando estados de energia nervosa no fluxo enunciativo. Apostamos na hipótese de uma co-construção interacional do *self* através da argumentação e focalizaremos os recursos prosódicos, lexicais e sintáticos utilizados no processo de pilotagem das operações atencionais nessa prática de linguagem

Diferentes autores têm estudado e destacado a importância das relações entre linguagem e atenção, como, por exemplo, Tomasello (2003) e, especialmente, Oakley (2009) e Marchetti (2010). As abordagens são diferentes, mas há convergências relevantes e articulações pertinentes que buscaremos ressaltar em nosso artigo. Partindo da centralidade da atenção para a produção do significado, nosso objetivo é analisar o modo pelo qual diversos recursos linguísticos são organizados e utilizados com vistas a direcionar a atenção através da argumentação. Mais especificamente, interessa-nos avaliar como ocorre o processo de pilotagem das operações atencionais em um comunicado da justiça eleitoral direcionada aos jovens, refletindo sobre as implicações teóricas e metodológicas dessa proposta de análise.

Iniciamos com as reflexões fecundas de Marchetti (2010, 109) sobre os pressupostos epistemológicos do programa de pesquisa de Oakley e suas diferenças em relação aos pressupostos da semântica atencional da vertente italiana. Marchetti assinala que Oakley propõe um modelo heurístico da atenção para explicar o processamento dinâmico do significado. A influência da linguística cognitiva (desenvolvida sobretudo nos Estados Unidos) é notadamente presente na obra deste último autor, que, segundo Marchetti, assume uma posição realista abdutiva. Essa posição seria comprometida com a existência de um mundo exterior, que seria objeto da percepção, em última análise. Marchetti afirma que esse pressuposto não converge com a visão operacional ou construtivista dos italianos (i.e. Silvio Ceccato e Giuseppe Vaccarino), que apostam na capacidade do ser humano de construir mentalmente o mundo em que vive. Não obstante a validade das observações de Marchetti, podemos dizer que boa parte dos autores da chamada segunda geração da linguística cognitiva aposta numa concepção que estaria mais próxima da visão construtivista ou operacional.

Do ponto de vista metodológico, este autor aponta também

uma diferença importante entre a concepção de Oakley e a dos italianos. Enquanto aquele utiliza um método interpretativo baseado na teoria da integração conceitual, originalmente desenvolvida por Fauconnier e Turner (2002), focalizando o processamento discursivo do significado, os teóricos da semântica atencional privilegiam a análise comparativa de unidades lexicais isoladas. Marchetti crítica o caráter pouco formalizado da abordagem de Oakley, que necessitaria de um maior refinamento em termos da descrição das operações atencionais.

Apesar das ressalvas feitas ao modelo de Oakley, Marchetti (2010, p. 110) reconhece a sua relevância para a pesquisa sobre atenção e significado e apresenta seus pontos positivos, dizendo que "despite these differences in background and method, Oakley's view about the role played by atention in meaning construction closely resembles that of the Italian researchers". É justamente sobre os aspectos de convergência e de complementaridade que queremos trabalhar, a fim de colaborar para o desenvolvimento dos trabalhos nessa área. Nesse sentido, o objeto de análise que escolhemos nos permite avaliar as unidades e estruturas linguísticas específicas utilizadas na pilotagem atencional, bem como o modo como são usadas argumentativamente para controlar e direcionar a atenção.

DO ESQUEMA DO SELF À ARGUMENTAÇÃO

O modelo antencional de Marchetti, baseado na perspectiva de primeira pessoa, fundamenta-se na interação entre dois sistemas: o sistema perceptual e o esquema do self. A perspectiva de primeira pessoa, em contraste com a de terceira, tem como característica focalizar a pessoa que experiencia o estado de consciência, em termos de sua emergência, formação e desenvolvimento, que derivam de sua própria atividade. O autor introduz o seu modelo nos seguintes termos:

> The model is composed of two main systems, the perceptual system and the schema of self. The perceptual system is mainly based on the organ of attention, sense-organs, somatosensory organs, and a working memory: it enables the organism to be conscious and provide the products that will be processed by the schema of self and that contribute to update and modify it. The schema of self, largely based on innate schemas of action and a long-term memory, provide the rules which make our organism perceive, move, act in general and interact with others organisms. From the uninterrupted interaction of the schema of self and the perceptual system, the stream of consciousness arises. (MARCHETTI, 2010, p. 1)

O autor situa a atenção no cerne do sistema perceptual como responsável pelo caráter seletivo e pela qualidade fenomenal da consciência, sendo o órgão da atenção a fonte da energia nervosa do organismo, a qual é modificada pela atividade atencional. Além disso, segundo Marchetti (2001), o organismo, ao agir no mundo, é capaz experienciar e sentir diretamente tanto as ações quanto os resultados das ações desempenhadas por ele, o que torna possível a emergência do sujeito. A nossa questão é a seguinte: como a argumentação pode dirigir a atividade atencional e modificar a energia nervosa do organismo, através da escolha e do uso de determinados recursos linguísticos?

Em relação à emergência do sujeito, o sistema perceptual é necessário, mas não suficiente para que isso ocorra. Segundo Marchetti, deve haver um sistema auto-organizador, que ele chama de esquema do self, que guia e controla esse processo de acordo com uma hierarquia de princípios, dos quais o mais fundamental é o da sobrevivência: "operate in order to continue to operate" (MARCHETTI, 2010, 16). Esse esquema corporifica, por meio do sistema perceptual, a distinção e as relações entre o *self* e o não *self*, permitindo também que a pessoa controle o seu comportamento e/ou suas ações. Esse processo faculta ao organismo a capacidade que se traduz pela auto-consciência, sendo que a linguagem está na sua base. O autor destaca que:

> One of the easiest ways an organism has to control and autonomously modify ist own schema of self, or at least the easiest way from a human being´s point of view, is by using language. Language can be considered as the most effective and economic way of exploiting the opportunities offered by self-consciousness (MARCHETTI, 2010, p.20).

O fato é que usar a linguagem coloca em cena a questão da (inter)subjetividade em toda a complexidade que envolve a escala humana, pois implica a interação por meio de um sistema simbólico historicamente estruturado (codificado) e pragmaticamente situado (contextualizado). Esse ponto remete a outro papel atribuído ao esquema do self: segundo Marchetti (2003, p.7), além da garantia de sobrevivência, o esquema do self "embodies all kinds of competences and abilities–linguistic, social, physic, and so on – we innately possess or have acquired during our life up to that time". Assim como a linguagem constitui a forma mais efetiva para o organismo controlar e alterar o próprio esquema do *self*, ela também pode ser usada conscientemente para controlar e alterar o esquema do *self* de outros organismos, através da argumentação, por exemplo.

A propósito, Marchetti menciona a relevância atribuída por Tomasello às estratégias de atenção conjunta como requisito básico para o desenvolvimento de sistemas linguísticos complexos e estruturados, bem como para a transmissão de bens culturais e inovações. Além disso, essa visão converge com a formulação de Tomasello (1999), segundo a qual perceber outras pessoas como agentes intencionais e mentais é uma habilidade típica dos seres humanos, que, dessa forma, são capazes de se identificarem profundamente com seus co-específicos.

Apesar de não ser possível capturar a singularidade do aspecto fenomenal e qualitativo da experiência consciente dos outros seres humanos, Marchetti destaca que o fato de falar a mesma língua permite às pessoas partilharem a mesma experiência consciente, em termos linguísticos e semânticos. Nesse sentido, as palavras têm um papel fundamental na economia geral de nossa consciência, moldando nossas experiências e percepções. O significado linguístico condensa e filtra a diversidade de nossa experiência fenomenal, que pode ser abstraída e estabilizada através dele.

Assim, o significado linguístico é composto por um conjunto de elementos que se traduzem pelas operações atencionais, e as palavras têm a função de pilotar a atenção. Embora o uso das palavras em determinados discursos para pilotar a atenção dos outros não seja o foco do trabalho de Marchetti, o autor certamente não negligencia essa possibilidade, apontando para expressões que desempenham tipicamente esta função:

> Even expressions that do not contain deictic elements, but that nevertheless indicate the direction our thoughts must take ("Do you remember where you put the key?", consider this idea carefully"), or instruct us on what to do physically ("Now, press the button"), testify power of language in piloting attention. What we usually do after hearing such expressions, is first of all to address our attention towards the object, idea, thought or whatever else is specified by the sentence: indeed, it is only by moving our attention from where it was to where it is requested that we can accomplish what we asked to do. (MARCHETTI, 2010, 70)

Se, por um lado, é válida e necessária uma análise de expressões como essas, tomadas de forma isolada e descontextualizada, por outro lado, sabemos que o uso delas e de outras semelhantes é sempre situado pragmaticamente. Tal como exposto por Marchetti (2003, p. 20-21), na prática, "the conscious experience of a meaning generates a certain series of operations that depends on a variety of factors, such as: the specific instruction conveyed by the meaning, the kind of context, what the meaning could imply for us, and so on". Por mais que, "in theory, any conscious experience of a meaning can generate a series of subsequent operations", essa experiência é sempre guiada por princípios situacionais e pragmáticos.

Além disso, a escolha de certas palavras e estruturas linguísticas em determinados discursos está geralmente associada a uma orientação argumentativa. Nessa perspectiva, Oakley apresenta uma abordagem mais voltada para essa dimensão pragmática da relação entre atenção e significado, especialmente através do subsistema interpessoal de seu modelo atencional. Acreditamos que uma análise conjugando as propostas de Marchetti e Oakley seja profícua para os objetivos do nosso texto.

Os três subsistemas interdependentes que constituem o sistema atencional de Oakley (2009) são o sistema de sinal, composto pelas capacidades de alertar e orientar a atenção, o sistema de seleção, que compreende as atividades de detectar, sustentar e controlar o foco atencional, e o sistema interpessoal, responsável pelos processos de partilhar, harmonizar e direcionar a atenção de outras pessoas. Sem desconsiderar a importância dos dois primeiros subsistemas e de suas interações, interessa-nos discutir mais detalhadamente o interpessoal, em função de sua relevância para a questão da argumentação.

A maior parte das atividades em que nos engajamos envolve a presença de outras pessoas, desde a nossa mais tenra infância. A habilidade de perceber a presença dos outros e de reconhecê-los requer a capacidade de partilhar a atenção num nível primário de intersubjetividade. O desenvolvimento de nossos recursos cognitivos e simbólicos, que nos permite reconhecer os outros como sujeitos intencionais e mentais, dotados de experiência, envolve a capacidade de atenção conjunta, o que, nas palavras de Oakley, significa harmonizar a atenção em função de um objeto assumido como foco atencional. Esse processo está na base de nossa disposição para aprender e nos engajar em formas complexas de intersubjetividade.

Mais do que isso, o ser humano desenvolveu habilidades complexas para influenciar seus semelhantes, direcionando sua atenção e, por conseguinte, suas ações em certos sentidos, bem como para perceber a intenção dos outros de direcionar e manipular sua atenção. Com efeito, argumentar é uma das principais formas de direcionar a atenção de nossos interlocutores, através de recursos linguísticos. Em linhas gerais, assumimos que argumentar implica selecionar e organizar os recursos linguísticos para pilotar a atenção do outro, compartilhando-a, harmonizando-a e direcionando-a, de modo a tentar levá-lo a crer ou a fazer algo.

ATENÇÃO, ARGUMENTAÇÃO E CO-CONSTRUÇÃO DO *SELF*

O processo de comunicação requer a coordenação intersubjetiva da atividade atencional, de modo a regular o fluxo de energia nervosa envolvida na interação. No caso da argumentação, quem argumenta emerge como pessoa que exerce a ação de assumir um posicionamento e tentar modificar a energia nervosa do seu destinatário, influenciando-o através do uso da linguagem. Este último, por sua vez, emerge como pessoa na ação de interpretar a enunciação de seu interlocutor, identificando-se ou não, por meio de sua atividade atencional, com o posicionamento proposto. Existe, assim, uma tensão gerada pela interação entre dois sistemas perceptuais e dois esquemas do self, da qual emergem os sujeitos do processo argumentativo. Essa tensão, que altera a energia nervosa de ambos, tende a ser maior quanto mais polêmico for o objeto em questão e quanto mais houver possibilidade de troca de turnos, ou seja, de debate.

No caso específico do nosso objeto de análise, não se trata de um gênero discursivo (proto)tipicamente argumentativo. A princípio, o comunicado é um gênero de caráter informativo, mas apostamos na hipótese geral de que o uso da linguagem comporta uma dimensão argumentativa e, mais especificamente, de que o comunicado da Justiça Eleitoral em questão é argumentativo. A hipótese geral acima é defendida por diversos autores, entre eles Verhagen (2008, 311), que afirma:

> When one individual produces a linguistic utterance for another one, and this other individual understands it, the result is in systematic ways always more than the partipants jointly focusing on the same object of conceptualization in the same way. It also consist in inducing, and engaging in inferential reasoning. Normal language use is never just informative, but always argumentative, in the terminology of Anscombre and Ducrot (1989).

Podemos dizer que, como as palavras são 'ferramentas' que pilotam as operações atencionais constitutivas dos significados, elas orientam para determinadas conclusões, em função de seu uso em certos contextos. Essas conclusões não são deduções no sentido lógico de um cálculo, mas instruções de sentido, em termos de uma coordenação cognitiva intersubjetiva. Vejamos o comunicado a ser analisado:

COMUNICADO IMPORTANTE
ATENÇÃO JOVENS

O título de eleitor é opcional para quem vai completar dezesseis anos até três de outubro de dois mil e dez. A partir dos dezoito anos, ele é obrigatório. Se você vai votar pela primeira vez, procure o cartório eleitoral para tirar o seu título. O prazo é até cinco de maio. E ENTÃO? VAI FICAR, TIPO ASSIM, AÍ PARADO? SE LIGA. VAI DEIXAR OS OUTROS DECIDIREM AS COISAS POR VOCÊ?

Justiça Eleitoral

O comunicado é apresentado à semelhança de um *teleprompter*, acompanhado da voz de um locutor que lê o texto, à medida que as frases vão passando na tela da televisão. O comunicado também foi veiculado no rádio, justamente em função da presença da voz de um locutor. Parece-nos que o texto escrito para ser falado tem um espaço muito importante na imprensa televisiva, para facilitar a locução dos jornalistas, e no caso do comunicado em questão, para atingir um maior número de pessoas, já que pode ser lido e ouvido ao mesmo tempo, ampliando o acesso para analfabetos, deficientes auditivos ou visuais. Além disso, o texto escrito pode funcionar como um instrumento de pilotagem atencional: "In other words, words, and grammar, piloting the subject's attention, influence its perception of the target, and consequently the kinematics of its actions" (Marchetti, 2003, p.4)

Um primeiro aspecto a ser considerado na análise é a questão da perspectiva de primeira pessoa, nos termos de Marchetti (2010). O fato de experienciarmos o texto em questão do ponto de vista da sua recepção nos leva a analisá-lo em função do estado de consciência que experimentamos ao ler e ouvir o comunicado. Buscaremos, assim, avaliar como nossa atividade atencional se aplica à interpretação deste texto, a partir das operações atencionais ativadas pelos recursos linguísticos. Formularemos hipóteses sobre a emergência do *self* nessa prática de linguagem, relacionando-a ao modelo atencional de Oakley, com ênfase no subsistema interpessoal.

Assim, a primeira operação atencional relevante relaciona-se à identificação do significado do sintagma nominal "Comunicado Importante". Essa experiência consciente estabelece a relação entre o telespectador/leitor e o objeto da atenção, diferenciando-o no interior de uma rede de outros objetos discursivos (gêneros), tais como "aviso", "notificação", "anúncio" etc. Esse título pilota nossa atenção, ativando um frame relativo ao tipo de interação específica que caracteriza o comunicado, cujo qualificativo "importante" intensifica o apelo ao nosso órgão da atenção. Podemos associar o título ao subsistema de sinal de Oakley, tendo a função inicial de alertar a atenção dos telespectadores/leitores.

Em seguida, a expressão "Atenção jovens" orienta explicitamente nossa atenção, enquadrando os destinatários específicos do comunicado em questão. Essa forma de interpelação direta pela via atencional estabelece uma coordenada dêitica que indica as pessoas envolvidas no processo enunciativo. Embora na seja o foco de nossa análise, vale dizer que o comunicado é encabeçado pelo brasão da república brasileira, o que nos leva a inferir que se trata de um comunicado oficial. Isto é, o comunicado institui uma relação enunciativa entre a autoridade do Estado e os jovens, que são interpelados como cidadãos.

Consideramos importante ressaltar que os dois enunciados

analisados até então apresentam um tamanho de fonte maior do que a sequência de enunciados que vem em seguida. Dessa maneira, o texto escrito funciona como um elemento que atua no sistema perceptual: o sentido é processado de maneira multimodal pelo esquema do *self* e, em consequência, a atenção é direcionada aos enunciados em questão. Além disso, é possível afirmar que os enunciados criam uma "conscious expectation, guiding our way of perceiving the whole textual sequence": as palavras "importante" e "atenção" funcionam como instrumentos que pilotam nossa atenção, no sentido de que "predisposes our mind and body to operate in a certain way of perceiving, conceiving and mental processing" (Marchetti, 2003, p. 7). Considerando as palavras previamente mencionadas, elas podem suscitar uma forma específica de atenção: a atenção preparatória, que torna o processamento da informação relevante mais efetivo. Assim, depois de ler e/ou ouvir a palavras "importante" e "atenção", somos levados a prestar mais atenção ao comunicado.

Essa interpretação é comprovada pelas duas asserções que introduzem a informação comunicada – "O *título de eleitor é opcional* para quem vai completar dezesseis anos até três de outubro de dois mil e dez. A partir dos dezoito anos, *ele é obrigatório*" –. Nos termos de Oakley, podemos dizer que esses enunciados nos remetem ao subsistema de seleção da atenção, com a função de detectar, sustentar e controlar o foco atencional guiado pelo tópico frasal da primeira asserção, retomado anaforicamente na segunda. As predicações associadas ao referente "título de eleitor" são bastante relevantes. Ao compararmos os adjetivos "opcional" e "obrigatório", notamos que eles pilotam operações atencionais de modo distinto, no sentido de que este último qualificativo engaja mais o sujeito da atividade atencional no alvo do que o primeiro.

Nesse ponto, é importante fazermos uma observação fundamentada na abordagem de Marchetti sobre as experiências conscientes que se traduzem pelos estados intencionais, os quais se relacionam com a auto-consciência sob a forma de experiências metaconscientes. No nosso caso em análise, a atividade atencional é guiada pelos enunciados acima no sentido de suscitar uma reflexão sobre o exercício da cidadania pelos jovens. A partir da situação de enunciação em que é interpelado, o jovem deve pensar na sua relação com o Estado que o interpela, com o objeto título de eleitor e consigo mesmo do ponto de vista de sua idade para o alistamento eleitoral.

"Opcional" e "obrigatório" são predicações que orientam a atenção para modalidades metamentais como "poder", "querer" e "dever", tais como abordadas por Marchetti, embora esses verbos não estejam expressos explicitamente no comunicado. A propósito, o autor afirma que:

> It is important to note, however, that the involvement of organs other than the organ of attention, such as the 'schema of self', while being necessary for the production of conscious experiences typically associated with self-consciousness – that is, those that are usually expressed by means of verbs such as "may", "can", "must", "need", "shall", "will", "to want", "to have to", "to be able", "to choose", and "to intend" – is not sufficient. Indeed, the conscious experience of volition differs from duty, or possibility, despite the fact that both share the necessity, in order to occur, to involve organs other than organ to attention. (...) What differs between these various conscious experiences is the different stress that each lays on the intentional state prompting the action and the action it prompt: they cannot be ascribed to any other organ. (MARCHETTI, 2010, 99-100)

"Opcional" pilota a atenção no sentido de "poder fazer o título e votar", enquanto "obrigatório" pilota atenção no sentido de "dever fazer o título e votar". O sentido de "poder" nesse caso diz respeito a uma prerrogativa constitucional: o Estado concede o direito de votar ao jovem a partir dos dezesseis anos, e só depende de este querer fazer o título de eleitor e votar. O ato que desencadeia o estado intencional depende do sujeito. Já o sentido de "dever" refere-se também a uma prerrogativa constitucional, mas caracteriza uma injunção do Estado sobre o jovem a partir dos dezoito anos. O ato que desencadeia o estado intencional não depende do desejo do sujeito, mas de uma autoridade/obrigação externa.

Isso fica ainda mais claro na sequência do comunicado, em que aparece um enunciado diretivo, com uma estrutura sintática condicional, seguido de uma asserção – "Se você vai votar pela primeira vez, procure o cartório eleitoral para tirar *o seu título*. O prazo é até cinco de maio" –. A oração condicional pilota a atenção para um engajamento hipotético do sujeito na ação de votar, enquanto a oração diretiva direciona a atenção para o engajamento do sujeito na ação preliminar de fazer o título de eleitor. A margem de liberdade para a tomada de decisão do jovem depende da sua idade e da sua vontade de participar do processo eleitoral. A atividade atencional é ainda monitorada pela asserção que determina o prazo para a tomada de decisão – "até cinco de maio" –, orientado em função do tempo da enunciação do comunicado. Esse trecho ilustra de modo mais explícito o funcionamento do subsistema interpessoal de Oakley, voltado para as atividades de partilhar, harmonizar e direcionar a atenção.

Podemos considerar que os recursos prosódicos, analisados em conjunto com os recursos lexicais mencionados anteriormente, constituem um meio relevante de direcionamento da atenção. Ao analisarmos o trecho do ponto de vista prosódico (c.f. Gráfico 1 dos Anexos), podemos observar que as curvas de F0 – representadas pelas linhas pretas – apresentam um perfil mais estático – representado pelos traços retos – ou descendente, típico de asserções no Português Brasileiro – PB (Moraes, 2010). Em termos quantitativos, o Perfil Prosódico das amostras mostra-nos que, na primeira amostra, a proporção de subidas (6.5 semitons) corresponde à metade do número de descidas da curva de F0 (12.3 semitons).

Além disso, os valores de F0 apresentam-se bastante constantes: com exceção do fim das asserções, em que há uma queda no valor de F0 – cerca de 72 semitons – os valores variam em apenas dois ou três semitons entre uma sílaba e outra, ao longo da enunciação. Podemos notar que existe apenas um trecho em que isso não ocorre: o trecho correspondente à primeira parte da condicional: "se você vai votar pela primeira vez", em que a curva de F0 das primeiras sílabas apresenta um valor mais alto do que a média da amostra, de

92 semitons. Ao final do trecho sinalizado, observamos também que a palavra "primeira" apresenta tons bastante dinâmicos, que variam de 79 a 87 semitons. Há também a marcação de uma proeminência – sinalizada no diagrama pelo P vermelho – na palavra "vez".

Já podemos notar nos enunciados do primeiro trecho a presença de uma orientação argumentativa, no sentido do engajamento do jovem no exercício da cidadania através do voto. Mas essa orientação se torna mais explícita e enfática nos últimos enunciados do comunicado – "E ENTÃO? VAI FICAR, TIPO ASSIM, AÍ PARADO? SE LIGA. VAI DEIXAR OS OUTROS DECIDIREM AS COISAS POR VOCÊ?" –. Há uma clara mudança no registro linguístico e, por conseguinte, no regime enunciativo do comunicado, a qual é bastante significativa do ponto de vista da atividade atencional. Essa mudança consiste basicamente na estilização socioletal da fala do jovem por parte da autoridade enunciadora.

Essa estratégia argumentativa gera uma quebra de expectativa que alerta o órgão da atenção reforçando a atividade atencional e alterando a energia nervosa do organismo. Esse trecho é certamente o que melhor ilustra o subsistema interpessoal do modelo de Oakley. É especialmente relevante observarmos que o trecho destacado é constituído principalmente por perguntas retóricas que direcionam a atenção dos jovens para a realização da ação de fazer o título de eleitor e votar. Com efeito, o significado de "Se liga" se contrapõe ao de "ficar aí parado" e "deixar os outros decidirem as coisas por você". A interpelação através das perguntas retóricas pilota a atenção no sentido inverso dessas últimas duas expressões.

Diferentes recursos são utilizados para pilotar a atenção nesse trecho: prosódicos, tipográficos, lexicais, sintáticos, semânticos e retóricos. No que se refere aos recursos tipográficos, ressaltamos que, assim como no título, o texto desta amostra está escrito em letras/caracteres maiores, o que direciona a atenção e, nesse caso, evidencia a significação produzida. Ao nos determos sobre a análise prosódica do trecho, notamos que ele apresenta um perfil mais dinâmico de F0: é possível encontrar uma variação de 17 semitons entre a primeira e a segunda sílabas de "parado", por exemplo. Em outros trechos, a mesma sílaba pode variar de 6 a 10 semitons - como na terceira e na quarta sílabas de "decidirem", por exemplo. Há também picos de F0: na segunda sílaba de "parado", que apresenta um valor de 103 semitons e na última sílaba de "liga", que apresenta um valor de 105.2 semitons.

Podemos destacar que esses picos correspondem justamente a momentos em que o locutor está questionando diretamente os jovens. O mesmo ocorre com as proeminências - sinalizadas no diagrama com um P vermelho: elas aparecem nas palavras "então", "parado", liga" e você", momentos que correspondem ao fim dos enunciados, em que são expressos o questionamento e a indignação. Por fim, além de apresentar um perfil mais dinâmico do que as demais amostras, a segunda amostra apresenta a mesma proporção de subidas e descidas: 17.2 semitons. Entretanto, se compararmos essa amostra com outras, ela apresenta uma trajetória intranuclear de 48 semitons, enquanto as demais apresentam uma trajetória de 32 semitons. Isso comprova a maior dinamicidade da amostra 2 em relação às amostras 1 e 3.

Ainda em relação ao segundo trecho, assinalamos que o registro informal, oralizado, que busca captar a atenção pela identificação com o jovem, pode ser percebido também pelo uso de marcadores discursivos/conversacionais que interpelam diretamente a atenção dos Jovens. Expressões como - "E ENTÃO?" e "SE LIGA." - ilustram o uso desse tipo de recurso para pilotar a atenção. A propósito, podemos comparar, por exemplo, a forma nominal "Atenção" com a forma verbal "Se liga", ambas dirigidas diretamente ao órgão da atenção. O nome "atenção" é um termo não marcado na língua portuguesa usada no Brasil, pois faz parte do uso corrente nos registros formal e até informal.

Ao contrário, o verbo "se liga", no sentido usado no comunicado, é um termo mais marcado na língua, porque é uma gíria típica da fala dos jovens. Nessa perspectiva, existe uma distinção importante do ponto de vista das operações atencionais que essas palavras pilotam no comunicado em questão. A palavra "Se liga" tende a engajar mais fortemente o jovem na realização da ação para a qual sua atenção é enfaticamente direcionada do que o vocábulo "Atenção".

Do ponto de vista prosódico, essa distinção entre o vocábulo do registro formal e o do registo informal é também bastante marcada: observando o vocábulo "atenção", o perfil da curva de F0 – representada pelas linhas pretas do diagrama exibido no Anexo 1 – é mais estático: as curvas são planas e a variação dos valores é de apenas 4 semitons: a primeira sílaba apresenta um valor de 83.4, a segunda, um valor de 84.4 e a terceira, um valor de 87.7 semitons. Como podemos notar, o perfil do vocábulo corresponde ao perfil geral do trecho ao qual pertence. Já no caso do vocábulo "se liga", percebemos que o perfil da curva de F0 apresenta um perfil mais dinâmico: há curvas planas, descendentes e ascendentes e também uma grande variação nos valores de F0, que já se iniciam altos (102.5 semitons). Eles apresentam uma variação de 98 a 107 semitons. Além disso, tal como sinalizamos anteriormente na análise prosódica do trecho, há uma marcação de proeminência na palavra "liga". Portanto, a análise prosódica dos vocábulos corrobora a hipótese de que a gíria potencializa o direcionamento da atenção e, consequentemente, o engajamento do jovem na ação de alistar-se.

O comunicado é encerrado com a repetição do prazo de alistamento - "O prazo é até cinco de maio" - e com a explicitação da autoridade enunciadora, expressa pelo sintagma "Justiça Eleitoral". Em relação à análise prosódica do trecho, podemos afirmar que ele possui um perfil bastante semelhante ao primeiro: as curvas de F0 – representadas pelas linhas pretas – também apresentam um perfil mais estático, com linhas retas, e valores constantes, variando em apenas dois semintons. Notamos que há também curvas com o perfil descendente ao final das asserções. Em termos quantitativos, o perfil prosódico da terceira amostra apresenta um número de subidas de 0 e um número de descidas de 18.8 semitons, o que corrobora a análise qualitativa.

Ainda em relação ao último trecho, podemos afirmar que há uma tentativa por parte da Justiça Eleitoral de alterar a energia nervosa dos jovens, buscando modificar o seu 'esquema do self' através da atividade atencional. Essa estratégia de interpelação do jovem como cidadão pela Justiça Eleitoral nos permite formular a hipótese de um processo de co-construção do *self* na argumentação. Os sujeitos emergem, como agentes situados, da relação de influência estabelecida entre eles, a partir de suas respectivas operações atencionais. É na relação enunciativa com a autoridade representada pela Justiça eleitoral que o jovem pode emergir como pessoa apta ao exercício da cidadania.

ATENÇÃO, ESPAÇOS MENTAIS E EFEITOS RETÓRICOS

Vamos tentar articular a análise apresentada acima com aspectos da abordagem de Oakley sobre a relação entre atenção e retórica de uma perspectiva cognitiva. Buscaremos mostrar como o uso de recursos linguísticos para pilotar a atenção pode produzir certos efeitos retóricos. O autor afirma que "seizing, focuzing and sustaiting attention in harmonized synchrony defines a tacit dimension of rethorical theory". (OAKLEY, 2009, 190). Oakley apresenta o que julga serem as principais contribuições de alguns dos mais importantes teóricos da retórica: Aristóteles, Perelman & Olbrechts-Tyteca e Kenneth Burke. Embora não desconheçamos nem desconsideremos a imensa tradição de conhecimento representada pela retórica clássica aristotélica e pela nova retórica dos autores belgas, vamos direto à noção de identificação dramática proposta por Burke e destacada por Oakley (2009, 200):

> Language is symbolic action and symbolic action depends on participants' sustained harmonic attention to these dramas. Burke goes a step farther, asserting that persuasion about the preferable entails not only on the spectatorship of a drama but that in identifying with key players, the spectator becomes part of the drama. In other words, identification is most likely to occur when expression and content collapse to identify. Such moments are powerful experiences where rhetor and audience act to establish and maintain the conditions of their own mutual involvement.

Selecionamos a interpretação de Oakley sobre a noção de identificação dramática de Burke porque ela é muito pertinente para explicar a estratégia de pilotagem da atenção utilizada no comunicado. A estilização do registro socioletal do jovem pela Justiça Eleitoral busca suscitar esse tipo de experiência consciente que integra expressão e significado na projeção da ação potencial do jovem através de seu engajamento atencional. Nós experienciamos essa intenção ao assistirmos ao comunicado, mas não sabemos se esse efeito foi de fato produzido nos jovens que iriam votar pela primeira vez.

Oakley utiliza a noção de espaço mental, originalmente formulada por Fauconnier (1994) e posteriormente desenvolvida na teoria da integração conceitual (Fauconnier & Turner, 2002), para explicar o processo dinâmico e situado de construção discursiva do significado. Para o autor:

> Meaning construction involves a set of operations for combining dynamic cognitive models called mental spaces (Fauconnier, 1994), or ad hoc and dynamic simulations of relevant scenes and situations that control what we pay attention to, remember, think about and communicate to one another. (OAKLEY, 2009, 66)

De um ponto de vista operacional, ele trabalha com a versão dos espaços mentais elaborada por Brandt em seu modelo da semiótica cognitiva. Na versão apresentada por Brandt (2004) e adaptada por Oakley (2009), a arquitetura dos espaços é composta pelo Espaço Semiótico Base (o qual é desdobrado em três esferas: a de realização de atos de linguagem, a da situação de comunicação, e a do mundo fenomenológico mais amplo acessível à nossa experiência vivida); pelos Espaços de Apresentação (instância figurativa), de Referência (instância objeto) e Virtual (instância *blend*), este último projetado a partir da seleção de elementos dos *frames* dos dois primeiros. O significado emergente do Espaço Virtual é orientado por um Espaço de Relevância. Essa proposta pode ser visualizada no seguinte diagrama:

FIGURA 1 – DIAGRAMA DOS ESPAÇOS MENTAIS

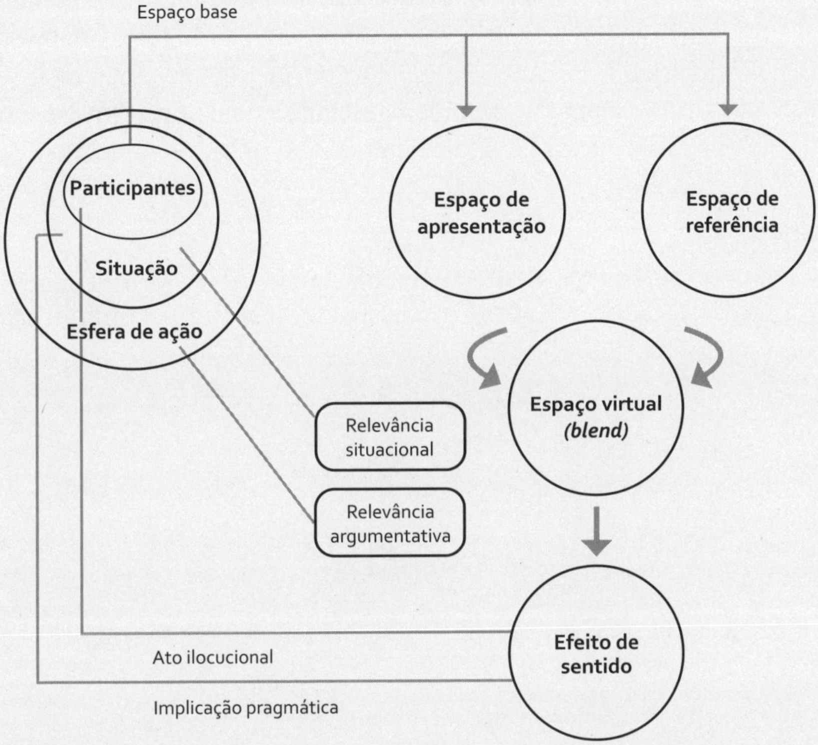

Fonte: Oakey, 2009.

Oakley afirma que "mental spaces then are dynamic mini-dramas, which rely on schematic resources of interactivity". Para ele, "the presentational scene is used to frame the terms by which the referential scene is dramatized. It is the dramaturgical framing of the reference space manifest in the virtual scene that is experienced as vividly arresting" (p.67). A amplitude dessa abordagem busca incorporar as variáveis envolvidas no processo enunciativo a partir do qual o significado emerge. Nesse sentido, o Espaço Semiótico Base é uma categoria que busca dar conta das condições de enunciação. Nas palavras do autor:

> The Grounding space is ontologically given, meaning that it

models and tracks the here-and-now phenomenology of meaning construction, namely the interpersonal, social and pragmatic relationships that alert and orient attention. To put the matter slightly different: it is the point of contact between the pragmatic here-and now – the spectrum of signals and interpersonal attunements – and the semantic there-and-then – the spectrum of available selections. It orients attention to the networks of mental spaces. (OAKLEY, 2009, 68)

Projetando os elementos do comunicado analisado no diagrama apresentado acima, podemos ter a seguinte configuração:

FIGURA 2 – ADAPTAÇÃO DO DIAGRAMA À ANÁLISE.

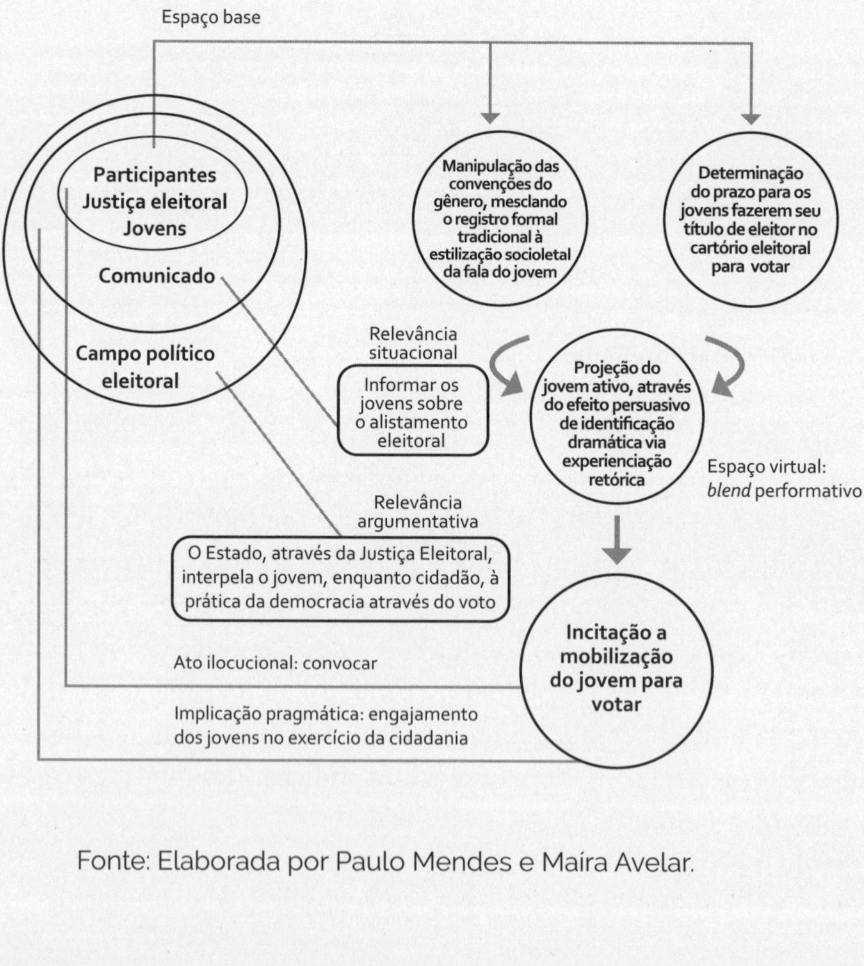

Fonte: Elaborada por Paulo Mendes e Maíra Avelar.

O esquema acima busca representar a encenação dramática produzida pela estratégia argumentativa da Justiça eleitoral. Nesse sentido, queremos destacar nesse momento o enunciado – "Vai ficar, tipo assim, aí parado?" –, para enfatizar a sua forma de pilotar a atenção. A expressão dêitica – "aí parado" – presentifica a cena enunciativa, projetando um lugar enunciativo associado a uma postura do jovem. Isso reforça o engajamento atencional e, consequentemente, a identificação dramática. Do ponto de vista prosódico, é possível observar uma encenação dramática promovida pelo questionamento contido no enunciado destacado: no momento em que o locutor finaliza a pergunta retórica, há uma forte subida da curva de F0: na primeira sílaba, ela apresenta o valor de 85.2 semitons. Já na segunda sílaba, a curva já inicia com um valor de 97.4 semitons e sobe até 103.4 semitons. Além disso, a última sílaba é marcada por uma proeminência. Portanto, aliando a análise prosódica à análise lexical, é possível afirmar que a dimensão persuasiva se coloca com maior evidência no último enunciado, sobretudo quando atentamos para o fato de que o comunicado se dirige também, e talvez especialmente, a jovens menores de dezoito anos. O Estado não pode ordenar que esses jovens votem, mas apenas incitá-los e/ou persuadi-los a votar, através da argumentação.

CONCLUSÃO

Neste texto, buscamos estabelecer uma articulação entre aspectos do modelo da semântica atencional, de Marchetti (2010), e do sistema semiótico atencional, de Oakley (2009). Acreditamos que ambas as formulações são muito fecundas para o estudo das relações entre atenção e significado, apesar de constituírem abordagens diferentes da questão, filiadas a tradições teóricas distintas. A complexidade envolvida na construção do significado nos leva a considerar a dialética entre sua estabilização nas estruturas lexicais e sintáticas da língua e sua dinamicidade no fluxo enunciativo e pragmático do discurso. Com efeito, se assumimos a definição de significado de Slatev (2002, 258): "Meaning (M) is the relation between an organism (O) and its physical and cultural environement (E), determined by the value (V) of E for O", não podemos desconsiderar uma ou outra dessas dimensões.

Assim, optamos por analisar as formas de pilotagem da atenção através de recursos linguísticos e prosódicos usados na argumentação desenvolvida no comunicado da Justiça Eleitoral. Em relação à análise desenvolvida, foi possível destacar, em suma, que os recursos lexicais, assim como a prosódia constituem importantes instrumentos de pilotagem da atenção. Nesse sentido, o comunicado, por meio da utilização de mecanismos explícitos, como uso das palavras "atenção" e "se liga", comunica o prazo do alistamento eleitoral aos jovens que vão votar pela primeira vez. Entretanto, somado ao objetivo informativo, o comunicado visa também atrair os jovens às urnas e, mais ainda, fazê-los votar. Para isso, no meio do comunicado, o locutor imita o modo de falar de um jovem, modulando a voz e utilizando gírias. Ao final do comunicado, o locutor relembra aos jovens o prazo para o alistamento eleitoral.

Do ponto de vista linguístico e prosódico, podemos dizer que essa 'mescla enunciativa', que corresponde ao duplo objetivo do comunicado, refletiu-se na macroestruturação dele: a primeira e a terceira partes da enunciação, que correspondem mais explicitamente ao ato comunicativo de informar, apresentaram fortes semelhanças, tais como o uso do registro formal da língua, atrelado a um perfil prosódico estático. A segunda parte da enunciação, por sua vez, foi construída de modo a imitar a maneira de falar dos jovens, o que gerou uma quebra de expectativa em relação à construção do gênero "comunicado": o uso de gírias, somado à interpelação direta dos jovens por meio de questionamentos, resultou na construção de um perfil prosódico dinâmico e, em consequência, de um efeito argumentativo com maior potencial de focalização e direcionamento da atenção.

Pensamos que uma análise desse teor seja significativa, do ponto de vista da articulação teórica proposta, e ilustrativa, em termos do material de análise escolhido. A realidade política constitui um conjunto de valores que dizem respeito à especificidade dos organismos humanos, enquanto seres simbólicos que estabelecem relações de poder entre si. Nessa realidade, construímos os significados de democracia, de cidadania, de voto etc. Construímos o significado de nós mesmos, de nossos direitos e deveres na relação com os outros, que são iguais a nós, sendo diferentes.

REFERÊNCIAS

BOERSMA, P.; WEENINCK, D. (2014) **Praat**: Doing Phonetics by Computer (Computer program). Version 5.3.63. Available at: http://www.fon.hum.uva.nl/praat/

FAUCONNIER, G (1994). **Mental Spaces**: Aspects of Meaning Construction in Natural Language. Cambridge: Cambridge University Press.

FAUCONNIER, G.; TURNER, M. (2002) **The Way We Think**: Conceptual blending and the mind's hidden complexities. New York: Basic Books.

MARCHETTI, G. (2001) A Theory of Consciousness. Available at: http://www.mind-consciousness-language.com/

MARCHETTI, G. (2003) Foundations of Attentional Semantics. Avalable at: http://www.mind-consciousness-language.com/

MARCHETTI, G. (2010) **Consciousness, attention and meaning**. New York: Nova Science Publishers.

MERTENS, P. (2010) **Prosogram** (Computer program). Version 2.9. Available at: http://bach.arts.kuleuven.be/pmertens/prosogram/

MORAES, J.A. (2010) Multimodal perception and production of attitudinal meaning in Brazilian Portuguese. **Speech Prosody 2010,** Chicago. Available at: http://www.speechprosody2010.illinois.edu/papers/100340.pdf/

OAKLEY, T. (2009). **From Attention to meaning**: explanations in Semiotics, Linguistics and Rhetoric. Bern, Berlim, Bruxelles, Frankfurt, New York, Wein: Peter Lang.

TOMASELLO, M. (1999) **The cultural Origins of Human Cognition**. Cambridge, MA: Havard University Press.

VERHAGEN, A. (2008) Intersubjectivity and the architeture of the language system In:

ZLATEV, J.; RACINE, T.; SINHA, C.; ITKONEN, E. **The shared mind**: perspectives on intersubjectivity. Amsterdam/Philadelphia: John Benjamins, p. 307-331.

ZLATEV, J. (2002) Meaning = Life (+ Culture). An outline of a unified biocultural theory of meaning. **Evolution of Communication**, 4(2), 253-296.

ANEXOS

GRÁFICO 1

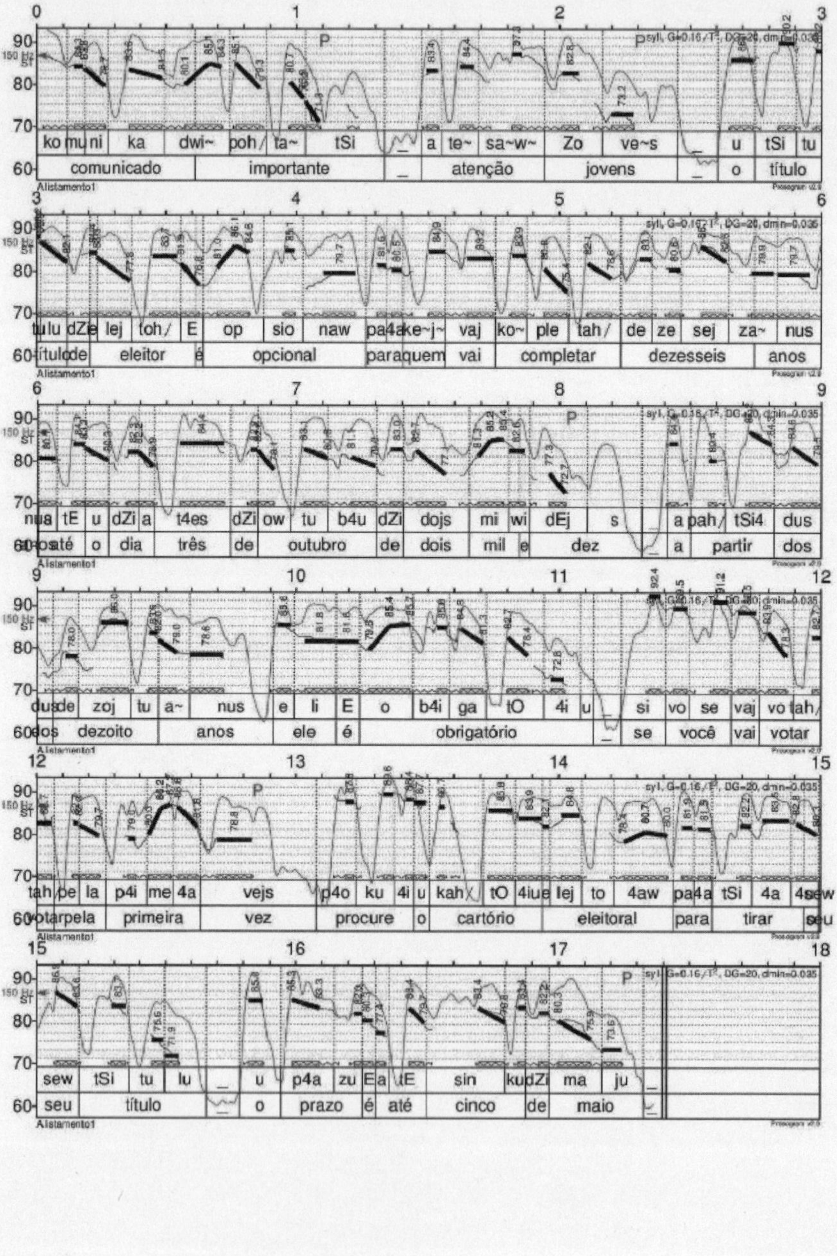

GRÁFICO 2

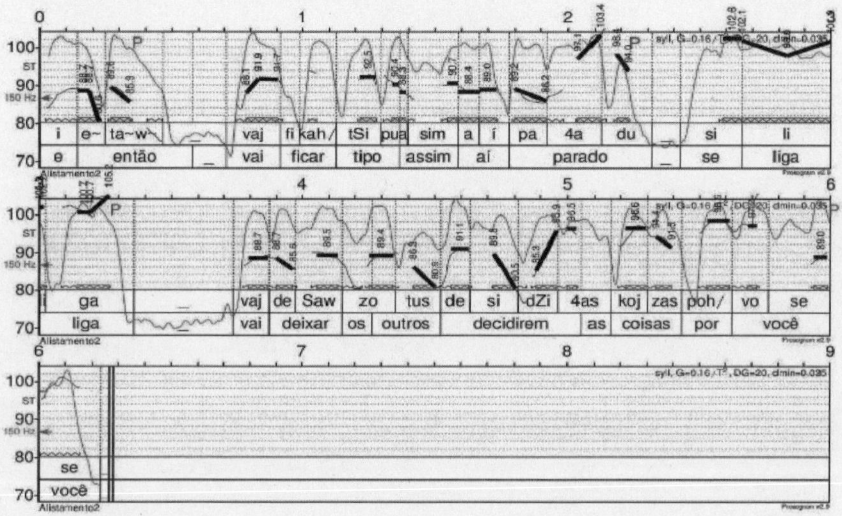

GRÁFICO 3

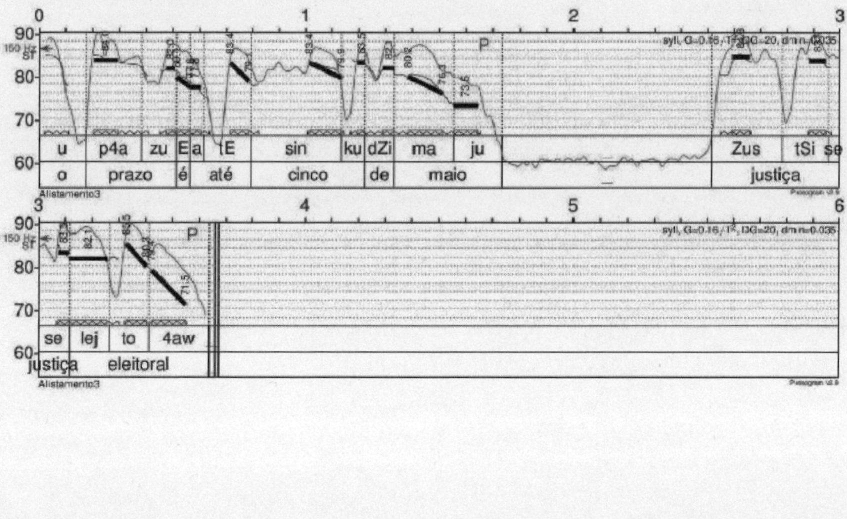

CAPÍTULO 6

THE PROBLEM OF THE MEANING OF THE FUNDAMENTAL GRAMMATICAL ELEMENTS: A NEW SOLUTION

GiulioBenedetti
www.mind-consciousness-language.com Research Center, Italy

INTRODUCTION

Semantics is a fundamental aspect in the study of language, and a fundamental part of semantics is surely that of grammatical elements, since these are essential for *the very existence* of language.

This article deals mainly with the semantics of grammatical elements, i.e., adpositions/cases, conjunctions, verbs like *to be*, *to have*, modal verbs, numerals, quantity-related, demonstrative and interrogative-relative pronouns/adjectives, main adverbs, negative, interrogative, etc. It must be stressed that this subject is dealt with here from as general a point of view as possible, i.e., *with a reference to language, not single languages.* I assume that the fundamental grammatical elements in the various languages indicate abstract grammatical meanings (such as the genitive, negative, interrogative, for example) that are common to all or almost all languages (in our opinion, the existence of shared meanings is demonstrated by the fact that translation from any language into any other language is almost always substantially possible). In this article, when referring to a particular grammatical meaning (for example, the genitive), *I do not intend to refer to the meaning of a particular linguistic element in a language* (for example, the morphological marks of the Latin, Greek, Russian etc. genitive, or the English preposition *of*, or the French preposition *de*), *but to an abstract meaning*, which is probably present in all languages. Therefore, the problem of the meaning of grammatical elements is dealt with here from the standpoint of the philosophy of language.

Obviously, the problem of the meaning of grammatical elements has been tackled by both traditional and modern linguistics. What can be said about the results that have been achieved? In some cases, such as certain prepositions that are strictly related to space, the definitions seem satisfactory (see, for example: COOPER, 1968; BENNETT, 1975; HERSKOVITS, 1981, 1986; JACKENDOFF, 1983, 1990; LAKOFF, 1987; ZELINSKY-WIBBELT, 1993; DI TOMASO, 1996; TYLER; EVANS, 2003). But in many other cases, such as the genitive, negative, verbs such as *to have* and *to be*, etc., things seem to be very different. Actually, the results achieved by traditional linguistics in attempting to account for these meanings seem to be unsatisfactory. These results are essentially of the two following kinds.

1) The attempt to account for a meaning leads to tautological or circular definitions (for example, *not* is defined as "negative", *all* as "totality"), which are clearly totally unsatisfactory.

2) The linguistic element being considered is said to have different meanings according to the context. These meanings can be many. An emblematic example is the genitive. Other typical examples are verbs such as *to have*, *to get* and *to make*, which are commonly defined by means of synonyms for each supposed meaning (e.g.: *to have*: to possess, to own, to keep, to get, to obtain, etc.).

Such are essentially the results of traditional linguistics, which can be found in dictionaries and grammar books. Modern linguistics, as we will see, does not seem to have led to a radical change.

This article introduces a new theory that provides a unitary solution to the problem of the meaning of the fundamental grammatical elements. I have called this theory *Operational Linguistics* (OL).

OL is based on a conception of the human mind that can be considered a moderate form of constructivism. Indeed, unlike idealistic philosophy and radical forms of constructivism (e.g., Glasersfeld's constructivism [GLASERSFELD, 1989, 1998]), in this conception the existence of a reality independent from the mind is explicitly acknowledged, but the mind is conceived as having a strong *active* or *constructive* character (unlike the more *passive* conception of the mind as a "reflection" of reality, a conception that is rather widespread in the philosophic tradition). According to OL, language—which is a fundamental and distinctive feature of the human mind—is not a mere "labeling" of objects and their reciprocal relationships, but also has a *constructive* character. In order to account for grammatical meanings, it is therefore necessary to not only consider the *objective* situation, but also (or, in some cases, above all) what *the subject actively does* with his/her mind. According to OL in fact, these meanings are mainly made up of *sequences of mental operations, amongst which those of attention play a key role*. Therefore, this theory accounts for grammatical meanings in *extra*linguistic terms, i.e., based on something that is *outside* language, i.e., *operations* (the name "Operational Linguistics" derives from this) within *cognitive functions*.

The exposition of this theory (which accounts for the meaning of *all* the fundamental grammatical elements) requires the space of a book. Therefore, in this article I have concentrated on very few meanings only, in order to give a quick idea of the theory and its novelty and difference from existing theories. Interested readers can find a broader exposition in Benedetti, 2009, 2010, 2011.

In this article, which aims at being as brief as possible, the comparison between OL and other theories has been kept to the minimum. An extensive comparison can be found in Marchetti, 2010b.

In order to expound the theory, the best way is not to first expound its principles and then provide concrete examples of their application, but to use a concrete example as the starting point.

THE MOST EMBLEMATIC CASE OF A SUPPOSED EXTENSIVE POLYSEMY: THE GENITIVE

The most emblematic case of a (supposed) extensive polysemy is surely the genitive (which can be expressed by means of a case mark, an adposition, word order etc.). Grammar books and dictionaries contain long lists of the following kind (Table 1).

TABLE 1

– various kinds of possession (for example: *John's eyes*, *John's car*, *the diameter of the sphere*) and association (*the scent of roses*, *the paintings of Raphael*, *1929 recession*);
– relationship indicated by the noun being modified (*Bob's wife*);
– belonging to a group (*three of us*);
– composition (*marble statue*, *group of men*), containing (*a glass of water*);
– participation in an action, as an agent (*John's arrival*) or as a patient (*the discovery of America*);
– origin (*men of Rome*);
– cause (*to die of tuberculosis*);
– purpose (*safety belt*);
– quantity (*a height of 100 m*);
– quality (*man of honor*);
– denomination (*the city of Rome*);
– plenty or lack (*full/devoid of malice*);
– topic (*grammar book*), in respect to (*slow of speech*);
– fault, accusation and similar things (*guilty of murder*);
– age (*a child of four years*).

Whether explicitly stated or not, these would be the meanings of the genitive. This solution has probably often been considered unsatisfactory, since in the history of linguistics there have been various attempts to account for the meaning of the genitive (in one language or in general) in a monosemic, or at least, in a less polysemic, way. These proposals cannot be examined in depth here. Therefore, I will only mention them, also because they have no analogy with OL's proposal. The Byzantine grammarian Maxime Planude (13th-14th century) was the first to develop a so-called "localistic" theory of (Greek) cases, i.e., a theory (also) based on "spatial" concepts, such as "movement to" and "movement from" (the term "spatial" is used in its most abstract sense, because it can refer to both real spatial relationships and grammatical relationships, such as the fact that the genitive is said to indicate the origin of the action in relation to the verb) [AGUD, 1980; HJELMSLEV, 1935]. The so-called "Modists" or "speculative" scholastic grammarians (12th-14th century) founded grammar epistemologically on an Aristotelian basis, as a discipline that was abstract and valid for all languages, and described cases in semantic terms only (that is, without using the concept of grammatical relationship): Peter Helia, Simon of Dacia and Martin of Dacia accounted for the Latin cases by using the concepts of "substance" and "action" and the localistic concepts of "origin" (*principium*) and "end" (*terminus*) [AGUD, 1980; SERBAT, 1981; BLAKE, 1994; MARMO, 2004]. In the rationalistic and universalistic approach that predominated in the 17th and 18th centuries, Sanctius and Scioppius defined cases syntactically, i.e., on the basis of the dependence relationships of nouns with the verb, noun, and preposition (the genitive was defined as the case that depends on an expressed or understood substantive) [SERBAT, 1981]; Port-Royal grammatical theory [ARNAULD; LANCELOT, 1660] also considered cases (which it stated to be universal, even if each language expresses them in a specific formal way) as related to syntax, even if it often defined them semantically in a rather traditional way. Structuralism accounted for cases in terms of relationships of opposition to each other: within this approach, Hjelmslev [1935, 1937] defined cases (which he considered abstract and general universal entities, which are expressed in various ways in the various languages) on a semantic basis, by modifying the localistic theory by Maxime Planude; Jakobson [1936] defined the Russian cases by using a combination of semantic features; de Groot [1939, 1956] and Kuryłowicz [1949] defined the Latin and Indo-European cases respectively, both in semantic and syntactic terms; Rubio [1966] defined the Latin cases by using a distinction between the semantic and functional character of the noun (the genitive is said to be semantically a noun, but functionally an adjective); Benveniste [1962] accounted for the meaning of the Latin genitive in terms of a syntactic transposition of a verb phrase into a noun phrase. Fillmore [1968] introduced the concept of "deep case", which is a syntactic-semantic relationship of the noun phrase with the verb, which is expressed at the surface level in various ways (morphological cases, adpositions and other ways) in the various languages. The "abstract cases" by Chomsky [1981] are instead pure syntactic relationships, which any noun phrase is provided with. Anderson [1977, 2006] described cases (which he considered in a universalistic way, like Hjelmslev) semantically on a cognitive basis (by resorting to a combination of spatial concepts). Another attempt with a semantic basis was made by Perret, according to whom the genitive is the case of lax determination (the accusative would be that of strict determination) [PERRET, 1965, p. 477].

As a general consideration, none of the aforesaid theories has been so successful as to widely substitute the traditional idea that the genitive is very polysemous. Therefore, this solution continues to be substantially accepted in almost all the works where the problem of the meaning of the genitive is somehow involved (see, for example, SHUMAKER, 1975; DURIEUX, 1990; ROSENBACH, 2002; VIKNER; JENSEN, 2002; KREYER, 2003, amongst the various quotable works).

Is it credible that the genitive has all these meanings, i.e., is the solution to the problem of the meaning of the genitive such an extensive polysemy? In order to give an answer to this question, a number of things should be considered.

1) In English, the preposition that expresses the genitive, i.e., *of*, is the second most-used word. Moreover, the genitive is also expressed by means of the possessive case or word order.

2) The only well-ascertained polysemy is when a word has one meaning plus very few other meanings, namely the figurative, extended etc. ones, that derive from the first meaning for easily understandable reasons (e.g., the term "nose" means a part of the face, but also snout, muzzle, shrewdness, the opening of a tube etc., a spy). In the case of the genitive, its (supposed) polysemy is very different: there is not a main meaning plus some other meanings that derive from the first, but there would be *many different meanings that have nothing to do with each other*.

3) The supposed meanings of the genitive are *extremely heterogeneous*. Why should relationships that are so different from each other be expressed by the same linguistic element? Homonymy definitely does not come into play here.

4) The relationships are so many that one could say that *no relationship seems to be excluded*. In fact, this seems exactly the case. What relationship does not fall into any of these categories? A category such as "various kinds of [...] association" (first point in Table 1) already seems to include most of the possible relationships.

5) The supposed meanings of the genitive are substantially the same in many languages. This is a strong argument against the thesis that the genitive is polysemous. Indeed, in commonly-found polysemy, the polysemy of a given word is generally not the same across the various languages. For example, in English, as mentioned, the word "nose" can also mean a spy, but this does not happen in Italian. If the answer to the problem of the meaning of the genitive were really the polysemy that is supposed, *why should this polysemy be substantially the same for many languages*?

In brief, the situation is the following. An extremely important element of language is supposed to have a huge amount of meanings, which would be unrelated to and completely different from each other (unlike the polysemy that is commonly found). The polysemy is so extensive that no relationship seems to be excluded, and substantially the same in many languages (while in commonly-found polysemy, the polysemy of a given word is generally different across the various languages).

Well, bearing these considerations in mind, can the right solution to the problem of the meaning of the genitive really lie in this huge polysemy? My answer is no, by no means. The traditionally proposed solution implies a situation that is really too paradoxical.

Let us examine the (completely different) solution suggested by OL. According to OL, *the solution to this problem should not be searched for at the level of the particular relationships between the things that are related by the genitive*, i.e., the relationships in Table 1. These are not the meanings of the genitive. *These are the cases where the genitive can be used*, which is a very different thing. The genitive can be used in all cases where there is *a* relationship between two things. Therefore, the relationships between things related by the genitive are *all the possible relationships* (hence, this seeming huge polysemy). Yet *the function of the genitive is not to designate all these relationships*. Designating such a big variety of relationships by means of the same linguistic element makes no sense. *The function of the genitive (i.e., its meaning) is to induce the listener's attention to focus on something,* A, *by means of the relationship that* A *has with something else,* B, *and to bear in mind the existence of this relationship*. In other words, *the genitive indicates the attentional focalization of something,* A, *while bearing in mind that* A *has been previously focused on together with something else,* B.

Examine the examples in Table 1. One can probably sense that the meaning of the genitive is all in this focusing the attention on something while keeping present that this something has some relationship with something else. For example, in the phrases "John's eyes", "the scent of roses", "Bob's wife" etc., what we are talking about are certain "eyes", a "scent", a "wife" etc., *which we know to have some relationship* with "John", "roses", "Bob" etc., respectively. That is, all we are doing is considering certain "eyes", a "scent", a "wife" etc., *which are related to* "John", "roses", "Bob" etc., "eyes", "scent", "wife" etc. of which we will then say something (for example, that "are blue", "is intense", "is very beautiful", respectively). Simply this. With the genitive we are *not* designating the relationship between certain eyes and a person, between a flower and a scent, the conjugal relationship. These things are indicated by the expression as a whole or the context. The best proof of this is that an expression such as "my friend's picture", if it is isolated, is *ambiguous* as regards these relationships, because it can mean "the picture *possessed* by my friend", "the picture *painted* by my friend" and "the picture *that shows* my friend" (moreover, one should note that, in particular contexts, this expression may indicate other relationships too: for example, amongst pictures that are chosen, indicated, sold, restored etc. by different persons, the expression "my friend's picture" may indicate these relationships). But *it is not at all ambiguous* that we want to talk about a "picture", while bearing in mind that it is in some way associated with "my friend", that is, *we want to talk about something, while bearing in mind that that something is in some way associated with something else*. This is the meaning of the genitive. Only and simply this.

The reason for the existence of this meaning is its huge practical usefulness. Indeed, indicating something, A, while bearing in mind the relationship that A has with something else, B, is used for at least two very important purposes: a) identifying A amongst the various possible items of the same class ("John's car"); b) speaking about A together with something else we are interested in, such as a quality of it ("marble statue"), its function ("safety belt"), cause ("to die of tuberculosis"), agent or patient, if A is an activity ("John's arrival", "the discovery of America"), etc.

As we can see, OL changes the approach radically, since OL investigates the meaning of the genitive at a *completely different* level from the other approaches. The other approaches have sought to account for this meaning by providing a list of the possible relationships between things that are related by the genitive, or looking for something so general as to include all these relationships; or else, they have considered the genitive a mere syntactic relationship. In other words, the meaning has been searched for, so to say, "in the things", i.e., in the *objective* situations where the genitive is used. OL uses a completely different approach: it mainly investigates the meaning of the genitive at the level of the mental operations performed by the speaker, i.e., the *subject*. As a result, the hardly believable wide polysemy of the genitive has been reduced to absolute monosemy, in agreement with the fact that the linguistic element that expresses the genitive is unique (of course, the fact that some languages can express the basic meaning of the genitive in more than one way, as happens in English—possessive case, preposition "of", word order—does not matter: here we are not interested in the possible secondary differences of these forms, but in their common basic meaning).

OPERATIONAL LINGUISTICS IN BRIEF

I have introduced my analysis of the genitive before outlining its underlying theory. At this point however, the most general outlines of the theory should be presented.

The origins of OL

OL derives from Silvio Ceccato's (1914-1997) thought, of which it preserves several theses. Nevertheless, OL is a broad development of Ceccato's thought and noticeably different from it in part.

Ceccato's thought started developing in the 1950s and reached its full maturity in the 60s and 70s [CECCATO, 1964, 1966, 1968, 1969, 1970, 1972, 1974, 1996; CECCATO; ZONTA, 1980; CECCATO; OLIVA, 1988]. Ceccato used various names for his theories. The name *Operational Methodology* (OM) is the one that has prevailed in his School, the *Scuola Operativa Italiana* (*SOI*) [Italian Operational School]. Ceccato was well-known in Italian philosophical circles since the 40s and directed important projects involving the application of his theories, namely: a) one of the very few machine translation projects in Europe and the only one in Italy in the first phase of research in this field (funded by the U.S. Air Force, 1959-66; described in Ceccato 1969); b) the so-called "mechanical reporter" project, i.e., a machine that had to be able to observe and describe a scene made up of seven objects arranged in various ways on a stage (Italian National Research Council, 1958-66; described by CECCATO, 1969). Nevertheless, his thought has not received much attention. This can be due to various reasons, which cannot be examined here. Yet I believe that the work of Ceccato and his School [GLASERSFELD, 1989, 1998; PARINI, 1996; VACCARINO, 1988, 1997, 2000; AMIETTA; MAGNANI, 1998], while requiring an in-depth critical revision, includes many original and valuable ideas, which deserve to be taken into consideration again and developed.

This is precisely where I have focused my work ever since the second half of the 90s [BENEDETTI, 1999, 2004, 2005a,b,c,d, 2006, 2008, 2009, 2010, 2011]. In the early 90s, another researcher from the *SOI*, Giorgio Marchetti, began a remarkable critical revision and development of Ceccato's thought [MARCHETTI 1993, 1997, 2001, 2003, 2005a, 2006, 2009, 2010a,b]. Since 2003, there has been a tight collaboration between Marchetti and myself.

In the text of the article I will indicate which are Ceccato's main original theses and which are the author's. When this is not provided, the thought exposed is the author's own, with influences from Ceccato. The above exposed analysis of the genitive is entirely the author's own. The way of exposing the subject is completely different from Ceccato's.

THE FUNDAMENTAL THESES OF OL

As mentioned, the fundamental thesis of OL is that ***grammatical elements designate sequences of mental operations amongst which the ones of attention play a key role***. Therefore, we may say that *grammatical elements are "tools to pilot attention"* [MARCHETTI, 2003, 2006] *and other cognitive functions* of the listener (this thesis is Ceccato's own).

Ceccato called these sequences of mental operations "mental categories", because they have some analogies with the categories of Kant's philosophy. OL has adopted this name as well. We call the mental operations that make up the mental categories *elemental mental operations* (EOMC). Therefore, defining the meaning of a linguistic element that designates a mental category means, according to OL, identifying the structure of that mental category, i.e., the sequence of elemental mental operations that make it up. We call this task "analysis of a mental category".

The system of EOMC I propose, which is very different and much more complex than Ceccato's, is the following.

1) ***Operation of attentional focalization*** (***AF***) – This operation

has the fundamental property of "selecting", or "highlighting" its object with respect to all the rest (JAMES, 1890). Inside AF we can distinguish various sub-operations.

a) AF can widely *vary in extension* (***AFext***): it may concern an object, or a part of it, or several objects.

b) The focus of attention can *move* (***AFmov***) from one object to another, or from a part of the field to which it is applied to another.

c) AF can *last for variable*, though limited, *amounts of time* (***AFdur*** [dur = duration]).

d) The extension, movement and duration of attentional focalization can be estimated in quantitative terms (***AFext-estim***, ***AFmov-estim*** and ***AFdur-estim***, respectively).

e) AF can vary in intensity (***AFint-var***), that is, we can pay more attention to one object instead of another.

2) ***Presence keeping*** (***PK***) – This is the term I will use for the fundamental operation of "bearing in mind" something that has been focused on by attention, *A*, while the attention focuses on something else, *B*. If, for example, we hear the expression "bottle *and* glass", we keep the meaning "bottle" present when we add the meaning "glass", which we would not do if these two words were isolated, i.e., not related by the conjunction *and*.

The operation of presence keeping is surely strictly related to the well-known concept, developed by cognitive psychology, of "working (or active) memory", whether in the classic Baddeley-Hitch model [BADDELEY; HITCH, 1974; BADDELEY, 2000] or in more recent models, such as Cowan's or Oberauer's [COWAN, 2001, 2005; OBERAUER; SÜß; SCHULZE; WILHELM, WITTMANN, 2000; OBERAUER, 2002], which highlight the tight interaction between working memory and attention.

3) ***Operation of attentional discarding*** (***AD***) – If we say "glass *or* bottle", we can sense that both objects are focused on by attention and kept present, but when our attention focuses on the bottle, we must *exclude*, *discard* the glass. This operation is completely different

from stopping to focus our attention on an object in order to pass on and focus on another object. In our case, we must bear an object in mind while somehow excluding it. I call this operation "attentional discarding".

4)***Operation of representation*** (***R***) – The operation of representation is the act of thinking about something that is not present at the moment. This is what we do when, for example, hearing a word, we pass on to its meaning, which was previously memorized. Obviously, attention is also involved in the operation of representation (which is proven by the fact that when we imagine something it is difficult to pay attention to something else), but in representation the attention focuses on what this operation produces (that is, attention is not alone, but accompanies the other operation).

5)***Operation of comparison*** (***C***) – Our mind performs comparisons very frequently. Every time we use typically relative words, which concern properties of an object (like *high/low*, *strong/weak*, *heavy/light* etc.) or express a judgement (like *good/bad*, *normal/abnormal* etc.), we make comparisons. Obviously, when we perform this operation, we focus our attention on the objects compared and we bear them in mind. Even though comparison implies operations of attentional focalization and presence keeping, I believe that it has to be considered a separate function.

6)***Operations of memory*** (***MO***) – Memory surely plays a key role in our mental life: by means of it, we fix and recall memories continuously. Apart from all of this, I think that memory operations are part of the structure of some mental categories [BENEDETTI, 2005b, 2006]. Therefore, I list memory operations amongst the basic mental operations that make up mental categories.

Almost all of the operations that I consider EOMC have been repeatedly described in cognitive psychology (as regards attention, see for example JAMES, 1890; JONIDES, 1983; LA BERGE, 1983, 1995; PASHLER, 1998; POSNER, 1980, 1994; POSNER; COHEN, 1984; as to representation, see BRAGA-ILLA, 1997, 2006; DENIS, 1989; as to memory, see BADDELEY, 2000; BADDELEY; HITCH,

1974; COWAN, 2001, 2005; MILLER, 1956; OBERAUER, 2002; OBERAUER *et al*. 2000; in general, see BENJAFIELD, 1997, REED, 1992). *The new idea we are putting forward is that by means of these operations we can account for* the meaning of grammatical elements.

OTHER CASES OF SUPPOSED EXTENSIVE POLYSEMY: "WITH", "TO HAVE", "TO GET"

The preposition *with* and the verbs *to have* and *to get* (these three meanings are based on the same core of operations, as we will see) are other examples of words that are traditionally believed to be polysemous. Indeed, grammar books and dictionaries state that the preposition *with* "indicates several relationships" (or similar expressions) and provide lists that are similar to that in Table 2.

TABLE 2

– company or union	*John with his wife, cup with handle*
– means or instrument	*to write with a pen*
– manner	*with ease*
– cause	*to shiver with fear*
– quality	*man with a moustache*
– time	*swallows migrate with the cold season*
– opposition	*to fight with the enemy*
– in comparisons	*to compare your work with mine*
– relationship	*business dealings with Japan*
– concessive meaning	*with all his faults, I like him*

Things are not very different in modern linguistics. Prepositions are generally said to be polysemous (see, for example: RIZZI, 1988; ZELINSKY-WIBBELT, 1993; DI TOMASO, 1996; YULE, 1996; GRAFFI; SCALISE, 2002; SAINT-DIZIER, 2006; TOBIN, 2008) and, whether explicitly stated or not, these would be the meanings of the preposition *with*. Can such a frequently used and essential word have so many different meanings? Is not it much more convincing to think that this word has *only one, more general meaning* (which is why it is so difficult to determine) and as such lends itself to express the many relationships grammar speaks about? This meaning is so general because it does not lie at the level of the aforesaid more particular relationships grammar speaks about, but at a much more abstract level, i.e., the level of operations within cognitive functions that the described situation induces or allows to be performed. According to OL, the preposition *with* means that we focus our attention (AF) on something, *A*, then, keeping it present (PK), our attention is also extended (AFext) to something else, *B*, because *B* is related to *A* in such a way that our attention tends to include *A* and *B* in a single focalization (for example, we say "bottle with cork" if the cork is in the neck of the bottle; we cannot use this expression if the cork is far from the bottle; this analysis is my own).

This analysis clearly explains why in many languages this preposition is used to express two very different relationships, i.e., the relationship of company or union between two things and the relationship of means or instrument between an activity and an object. Indeed, whether we say, for example, "cup with handle" or "to write with a pen", what appears to our attention are two things that are related in such a way that our attention, when focused on *A*, tends to include *B* in the same focalization as well. In fact, the handle is joined to the cup and therefore as long as we look at the cup we also see the handle; and as long as we watch the action of writing we see the pen.

The analysis also clearly explains why the preposition *with* can be used in cases where the other aforesaid relationships (manner, cause, quality, time, opposition etc.) are involved. In all the above-quoted examples the attention, while focusing on something, is also extended to something else (from an activity to the way this activity is performed, from an event to another one that happens at the same time, from the act of opposing someone/something to that someone/something etc.).

Therefore, the preposition *does not designate the many relationships* that are listed in grammar books and dictionaries, that is, these relationships are not *its meanings* (which would be too many). The preposition designates a *much more general* relationship, i.e., *A* is in such a relationship with *B* that attention, when focused on *A*, is also led to "embrace" *B*. This very general relationship can include various more specific relationships (company or union, means or instrument, manner, simultaneousness, cause, etc.), which depend on the two related things, but the meaning of the preposition is only the first relationship, *not the second ones*. Therefore, *there is only one meaning for the preposition*, in agreement with the fact that there is only one corresponding word.

Similarly to the preposition *with*, the two verbs *to have* and *to get* are traditionally believed to be highly polysemous. In fact, dictionaries usually try to capture their meanings by defining each verb with a long list of other verbs (Table 3).

TABLE 3

– to have = to possess, to own	*John has a new car*
– to have = to keep	*he has a knife in his pocket*
– to have = to get, to obtain	*May I have some tea, please?*
– to have = to receive	*he had a letter from the bank this morning*
– to have = to dispose of	*the rebels have anti-tank missiles*
– to have = to spend	*we had a week by the seaside in June*
– to have = to suffer	*he had a serious loss*
– to have = to give birth tos	*he's having a baby in the autumn*
– to get = to obtain	*she got a degree in economics*
– to get = to purchase	*he used to get "The Times"*

– to get = to catch	*the dog got the ball in his mouth*
– to get = to receive	*he got a bicycle for his birthday*
– to get = to understand	*he didn't get the joke*
– to get = to become	*you'll get wet without an umbrella*
– to get = to arrive	*how long does it take to get to Liverpool?*

However, one can easily note that these are more "specialized" verbs, whose meanings are included in the more general meanings of *to have* and *to get*. The meanings of *to have* and *to get* are so general because both these verbs designate the same relationship as the one designated by the preposition *with*, i.e., that two distinct things, *A* and *B*, are related in such a way that our attention, when focusing on *A*, tends to include *B* in the same focalization as well. The difference with the preposition *with* is that, in the case of these two verbs, as in all verbs, we see the situation from the temporal point of view, which entails focusing our attention continuously or repeatedly on the *same* situation (according to OL, a meaning of a verbal kind is something that requires a prolonged or repeated attentional focalization to be acknowledged). In the case of the verb *to have*, the result is something static. For example, "that man has a moustache" means that when we focus our attention on his face we also see a moustache and this remains constant throughout time. On the contrary, in the case of the verb *to get*, the result is something dynamic. For example, "to get the pen" means that our hand enters into such a relationship with the pen that, if we look at the hand, we also see the pen (the pen is *in* the hand), while this relationship did not exist before.

A GRAMMATICAL CONCEPT DIFFICULT TO BE DEFINED: "NOUN"

A grammatical concept that has proved difficult to be defined is the concept of "noun". OL offers a *simple* and *clear* definition of this concept. In order to give this definition, some other general outlines of the theory should be introduced however.

According to OL, linguistic thought is made up of two fundamental kinds of elements: a) *correlators* and b) *correlata*. Correlators are elements whose specific function is to tie the other elements of thought. They are the mental categories designated by adpositions (or the corresponding cases) and conjunctions. Correlata are elements that are "tied" by a correlator: these are the themes of nouns, adjectives, pronouns, articles, verbs and adverbs. According to OL, even though the meanings of isolated words (such as "apple") are a kind of thought, actual linguistic thought occurs only when we "tie" or "correlate" more than one meaning to each other, i.e., when we say, for example, "apple and pear", "red apple", etc. The two correlata that are tied by a correlator are called *first correlatum* and *second correlatum*, respectively, according to the temporal order in which attention focuses on them. We call the whole structure that is thus formed *correlation* or *correlational triad* and we represent it graphically in the following way:

<table>
<tr><td colspan="2">correlator</td></tr>
<tr><td>first correlatum</td><td>second correlatum</td></tr>
</table>

in order to visually suggest the idea that a correlation is a whole where two meanings (the correlata) are tied together by the mental operations that make up the correlator. In the case of the example "pear and apple", we will have this correlation:

and	
pear	apple

Besides adpositions/cases and conjunctions, there is another extremely important correlator. Its structure is the same as for the conjunction *and* (attention focuses on *A* and *A* is borne in mind while attention focuses on *B*), with the difference that *A* and *B* do not remain separate, but are "combined" together. This is due to the fact that the attentional focalization does not stop in the passage from *A* to *B* because *A* and *B* are somehow complementary. For example, *A* is an object that can exist on its own and *B* a possible feature of it (correlation substantive-adjective); or *B* is what may happen to *A* in time (correlation subject-verb); or *A* is a verb and *B* its object (correlation verb-object)[88]; etc. We call this correlator *presence keeping* and we represent it graphically by means of a horizontal bar:

–	
green	leaf

–	
John	runs

–	
reading	books

Since this correlator is, as we can easily understand, the most used of correlators, it is convenient not to express it with a word and to indicate its presence either by simply putting the two words that it correlates one after the other (when this is possible) or using marks of the words (English has very few marks of this kind, but many languages have several of them: for instance, in the Italian sentence "*bottiglia di vino nuova*" ("new bottle of wine"), the two "a" that are underlined are marks of the feminine gender, which indicate that the adjective *nuova*, "new", is related to *bottiglia*, "bottle", not to *vino*, "wine").

[88] The definition of verb according to OL has already been given (p.). Similarly to generative grammar, OL defines subject and object syntactically on the basis of their position with respect to the verb in the deep structure of the sentence, where, according to OL, the order of subject, verb and object is always SVO (BENEDETTI, 2006, 2008, 2009, 2011).

According to OL, correlation is the minimal and basic unit of linguistic thought. "Minimal unit" means that a linguistic thought is made up of at least one correlational triad (this implies that even in a clause or phrase made up of two monomorphemic words, such as "I run" and "yellow flower", the elements are not two, but three, namely, the two words and the "presence keeping" correlator, which is expressed by putting the two words one after the other).[89] "Basic unit" means that linguistic thought is generally a "network" formed by various correlations (*correlational network*) in which a correlation acts as a correlatum of another correlation. Therefore, the sentence "John reads books and magazines", for instance, has the following structure of thought:

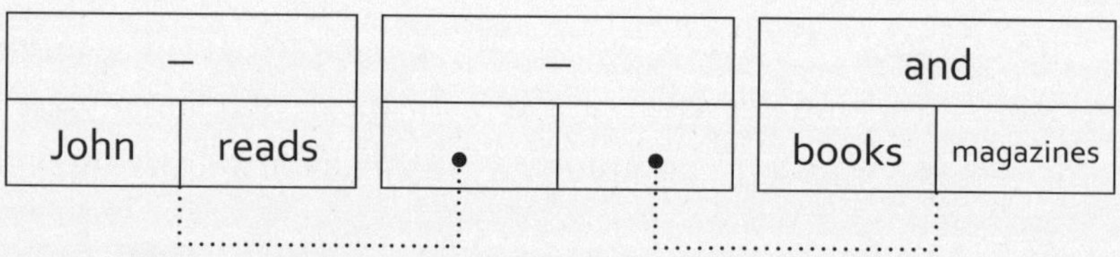

(the dotted line starting from the line that separates the two lower boxes of a correlation and ending with the symbol "•" placed in one of the two lower boxes of another correlation indicates that the first correlation is one of the correlata of the second correlation). This graphic representation (in Ceccato's original form, where the correlational triads are not on the same line), when there are various correlations, resembles a network, hence the expression "correlational network". However, irrespective of the graphic representation, *it must be very clear that the structure of linguistic thought is not a simple linear structure where the elements are added one after the other*. The

[89] The intuition that in such cases the elements are not two but three can be found in Tesnière (1959), who based his syntactic theory on the concept of "connection" (connexion). This concept is nevertheless very different from the concept of "correlator", because the "connection" referred to by Tesnière is: a) an implicit link, while OL's concept of "correlator" includes implicit links, links that are indicated by morphological marks, adpositions and conjunctions; b) something very hierarchical, unlike correlator (see further on). Moreover, in Tesnière an analysis in terms of cognitive operations is missing.

elements (that is, the meanings) that make up thought are surely loaded one after the other in working memory, and the previous elements are kept present while the next ones are added. The result, however, is a *non-linear* structure, which can be different even when the words are spoken in the same order. For example, the two sentences "empty whisky bottle" and "Scotch whisky bottle" are, from a certain point of view, identical (they are made up of a first word, which, albeit different, is in both cases an adjective, plus two identical words in the same order), but the two corresponding correlational networks are different:

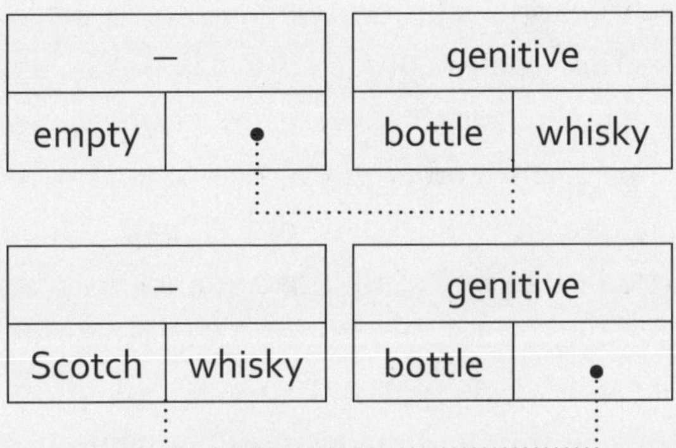

The theory of the structure of linguistic thought that has just been outlined (which is Ceccato's own) is called *correlational theory of thought*. The fact that, despite the (necessarily) linear order of speech, all the elements of a sentence are kept mentally present was also pointed out by a 19th century scholar, Steinthal, even if not in the same cognitive terms as OL (he resorted to the concept of "vibrating representations" [*schwingende*], see STEINTHAL, 1860, p. 102-112). The concept of difference between the linear order of speech and the non-linear order of thought was also proposed as early as the 1950's by Chomsky (1957), Tesnière (1959) and Guillaume (1971-2010 [based on 1938-1960 lectures, author's note]). Ceccato formulated this same concept more or less in the same years, almost surely quite independently. Nevertheless, the conception of the structure of thought by Ceccato is noticeably different from the others, as we will see more clearly further on.

At this point our definition of "noun" can be introduced. As mentioned, the definition of this concept has proved difficult. Nouns are traditionally defined in a semantic way by stating that nouns are the words that indicate "persons, animals, vegetables, unanimated objects". Some grammar books also add "qualities, quantities, ideas", or "places, events" and so on. The "verb" category (which is the main category in contrast with the "noun"; nevertheless, the infinite forms of the verb, i.e., the infinitive, the participle and the gerund, are commonly called "nominal forms") is also generally defined in a semantic way: verbs are said to designate "processes or states". Modern linguistics is perfectly aware that these semantic definitions are unsatisfactory: for example, a word such as *birth* designates a process, but it is a noun, not a verb; words such as *to be born* and *outside* are a verb and an adverb respectively, but they designate an "event" and a "place" respectively, which are among the things that nouns are supposed to designate. Modern linguistics has therefore tried to go beyond these semantic definitions. Often, it has tried to give functional definitions and/or definitions based on the relationships among the parts of speech. The noun, for example, is said to be what occurs with articles and attributive adjectives and can be the head of a nominal phrase. Nevertheless, these definitions are partially not applicable in some languages (for example, Russian and Latin do not have articles), are partially tautological ("*nominal* phrase") and easily end up being circular (the noun is defined in terms of its relationships with the article and/or adjective, and the latter two are defined, either directly or indirectly, in terms of their relationship with the noun). Apart from this, even if a definition of this kind works (i.e., it identifies words that are sensed as nouns), the two following objections are still valid: a) we can say that the definition works exactly because *we already sense* very well which words in a sentence are nouns; b) the fact that nouns occur with certain other parts of speech does not explain *what nouns are*, i.e., what their *nature* is.

The fact is that the real problem is not giving a definition of "noun" that works, i.e., that always identifies which words in a sentence are nouns. *The real problem is understanding why we sense very well that in speech there are words that all belong to the same class*, which is called the class of "nouns". If we understand this, the definition of "noun" comes automatically.

OL provides a simple and natural solution to this problem. We have to note that:

1) conjunctions, adpositions and the verb in the personal form are never nouns;

2) the verb in the infinitive forms is a noun instead (for example, "*reading* books");

3) in linguistics, adjectives are commonly considered "nominal forms" as are substantives.

According to OL, the grammar category of "noun" is based on the fundamental distinction between *correlators* and *correlata*, i.e., between elements of linguistic thought with the function of linking and elements that are linked by the former. Nouns are the *mere correlata*, i.e., the words that designate something that has no correlating function, unlike the linguistic elements that designate a correlator or *also* (see below) a correlator. Nouns are therefore the meanings that, in the graphic representation of the correlation triad we use, are *exclusively* placed in one of the two lower boxes, unlike the meanings that are placed or are also placed in the upper box (this definition is Ceccato's own). Therefore, according to OL the grammatical category of "noun" *can be defined only by using the position the word has in the correlational network (i.e., its* function*) as a criterion of classification, not by basing ourselves on a semantic criterion*. For example, the words "John", "piece", "glass", "doors" and "windows", which are mere correlata in the following correlations:

<table><tr><td colspan="2">–</td></tr><tr><td>John</td><td>reads</td></tr></table>

<table><tr><td colspan="2">of</td></tr><tr><td>piece</td><td>glass</td></tr></table>

<table><tr><td colspan="2">and</td></tr><tr><td>doors</td><td>windows</td></tr></table>

are nouns. The adjective (as a theme, i.e., apart from the marks of gender, number and case that some languages apply to it) also indicates a mere correlatum, as we can see in this example:

—	
red	book

Instead, the verb in the personal form is never a noun, because it does not simply indicate a correlatum (thus it is not a "*mere* correlatum") but designates that this correlatum (the "bare" meaning of a verb, i.e., the meaning of its theme) is related (as a second correlatum) to what grammar calls a "person" (that is, the agent or the addressee of a linguistic act, or another person/thing [GRAFFI; SCALISE, 2002, p. 193]) by means of a correlator, presence keeping (therefore, the verb in the personal form indicates *both a correlatum and a correlator*). For example, the personal form of the verb "to laugh" *laugh-s* indicates that the (verbal) meaning "laugh" is related to a third person singular. Therefore, "laughs" is not a *mere* correlatum, but designates a *whole correlation*, i.e. the following:

—	
a third person singular	laugh

Instead, the verb in the infinitive mood is a mere correlatum, as in the following examples:

—	
to be	strong

—	
reading	books

Therefore, in this case the verb is a noun. Thus, the noun/verb distinction does not have a semantic basis, but depends on the function that the meaning at stake has in the correlational network.

Once we have given our definition of "noun", we can add some considerations about the correlational theory of thought and the concept of "correlation".

1) The fact that OL conceives the structure of linguistic thought as made up of elements having an equal structure, i.e., the

correlational triads (where, moreover, the correlator is often the same, i.e., the simple "presence keeping") should not make one think that the concept of correlation is too general or that OL does not accept traditional grammatical concepts such as predication, agreement etc. On the contrary, OL, too, accepts these concepts (generally speaking, *OL accepts all the traditional grammatical concepts*—with only marginal modifications—and tries to account for them). Simply, OL maintains that many correlations are based on something common (i.e., the operation of presence keeping, which we believe to be substantially the loading of a meaning in working memory), and *the difference amongst these correlations is determined not as much by the correlator as by the correlata*. For example, the fact that "John reads" is a "subject-verbal predicate" correlation is determined not by a particular correlator that is different from the correlator of a "substantive-adjective" correlation, for example, but by the two correlata "John" (which is the first correlatum of a verb in the personal form, which, according to OL, makes it a grammatical subject) and "reads" (which is a verb in the personal form, which necessarily involves a subject).

2) It is instead true that the correlational theory of thought differs deeply from the other linguistic theories about sentence structure for at least two reasons.

> a) First, according to the correlational theory of thought, *the fundamental concepts of language are "correlation" and "correlator"*, while in many other theories the concepts of subject/predicate or nominal phrase/verbal phrase are central. This does not mean that OL rejects the latter. OL simply considers these less central than the concepts of "correlation" and "correlator". According to the correlational theory of thought, what is absolutely necessary in any phrase or sentence are correlators (which are expressed, as mentioned, by putting the words one after the other, or by adpositions, conjunctions, morphological marks, a particular word order— for example, the expression of the genitive by means of the inversion of

the order of the two nouns—, or are implicit). Therefore, according to OL, the analysis of a phrase or sentence consists of identifying the correlators and the structure that these form when linking the various correlata. Once we have identified this structure, we can also speak of "subject" and "predicate", "noun phrase" and "verb phrase" etc., but this is less important than identifying the correlational network. Indeed, in some languages a finite verb is not always necessary in order to form a sentence (GRAFFI; SCALISE, 2002, p. 176). Moreover, even in languages, such as English, where this is said to be necessary, linguistic expressions without a subject and a finite verb, such as certain exclamations, titles, labels, captions, are actually found. *What instead cannot be missing in any phrase or sentence are correlators*, and because of this correlators are considered central by OL. A consequence of this conception is that adpositions (or the corresponding cases) and conjunctions, i.e., parts of speech that have traditionally received less attention than the noun and the verb, become the central parts of speech.

b) Secondly, the correlational theory of thought *conceives the structure of linguistic thought as much less hierarchical* than many other theories do. For example, the expression "scent of roses" is not described, in our theory, as a noun that governs a prepositional phrase, but as a correlational triad that is made up of a correlator ("of") that ties two correlata (the meanings of the two nouns), which are substantially in a condition of parity, except for the temporal order in which they are focused on by attention and loaded in working memory (therefore, *the traditional tree structures* or similar representations *cannot absolutely be used* to represent the structure of thought according to our theory: this subject cannot be addressed in depth here, but is addressed in Benedetti (2005d, p. 4-9, and 2006, p. 18-19)).

3) The correlational theory of thought easily explains why a certain sequence of words in a given language is grammatical or not, which is a central problem in generative grammar. This subject

requires a great deal of space to be addressed and is therefore completely out of the scope of a brief article such as this. Here, we can only say that the correlational theory of thought uses the distinction between correlators and correlata, and the fact that two correlata are necessarily tied by an (explicit or implicit) correlator to decide if a string of words is grammatical or not (nevertheless, the syntactic rules of the language should also be considered).

THE OTHER MAIN FEATURES OF OL IN BRIEF

Only a few analyses of mental categories have been introduced, but others will not be added since these are sufficient to present our theory. Here we will instead illustrate the other main features of the theory very briefly. The ideas introduced in this section are all my own, except point 3.

1) OL provides, in a very natural manner, a new solution to a central question in the philosophy of language and psycholinguistics, i.e., whether language is an evolutionary product of increased human intelligence over time and social factors, or if language exists because humans possess an innate ability, an access to what has been called a "universal grammar" (the first view is well represented by the mentalistic theories of J. Piaget, the empiricism of R. Carnap etc.; the second point of view can be said to have begun with N. Chomsky (1959)). Indeed, OL presupposes that it is *only the ability of carrying out the EOMC* that *is innate*, while, on the contrary, *the ability of making up mental categories by means of these operations*, and of building the structure of thought by means of the mental categories, *is acquired* and culturally transferred. According to OL, which mental categories are built with the (few) EOMC (which are innate) and which structures of thought are built with these mental categories (in other words, *grammar*) *does not depend on an innate device, but on the* ***usefulness*** *of these mental categories and structures of thought in satisfying the communicative needs* of human beings (needs that are more or less the same for all humans). This assumption implies that said mental categories and types of structures of thought are widely common (consequently, translation

from any language into any other language is always substantially possible), but also that, since *there is no innate universal grammar*, there can be differences across languages. This is exactly what happens, as we all know. For example, making a distinction between the things that exist (or are considered) independently, i.e., in an isolated manner (according to OL these are the meanings of substantives) and what happens to these things over time (the meanings of verbs) is too much useful and important to be missing in a language: indeed, having substantives and verbs is a linguistic universal [YULE, 1996, p. 277, It. ed.; GRAFFI; SCALISE, 2002, p. 117; FRIGERIO, 2011, p. 14]. On the contrary, for example, making a distinction, by means of two different demonstrative adjectives, between when something is far from both the speaker and the addressee and when something is far from the speaker but close to the addressee, is not that essential, so that there can be languages that do this (such as Latin, with the *ille/iste* pair) and others that do not (such as English, which uses the demonstrative adjective *that* in both cases).

The thesis of OL on the innate or acquired origin of language is simple and natural. In fact, the existence of a small innate component only (i.e., operations within cognitive functions) is a completely plausible hypothesis and one that avoids the difficulties that derive from hypothesizing the existence of an innate "deep" universal grammar, namely a) the little intrinsic plausibility of this hypothesis and b) the need to reduce the differences found across the grammars of the various languages to a unique universal grammar. On the other hand, resorting to the cultural factor alone is probably insufficient to explain the analogies, which far exceed the differences, across languages, and the huge difference between human thought/language and animal thought/communication.

2)OL, with its description of linguistic thought in terms of operations of attention and other cognitive functions, makes it clearer what the essence of human/thought language is and allows us to better account for the huge difference between human thought/language and animal thought/communication (which is another fundamental issue in psycholinguistics). In brief, according to OL human thought/

language is based on two fundamental processes. The first process is a *fragmentation* of the experience, a fragmentation that is allowed by the selective ability of attention. This fragmentation leads to the formation of a large number of meanings (for example, the perception of an object with its color, say a green leaf or a red apple, is a unitary experience, but human attentional ability allows humans to isolate the shapes of the leaf and the apple from the color green and the color red, thus creating the four meanings "leaf", "green", "apple" and "red"; the same happens in countless other situations, such as the isolation of the action of "flying" from the object "bird", the meaning of the adjective "hard" from the object "stone", etc.). The second process is a *recombination* of these many single different meanings that is carried out thanks to the correlators and that leads to the formation of the correlational networks, i.e., the sentences. In this way humans, by means of a number of words that is *limited* (even if rather big: the words that designate the aforesaid many meanings that have been created, i.e., the lexicon of a language), can produce an *unlimited* number of utterances, that is, they can describe *any* experience. For instance, with the words of the aforesaid example, they can describe, besides a green leaf and a red apple, a green apple and a red leaf too. According to OL, the huge difference between human thought/language and animal thought/communication is due, among other things, to the very fact that: a) animals, even if many probably have perceptual abilities (hence, are able to have experiences) that are not very different from ours, probably have an attentional ability that is much less sophisticated than the human one, and does not allow the aforesaid process of fragmentation; b) animals are not probably provided with the ability to produce the mental categories of relationship, i.e., the correlators (hence, the correlational network), a task that definitely requires a big capacity of working memory. Therefore, OL traces back the difference between human language and animal communication, among other factors that have been highlighted by previous literature (which OL does not reject at all), not to a substantial difference between the cognitive abilities of humans and those of animals, but to a different development of the same abilities, thereby recognizing that there is no fracture between human beings and animals, but only a different degree of evolution.

Another issue in psycholinguistics to which *S.O.I.*'s approach has been applied is research into the possibility of a partial learning of human language by animals. In fact, as part of the Lana Project (USA, 70's) into the possibility of linguistic communication between man and animal (the animal was a female chimpanzee, named Lana), a *S.O.I.* member, E. von Glasersfeld, created an artificial language based on Ceccato's theories. This language (comprising some mental categories) allowed the chimpanzee to show that she had acquired the mental abilities to produce sentences, which were grammatically correct and had a sense, even if very simple (GLASERSFELD, 1989).

As regards the application of psycholinguistic methods to OL, the eye tracking method, used in psycholinguistics to study the cognitive processes related to spoken language [TANENHAUS; SPIVEY-KNOWLTON; EBERHARD; SEDIVY, 1995], was also used by Ceccato as early as the 60's.

3) OL is an approach to the study of language, hence something strictly *theoretical*. Nevertheless, OL could also have at least one practical spin-off. In fact, the correlational theory of thought has led to conceive a device for the implementation of an innovative machine translation program, which should allow us to achieve a noticeably better translation quality than that of the programs available today (the references for the history and the state-of-the-art of machine translation are: HUTCHINS, 1986, 1992, 1999, 2001a,b, 2002, 2003). This device is described in detail in Benedetti (2005d). This device was conceived by Ceccato and his collaborators in this project (CECCATO, 1969; GLASERSFELD; PISANI, 1970).

A COMPARISON BETWEEN OL AND OTHER APPROACHES

Since an in-depth comparison between OL and other approaches is well beyond the scope of a brief article such as this, here I will just mention the main approaches that can be considered.

One can easily understand that OL is substantially incompatible with approaches such as generative grammar, where syntax is central, while according to OL what is central is semantics and syntax is nothing else but an aspect of semantics (besides the fact that both theories, like others, are mentalistic, the only analogy can perhaps be the fact that OL, too, conceives a structure of linguistic thought, i.e., a deep level, which: a) is always different, as regards a certain aspect, i.e., its non-linear structure, from the surface structure, which is necessarily linear, and b) can be different in some cases, for example from the superficial SVO order, as mentioned in note 1). Logical-formal approaches originating from the work by Russell, Frege, Wittgenstein and Tarski, such as truth-conditional semantics, Montague grammar, etc. are so different from OL to seem hardly comparable. OL is also substantially different from the structuralist approach, where grammatical elements are often accounted for in terms of relationships of opposition to each other, or sometimes considered to substantially lack a meaning and take various meanings according to the context. OL also substantially differs from distributional approaches, which account for linguistic elements in terms of relationships of occurrence with each other. On the contrary, OL has something in common with cognitive linguistics, such as the conception that language is not based on an *ad hoc* device but on cognitive functions, and the recurrence of the concepts of "construction" and "operations" (even if the two approaches originated in a completely independent way from each other). Nevertheless, there also are important differences. Cognitive linguistics, indeed, extensively deals with the lexical meanings (which OL does not), and seems to focus more on the influence that the cognitive operations have on the whole sentence or the choice of a word inside the sentence, while OL provides an *analysis in terms of "atomic" components* of the meaning of the single grammatical elements. Something similar to the distinction between correlators and correlata can be found in the classification of the "grammatical concepts" made by Sapir, who divided them into two main categories depending on whether they concerned the "material content" or the "relationship", and also stated that two subcategories of these two categories are essential to any form of language (SAPIR, 1921). In Sapir this distinction seems to refer more to the level of language than that of thought, is not expressed in cognitive terms, and is less central. Nevertheless, Ceccato and Zonta (1980) acknowledge that Sapir's approach to the classification of the parts of speech is "the closest" to OL's.

As a general consideration, while some similarities between OL and the other approaches can be found, they are very limited and sporadic: if OL is compared with the other theories *as a whole*, OL proves to be something deeply different and new.

REFERENCES

AGUD, Ana. *Historia y teoría de los casos*. Madrid: Gredos, 1980.

AMIETTA, Pier Luigi; MAGNANI, Silvia. *Dal gesto al pensiero*. Milano: Franco Angeli, 1998.

ANDERSON, John Mathieson. *On Case Grammar: Prolegomena to a Theory of Grammatical Relations*. London: Croom Helm, 1977.

ANDERSON, John Mathieson. *Modern Grammar of cases: a retrospective*. Oxford: Oxford University Press, 2006.

ARNAULD, Antoine; LANCELOT, Claude, 1660. *Grammaire générale et raisonnée*, Paris, 1660. (It. ed. by SIMONE, Raffaele. *Grammatica e Logica di Port-Royal*. Rome: Ubaldini Editore, 1969.).

BADDELEY, Alan David; HITCH, Graham James. Working memory. In: BOWER, Gordon H. (ed.). *Recent advances in learning and motivation*. New York: Academic Press, 1974. v. 8, p. 47-90.

BADDELEY, Alan David. The episodic buffer: a new component of working memory? *Trends in Cognitive Sciences*, v. 4, p. 417-423, 2000.

BENEDETTI, Giulio. La categoria di "spazio" and Tavole sinottiche delle analisi di categorie mentali tratte dalle opere di S. Ceccato. In: ACCAME, Felice; GLASERSFELD, Ernst von; SOMENZI, Vittorio; BELTRAME, Renzo; PANETTA, Maurizio; MENGA, Carlo Ernesto; BENEDETTI, Giulio. *Studi in memoria di Silvio Ceccato*. Roma: Società Stampa Sportiva, 1999.

BENEDETTI, Giulio. *Semantica operativa*, 2004. Available in: www.mind-consciousness-language.com.

BENEDETTI, Giulio. A presentation of Operational Methodology, 2005a. Available in:www.mind-consciousness-language.com.

BENEDETTI, Giulio. Basic mental operations which make up mental categories, 2005b. Available in: www.mind-consciousness-language.com.

BENEDETTI, Giulio. On Giorgio Marchetti's commentary on my book "Semantica Operativa. *Operational Semantics*, v. 1, 2005c. Available in: www.mind-consciousness-language.com.

BENEDETTI, Giulio. A device in order to improve the quality of machine translation, based on the correlational theory of thought, 2005d. Available in: www.mind-consciousness-language.com.

BENEDETTI, Giulio. Operational Noology as a new methodology for the study of thought and language: theoretical aspects and possible practical applications. *Cognitive Processing*, v. 7, p. 217-243, 2006.

BENEDETTI, Giulio. A semantics "outside language": Operational Semantics. A new semantic theory, based on the nature and structure of thought, 2008. Available in: www.mind-consciousness-language.com.

BENEDETTI, Giulio. The meaning of the basic elements of language in terms of cognitive operations: Operational Semantics. *Advanced Studies in Biology*, v. 1, n. 5-8, p. 255-305, 2009.

BENEDETTI, Giulio. A semantics of the fundamental structural elements of language, based on cognitive functions: Operational Semantics. In: SALVATI, Giacomo; RABUANO, Valeria (ed.). *Cognitive Psychology Perspectives*. Hauppauge, NY: Nova Science Publishers, 2010. p. 1-61.

BENEDETTI, Giulio. *An enigma in language* – The meaning of the fundamental linguistic elements. A possible explanation in terms of cognitive functions: Operational Semantics. Hauppauge, NY: Nova Science Publishers, 2011.

BENJAFIELD, John G. *Cognition*. Englewood Cliffs: Prentice-Hall International, 1997.

BENNETT, David C. *Spatial and Temporal Uses of English Prepositions*: An Essay in Stratificational Semantics. London: Longman, 1975.

BENVENISTE, Émile. Pour l'analyse des fonctions casuelles: le génitif latin. *Lingua*, v. 11, p. 10-18, 1962.

BLAKE, Barry J. *Case*. Cambridge: Cambridge University Press, 1994.

BRAGA-ILLA, Federico (ed.). *Livelli di rappresentazione*: Percorsi tra il naturale e l'artificiale. Urbino: QuattroVenti, 1997.

BRAGA-ILLA, Federico (ed.). *A proposito di rappresentazioni*: Alla ricerca del senso perduto. Bologna: Pendragon, 2006.

CECCATO, Silvio. *Un tecnico fra i filosofi*: Come filosofare. Padova: Marsilio Editori, 1964. v. 1.

CECCATO, Silvio. *Un tecnico fra i filosofi*: Come non filosofare. Padova: Marsilio Editori, 1966. v. 2.

CECCATO, Silvio. *Cibernetica per tutti*. Edited by BAROSSO, G. Milano: Feltrinelli, 1968. v. 1.

CECCATO, Silvio (ed.). *Corso di linguistica operativa*. Milano: Longanesi, 1969.

CECCATO, Silvio. *Cibernetica per tutti, 2*. Edited by GIULIANI, M. Vittoria and ZONTA, Bruna. Milano: Feltrinelli, 1970.

CECCATO, Silvio. *La mente vista da un cibernetico*. Torino: ERI, 1972.

CECCATO, Silvio. *La terza cibernetica*. Edited by ZONTA, Bruna. Milano: Feltrinelli, 1974.

CECCATO, Silvio. *C'era una volta la filosofia*. Milano: Spirali, 1996.

CECCATO, Silvio; OLIVA, Carlo. *Il linguista inverosimile*. Milano: Mursia, 1988.

CECCATO, Silvio; ZONTA, Bruna. *Linguaggio consapevolezza pensiero*. Milano: Feltrinelli, 1980.

CHOMSKY, Noam. *Syntactic Structures*. The Hague: Mouton, 1957.

CHOMSKY, Noam. A review of B. F. Skinner's Verbal Behavior. *Language*, v. 35, n. 1, p. 26-58, 1959.

CHOMSKY, Noam. *Lectures on government and binding*. Dordrecht : Foris, 1981.

COOPER, Gloria S. *A Semantic Analysis of English Locative Prepositions*. Bolt, Beranek & Newman report 1587, 1968.

COWAN, Nelson. The magical number 4 in short-term memory: A reconsideration of mental storage capacity. *Behavioral and Brain Sciences*, v. 24, p. 87-185, 2001.

COWAN, Nelson. *Working memory capacity*. New York, NY: Psychology Press, 2005.

DENIS, Michel. *Image et cognition*. Paris : Presses Universitaires de France, 1989.

DI TOMASO, Vittorio. Un'analisi semantica di alcune preposizioni italiane. *Studi Italiani di Linguistica Teorica e Applicata*, v. 25, n. 2, p. 257-290, 1996.

DURIEUX, Frank.*The Meanings of the Specifying Genitive in English*: A Cognitive Analysis. Antwerp: Universiteit Antwerpen, 1990.

FILLMORE, Charles J. The case for case. In: BACH, Emmon; HARMS, Robert T. (ed.). *Universals in Linguistic Theory*. New York: Holt, Rinehart and Winston, 1968. p. 1-88.

FRIGERIO, Aldo. *Filosofia del linguaggio*. Milano: Apogeo, 2011.

GLASERSFELD, Ernst von; PISANI, Pier Paolo. The multistore parser for hierarchical syntactic structures. *Communications of the ACM*, v. 13, n. 2, p. 74-82, 1970.

GLASERSFELD, Ernst von. *Linguaggio e comunicazione nel costruttivismo radicale*. Milano: Cooperativa Libraria Universitaria del Politecnico, 1989.

GLASERSFELD, Ernst von. *Il costruttivismo radicale*. Roma: Società Stampa Sportiva, 1998.

GRAFFI, Giorgio; SCALISE, Sergio. *Le lingue e il linguaggio*. Bologna: Il Mulino, 2002.

GROOT, Albert Willem de. Les oppositions dans les systémes de la syntaxe et des cas. In: *Mélanges de Linguistique offerts à Charles Bally*. Genève: George et Cie, 1939. p. 107-127.

GROOT, Albert Willem de. Classification of the uses of a case illustrated on the genitive in Latin, *Lingua*, v. 6, p. 8-66, 1956.

GUILLAUME, Gustave. *Leçons de linguistique*. Quebec: Presses de l'Université Laval, 1971-2010. 20 v.

HERSKOVITS, Anette. On the Spatial Use of Prepositions in English. *Linguisticae Investigationes*, v. 2, p. 303-327, 1981.

HERSKOVITS, Anette. *Language and Spatial Cognition*. New York: Cambridge University Press, 1986.

HJELMSLEV, Louis. La catégorie des cas: première partie and deuxieme partie. *Acta Jutlandica*, v. 7, 9 (1, 2), 1935, 1937.

HUTCHINS, William John. *Machine translation*: past, present, future. Chichester: Ellis Horwood Series in Computers and their Applications, 1986.

HUTCHINS, William John; SOMERS H. L. *An introduction to machine translation*. London: Academic Press, 1992.

HUTCHINS, William John. Retrospect and prospect in computer-based translation. Machine Translation Summit VII, 13th-17th September 1999, Kent Ridge Digital Labs, Singapore. *Proceedings of MT Summit VII "MT in the great translation era"*. Tokyo: Asia-Pacific Association for Machine Translation, 1999. p. 30-44.

HUTCHINS, William John. *Towards a new vision for MT*. Introductory speech at the "MT Summit VIII" conference. Santiago de Compostela, Galicia, Spain, 2001a.

HUTCHINS, William John. Machine translation and human translation: in competition or in complementation? *International Journal of Translation*, v. 13, n. 1-2, p. 5-20. Also in: BLEKHMAN, Michael S. (ed.) Machine translation theory & practice. New Delhi: Bahri Publications, 2001b.

HUTCHINS, William John. Machine translation today and tomorrow. In: WILLÉE, Gerd; SCHRÖDER, Bernhard; SCHMITZ, Hans-Christian (ed.). *Computerlinguistik: was geht, was kommt? Festschrift für Winfried Lenders*. Sankt Augustin: Gardez! Verlag, 2002. p. 159-162

HUTCHINS, William John. *Has machine translation improved?* Proceedings of the Ninth Machine Translation Summit. East Stroudsburg, PA: AMTA, 2003. p. 181-188.

JACKENDOFF, Ray. *Semantics and Cognition*. Cambridge, Massachusetts: MIT Press, 1983.

JACKENDOFF, Ray. *Semantic Structures*. Cambridge, Massachusetts: MIT Press, 1990.

JAKOBSON, Roman. Beitrag zur allgemeinen Kasuslehre: Gesamtbedeutungen der russischen Kasus. *Travaux du Cercle Linguistique de Prague*, v. 6, p. 240-288, 1936.

JAMES, William. *The principles of psychology*. New York: Holt, 1890. (Reprint in Cambridge, MA: Harvard University Press, 1983.)

JONIDES, John. Further toward a model of the mind's eye's movement. *Bulletin of the Psychonomic Society*, v. 21, p. 247-250, 1983.

KREYER, Rolf. Genitive and *of*-construction in modern written English: Processability and human involvement. *International Journal of Corpus Linguistics*, v. 8, p. 169-207, 2003.

LA BERGE, David. The spatial extent of attention to letters and words. *Journal of Experimental Psychology: Human Perception and Performance*, v. 9, p. 371-379, 1983.

LA BERGE, David. *Attentional processing. The brain's art of mindfulness*. Cambridge, MA: Harvard University Press, 1995.

LAKOFF, George. *Women, Fire, and Dangerous Things*. Chicago: The University of Chicago Press, 1987.

MARCHETTI, Giorgio. *The mechanics of the mind*. Roma: Espansione, 1993.

MARCHETTI, Giorgio. *La macchina estetica*: Il percorso operativo nella costruzione dell'atteggiamento estetico. Milano: Franco Angeli, 1997.

MARCHETTI, Giorgio. A theory of consciousness, 2001. Available in: www.mind-consciousness-language.com.

MARCHETTI, Giorgio. Foundations of attentional semantics, 2003. Available in: www.mind-consciousness-language.com.

MARCHETTI, Giorgio. The importance of non-attentional operations for Attentional Semantics, 2005a. Available in: www.mind-consciousness-language.com.

MARCHETTI, Giorgio. A presentation of attentional semantics. *Cognitive Processing*, v. 7, p. 163-194, 2006.

MARCHETTI, Giorgio. Studies on time: a proposal on how to get out of circularity. *Cognitive Processing*, v. 10, p. 7-40, 2009.

MARCHETTI, Giorgio. A New perspective on Human Consciousness. In: SALVATI, Giacomo; RABUANO, Valeria (ed.). *Cognitive Psychology Perspectives*. Hauppauge, NY: Nova Science Publishers, 2010a.

MARCHETTI, Giorgio. *Consciousness, Attention and Meaning*. Hauppauge, NY: Nova Science Publishers, 2010b.

MARMO, Constantino. *Semiotica e linguaggio nella scolastica*: Parigi, Bologna, Erfurt (1270-1330). La semiotica dei Modisti. Roma: Istituto Storico Italiano per il Medioevo, 2004.

MILLER, George A. The magical number seven, plus or minus two: some limits on our capacity for processing information. *Psychological Review*, v. 63, p. 81-97, 1956.

OBERAUER, Klaus. Access to information in working memory: exploring the focus of attention. *Journal of Experimental Psychology: Learning, Memory, and Cognition*, v. 28, p. 411-421, 2002.

OBERAUER, Klaus; SÜSS, Helge-Wernhard; SCHULZE, Ralf; WILHELM, Oliver; WITTMANN, Werner W. Working memory capacity – facets of a cognitive ability construct. *Personality and Individual Differences*, v. 29, p. 1.017-1.045, 2000.

PARINI, Pino. *I percorsi dello sguardo*. Ancona: Edizioni Artemisia, 1996.

PASHLER, Harold E. *The psychology of attention*. Cambridge, MA: MIT Press, 1998.

PERRET, Jacques. La signification du génitif adnominal. *R.E.L.*, v. 43, p. 466-482, 1965.

POSNER, Michael I. Orienting of attention. *Quarterly Journal of Experimental Psychology*, v. 32, p. 3-25, 1980.

POSNER, Michael I. Attention in cognitive neuroscience: an overview. In: GAZZANIGA, Michael (ed.). *The cognitive neurosciences*. Cambridge, MA: MIT Press, 1994.

POSNER, Michael I.; COHEN, Yoav. Components of performance. In: BOUMA, Herman; BOWHUIS, Don (Ed.). *Attention and performance*. Hillsdale, NJ: Erlbaum, 1984.

REED, Stephen K. *Cognition. Theory and applications*. Belmont, CA: Wadsworth, 1992.

RIZZI, Lorenzo. "Il sintagma preposizionale," In: RENZI, Lorenzo. *Grande grammatica italiana di consultazione*. Bologna: Il Mulino, 1988. v. 1, p. 507-531.

ROSENBACH, Anette. *Genitive Variation in English*: Conceptual Factors in Synchronic and Diachronic Studies. Berlin: Mouton de Gruyter, 2002. p. 28-29.

RUBIO, Lisardo. *Introducción a la sintaxis estructural del latin*. Barcelona: Ariel, 1966. v. 1.

SAINT-DIZIER, Patrick (Ed). *Syntax and semantics of prepositions*. Dordrecht: Springer, 2006.

SAPIR, Edward. *Language*. New York: Harcourt, Brace & World, 1921.

SERBAT, Guy. *Cas et fonctions*. Paris: PUF, 1981.

SHUMAKER, Nancy. W. The Semantics of the English's Genitive. *American Speech. A Quarterly of Linguistic Usage*, v. 50, p. 70-86, 1975.

STEINTHAL, Heymann. *Assimilation und Attraktion, psychologisch beleuchtet. Zeitschrift für Völkerpsychologie und Sprachwissenschaft*, v. 1, p. 93-179, 1860.

TANENHAUS, Michael K.; SPIVEY-KNOWLTON, Michael J.; EBERHARD, Kathleen M.; SEDIVY, Julie. E. Integration of visual and linguistic information in spoken language comprehension. *Science*, v. 268, p. 1.632-1.634, 1995.

TESNIÈRE, Lucien. *Eléments de syntaxe structurale*, Paris : Klincksieck, 1959.

TOBIN, Yishai. A monosemic view of polysemic prepositions. In: DENNIS, Kurzon; ADLER, Silvia (ed.) *Adpositions*: Pragmatic, semantic and syntactic perspectives. Amsterdam: John Benjamins Publishing Company, 2008.

TYLER, Andrea; EVANS, Vyvyan. *The Semantics of English Prepositions*: Spatial Scenes, Embodied Meaning and Cognition. Cambridge: Cambridge University Press, 2003.

VACCARINO, Giuseppe. *Prolegomeni*. Roma: Società Stampa Sportiva, 1997. v. 1.

VACCARINO, Giuseppe. *Scienza e semantica costruttivista*. Milano: Cooperativa Libraria Universitaria del Politecnico, 1998.

VACCARINO, Giuseppe. *Prolegomeni*. Roma: Società Stampa Sportiva, 2000. v. 2.

VIKNER, Carl; JENSEN, Per Anker. A Semantic Analysis of The English Genitive. Interaction of Lexical and Formal Semantics. *Studia Linguistica*, v. 56, n. 2, p. 191-226, 2002.

YULE, George. *The study of language*. Cambridge: Cambridge University Press, 1996.

ZELINSKY-WIBBELT, Cornelia (ed.). *The semantics of prepositions*: from mental processing to natural language processing. Berlin: Mouton de Gruyter, 1993.

CAPÍTULO 7

POR UMA COMPREENSÃO DO DÉFICIT ESPECIFICAMENTE LINGUÍSTICO (DEL) EM UMA PERSPECTIVA BIOLÓGICO-COGNITIVA

Arabie Bezri Hermont

PUC Minas

Este artigo apresenta um estudo do processo de aquisição da linguagem por parte de crianças com déficit especificamente linguístico, também conhecidas como crianças DEL. Essas crianças, em princípio, não têm nenhum problema além do comprometimento na aquisição da linguagem, portanto, se nos parece, por um lado, que o problema é seletivo, por outro lado, várias áreas do conhecimento podem abordá-lo em uma tentativa de entender-se um pouco mais o fenômeno. Assim, o tema eleito será vislumbrado por meio de várias lentes, quais sejam: a linguística, a biológica e a psicológica.

Falar sobre déficit especificamente linguístico remete-nos, imediatamente, a um espaço de interseção entre as várias áreas acima mencionadas e, dentro de cada uma, pode focar-se em fenômenos de natureza gramatical e discursiva, à luz de teorias constituídas com base em uma abordagem cognitiva da linguagem humana. Evidentemente, de acordo com as escolhas teóricas, teremos metodologias distintas para que se proceda ao estudo.

Boa parte do trabalho ora apresentado descreve o fenômeno do ponto de vista biológico e psicológico, e uma outra parte insere-se no quadro da Teoria Gerativa. A partir de tal arcabouço, serão demonstrados estudos na área da linguística e da aquisição de linguagem por parte de crianças com queixas de problemas nesse processo, com a finalidade de evidenciarem-se alguns fenômenos linguísticos e seu funcionamento na mente. Trabalhos dessa natureza também são instigantes à medida que podem nos sugerir que há uma base genética para a linguagem. Além disso, este trabalho se justifica em função de o déficit especificamente linguístico ser ainda pouco conhecido tanto por parte de profissionais da saúde, quanto por parte de educadores.

Este artigo se organiza em três principais partes. A primeira apresenta, inicialmente, as características do Déficit Especificamente Linguístico (ou DEL), numa tentativa de responder à pergunta: "Quem são as crianças DEL?". Traz-se, ainda, a forma como é realizado o diagnóstico para a caracterização do DEL. Em seguida, apresentam-se algumas abordagens que tratam da causa do DEL, que é ainda objeto de muito estudo, não sendo os resultados das pesquisas totalmente conclusivos, conquanto várias abordagens já convirjam para evidências de que o DEL é um déficit linguístico derivado de uma herança genética. Na segunda parte, serão apresentados alguns estudos acerca das dificuldades da criança DEL relacionadas a aspectos fonológicos, lexicais e morfossintáticos. Serão mostradas abordagens que sugerem que a categoria DEL, tal como é entendida hoje, é constituída por subtipos do déficit. Na terceira parte, será demonstrado um reconto feito por parte de uma criança DEL, para que seja possível uma melhor compreensão do que vem a ser a fala de um indivíduo caracterizado por esse déficit. Será ainda apresentada uma abordagem sobre os estudos acerca da gramática do DEL à luz do quadro teórico da Gerativa. Toda essa explanação convergirá para a demonstração de que DEL parece ser uma síndrome, ou déficit, de difícil diagnóstico, principalmente se levarmos em conta que há uma heterogeneidade no comportamento linguístico dos indivíduos caracterizados como tal.

CARACTERIZAÇÃO DO DÉFICIT ESPECIFICAMENTE LINGUÍSTICO

A seguir, demonstraremos uma caracterização do déficit especificamente linguístico, a forma como é feito o diagnóstico do DEL e apresentaremos abordagens que discutem a origem do déficit ora estudado.

Crianças com déficit especificamente linguístico – crianças DEL

SLI – *Specific Language Impairment* –, traduzido para o português como Déficit Especificamente Linguístico (de agora em diante DEL), diz respeito à dificuldade de algumas crianças ao adquirir a língua. O termo, cuja abreviação é DEL, é mais usado nos dias de hoje, fazendo alusão ao fato de que as crianças com tais problemas de linguagem teriam, em princípio, problemas exclusivamente linguísticos. Alguns pesquisadores e fonoaudiólogos indicam o déficit como um transtorno, denominando-o, portanto, Transtorno Específico de Linguagem (TEL).

Entretanto, essa concepção nem sempre foi assim: as investigações sobre o que hoje denominamos DEL são feitas há cerca de 150 anos, e esse déficit linguístico já teve várias designações. Já foi concebido como uma afasia congênita (e, de acordo com o que demonstraremos à frente, a terminologia "congênita" parece ser, em parte, procedente) e desenvolvimento atrasado da fala (e, de fato, o é). O DEL também já foi denominado, na literatura, afasia infantil, afasia do desenvolvimento ou, ainda, disfasia do desenvolvimento.

O problema de denominar-se DEL como uma afasia decorre do fato de o déficit não ser uma ausência de linguagem, pois muitos se comunicam, com dificuldade – mais ou menos severa –, entretanto, na maioria dos casos, há a possibilidade de comunicação. Portanto, o prefixo "a-", que indica ausência, não correspondia bem ao que era verificado no comportamento linguístico do indivíduo ora denominado DEL. Surge, então, a possibilidade de substituir o prefixo "a-" de "afasia" pelo prefixo "dis-", o qual designaria somente problemas de linguagem. Porém, conforme se infere a partir do significado acoplado ao prefixo, isso não resolveria o problema. Como já explicitado, hoje, usa-se o termo "Déficit Específico de Linguagem" ou "DEL", caracterizando aqueles indivíduos que teriam, em princípio, problemas exclusivamente linguísticos.

Um trabalho pioneiro que é bastante indicado na literatura sobre DEL foi realizado por um neurologista alemão, Albrecht Liebmann (1898 in LEONARD, 1998, p. 6), que observou, em 1901, uma desordem ou atraso na aquisição da linguagem que é caracterizada por vários problemas no desenvolvimento normal da morfossintaxe em sujeitos que não pareciam ter déficits não linguísticos claros. Liebmann (1898) denominou essa síndrome de *Agrammatismus infantilis*, pois ocorria frequentemente em crianças, e elaborou uma classificação básica dos sintomas linguísticos, além de distinguir três tipos de comprometimento. O primeiro tipo dizia respeito ao déficit ligado à dificuldade motora propriamente dita. O segundo tipo relacionava-se às crianças que poderiam compreender poucas palavras. O terceiro tipo apontado por Liebmann envolvia crianças que perdiam completamente a habilidade de compreender linguagem. Ainda nesse último caso, o neurologista indicou que as crianças com essa dificuldade de natureza linguística combinavam palavras não flexionadas para formar pequenas sentenças.

Outro estudo que apresentou caracterizações acerca da noção de DEL data de 1964 e foi feito por Benton, o qual caracterizou o distúrbio da seguinte forma:

> A falha específica da aquisição normal das funções da linguagem... A falta de habilidade é chamada de "específica" porque não pode ser prontamente descrita por aqueles fatores que frequentemente fornecem pistas para a configuração de uma falha do desenvolvimento da linguagem, tais como surdez, deficiência mental, não

habilidade motora ou severa desordem na personalidade. (BENTON, 1964 in TOMBLIN, 1997, p. 91)[90]

Benson e Geschwind (1985) estudaram os sintomas mais frequentes na fala do indivíduo DEL. Os autores observaram que as pessoas caracterizadas como sendo DEL produziam, de um modo geral, menos que 50 palavras por minuto. Além disso, tais pessoas faziam bastante esforço para produzir palavras; em alguns casos, havia muita dificuldade na articulação de sons. Consta, nos estudos dos autores, uma percepção de que os indivíduos DEL apresentavam, em sua fala, sentenças pequenas, pois, frequentemente, produziam somente uma palavra. Perceberam ainda que não havia melodia na produção das sentenças, ou seja, faltava entonação, ritmo, intensidade, ao que os pesquisadores denominaram de disprosódia. Por fim, os autores assinalam que, na fala dos DEL, parecem faltar os aspectos que garantem as qualidades flexionais da linguagem, ou seja, foi observada uma tendência a omitir morfemas correspondentes a tempo verbal e a plurais.

Um consenso entre os estudiosos do processo de aquisição de linguagem é que os pais de crianças que são consideradas ou que ainda serão diagnosticadas como sendo DEL queixam-se de que seu filho demora a começar a falar. Além disso, em comparação com as crianças em fase de aquisição de linguagem e que não apresentam problemas nesse processo, tais pais afirmam que não observam, em seus filhos, uma evolução da linguagem frequentemente observada em crianças entre 18 e 24 meses, etapa em que as crianças já falam com desenvoltura e com muitos aspectos da gramática de sua língua. Vale dizer que esse atraso no início da aquisição da linguagem e no desenvolvimento da linguagem per-

[90] "the relative specific failure of the normal growth of language functions... the disability is called a 'specific' one because it cannot readily be ascribed to those factors which often provide the general setting in which failure of language development is usually observed, namely, deafness, mental deficiency, motor disability or severe personality disord" (Benton, 1964, p.41) (Tradução nossa).

siste na pré-escola e nos anos escolares seguintes, quando, aliás, muitos pais procuram uma ajuda de psicopedagogos, fonoaudiólogos, psicólogos e outros profissionais.

O DIAGNÓSTICO DO DEL

O diagnóstico do DEL é realizado por exclusão. Isso porque, ainda que os sintomas citados anteriormente sejam comuns e aceitos pelos estudiosos da área, os estudos acerca da localização do déficit não são conclusivos, embora pesquisas de base neurológica comecem a acenar progressos recentemente, indicando que há locais neurológicos ligados a tais déficits. Além disso, tais pesquisas precisam estar associadas aos inúmeros comportamentos observados em indivíduos caracterizados como sendo DEL.

O diagnóstico realizado por exclusão se dá da seguinte forma: a criança DEL deve apresentar dificuldade em relação à aquisição de linguagem, embora não deva ter problema de retardamento mental ou autismo, problemas nas habilidades motoras ou, ainda, surdez. Além disso, é consenso que a criança DEL deva ter seu quociente de inteligência (QI) não verbal[91] igual ou superior a 85. Se a criança não tiver nenhum dos distúrbios assinalados, tiver o QI indicado e, além disso, tiver dificuldade na aquisição de linguagem, ela pode ser caracterizada como DEL.

Em seguida, explicitaremos cada um dos critérios normalmente usados para o diagnóstico do DEL, baseando-nos em Leonard (1998).

Vários comprometimentos neurológicos podem levar um indivíduo a ter problemas de linguagem. Portanto, para que se faça um diagnóstico do DEL de forma adequada, descarta-se a criança que tem problemas de tal natureza. Dessa forma, o indivíduo, para ser considerado DEL, não pode ter tido traumatismos ou lesões cerebrais e não deve ter sintomas de interação social recíproca comprometida ou restrições de

[91] O QI (quociente de inteligência) não verbal, em contraposição ao QI verbal, é aquele que mede a inteligência de um indivíduo em atividades que não requerem a linguagem.

atividades listadas como critérios para o diagnóstico de autismo.

As crianças com anormalidades na estrutura e função orais não são incluídas na categoria DEL. Conforme Leonard (*op. cit.*, p 18) nos indica, um *screening* das habilidades orais constitui uma parte regular da bateria de diagnóstico de DEL. Os movimentos orais devem incluir arredondamento e fechamento de lábios, abaixamento de lábio inferior, projeção da língua para fora da boca e movimento da língua de um lado para outro. Vale dizer que todos esses movimentos já são bem controlados por crianças em fase normal de aquisição de linguagem aos três anos e meio.

A classificação de um indivíduo DEL também deve descartar qualquer problema de sensibilidade auditiva. Por isso, muitos pesquisadores e profissionais da saúde que trabalham no diagnóstico do DEL pedem que o paciente faça uma verificação da audição. De um modo geral, o exame requer que a criança detecte tons puros apresentados em 20 decibéis em cada ouvido, na frequência de 500, 1000, 2000 e 4000 hertz.

Um dos critérios principais para que seja feito um diagnóstico apropriado do indivíduo DEL está relacionado à marcação do QI não verbal, que, conforme já dito, não deve ser inferior a 85. Entretanto, muitos trabalhos que investigam habilidades não linguísticas em crianças DEL parecem apresentar dados indicando que tais crianças têm um desempenho, às vezes, inferior ao desempenho de crianças sem problemas de linguagem da mesma idade ou de crianças que têm, em sua fala, o mesmo número de palavras por minuto (MLU: *Mean Lenght Utterance*). Para os investigadores que implementam testes dessa natureza, o comprometimento linguístico deve-se a um comprometimento maior, nas habilidades cognitivas. Em contraposição, para outros pesquisadores, há a visão que os dois sistemas podem até estar comprometidos, mas isso não ocorreria porque eles são integralmente relacionados. Nessa perspectiva, os dois sistemas seriam considerados independentes.

Logo, constata-se que, a despeito de haver um consenso de que existem crianças com o déficit especificamente linguístico, não há consenso em relação a um perfil homogêneo da criança DEL.

Antes, a classificação de DEL pode (e certamente o faz) apresentar um alto grau de heterogeneidade dentro da categoria. Isso porque a criança com DEL ora demonstra problemas relativos à produção linguística, com compreensão preservada, ora apresenta as duas habilidades comprometidas. Em outros momentos, em relação a crianças sem problemas de linguagem, algumas crianças DEL são mais atrasadas na aquisição de morfemas gramaticais e outras crianças podem apresentar os mesmos problemas linguísticos, mas de forma mais branda. Essa variabilidade pode ser refletida em vários outros domínios da linguagem.

Segundo Leonard (*op. cit.*, p. 23), DEL é uma terminologia para classificação de crianças com problemas de linguagem. Entretanto, para o autor, tal denominação deve mudar até o momento em que as categorias de diagnóstico do DEL sejam refinadas. Para Leonard, há subgrupos de DEL. Dentro desse espírito, van der Lely e Stollwerck (1996) vão além. As autoras identificam um grupo de crianças DEL, que elas denominam de crianças DEL Gramatical. A dificuldade dessas crianças estaria relacionada à morfologia flexional. Tais indivíduos, por exemplo, omitiriam, frequentemente, morfemas de tempo e morfemas de concordância entre sujeito e verbo.

Para Leonard (*op. cit.*, p. 184), um dos pontos que pode desencadear a constatação de vários subtipos de crianças DEL, dentro de uma categoria maior de crianças com problemas linguísticos, estaria relacionado à marcação do QI em 85 ou mais. Isto é, algumas crianças DEL podem ter QI 85, outras 90. Entretanto, uma fronteira de inteligência tem que ser demarcada e, conforme nos assinala o autor, os participantes de pesquisas classificados como DEL que tiverem a marcação de QI de, no mínimo, 85 estão seguramente livres de serem associados ao retardamento mental. Do ponto de vista das categorias de diagnóstico, a variação entre 70 e 84 constitui um tipo de "marcação de fronteira" da inteligência. Um diagnóstico de retardamento mental leve requer um QI oscilando entre 55 e 69.

Embora os comprometimentos da linguagem sejam, de um modo geral, heterogêneos, algo em comum nesses comprometimentos da linguagem é que as crianças apresentam sinais de problemas logo no começo de sua aquisição da linguagem, como já explicitado. Segundo Leonard (1998, p. 183), nem todas as crianças que começam a falar mais tarde serão diagnosticadas como DEL, mas, de acordo com pesquisas, cerca de 1/4 à metade de tais crianças serão diagnosticadas como DEL em idade escolar. Na verdade, a população de crianças DEL em idade escolar perfaz um total de cerca de 7% das crianças. Esse não é um universo pequeno e muitos pesquisadores, quando vão em busca de crianças DEL para serem investigadas, procuram-nas inicialmente em escolas. Um dos fatores que ajuda na detecção das crianças DEL em ambientes escolares é que, muitas vezes, essas crianças também apresentam problemas na aquisição de leitura e de escrita (cf. LEONARD, 1998).

Para Rice e Wexler (1995), uma idade boa para diagnosticar-se o DEL é por volta de cinco anos, pois, nessa ocasião, espera-se que o desenvolvimento morfológico das crianças já corresponda ao da gramática do adulto.

A ORIGEM DO DEL

Há vários estudos que procuram esclarecer qual é a causa do DEL. Tomblin (1997), por exemplo, reserva uma seção em seu artigo indicando vários estudos que tentaram verificar a relação entre desenvolvimento de linguagem com determinados eventos ligados à gestação ou ao nascimento, tais como observação de gravidez cuja mãe era fumante ou que teve uma infecção ou outra complicação na gravidez: uso de medicamentos durante a gravidez, asfixia no momento do nascimento do bebê e nascimento de bebês prematuros. Nenhuma das pesquisas evidenciou relação de causa e consequência nos dados obtidos.

Em Galaburda *et al.* (1985), há uma explicação acerca da neurobiologia do DEL. Os autores apresentam resultados de uma pesquisa que indica que, de um modo geral, há uma simetria entre os planos temporais[92] de cada hemisfério, quando, de um modo geral, esperar-se-ia que o plano temporal esquerdo (localizado no hemisfério responsável pela linguagem) fosse maior que o plano temporal da direita. Mas tal resultado não é conclusivo, pois, em Leonard (1998), há a apresentação de outras pesquisas afirmando que tal simetria pode ocorrer também em indivíduos sem problemas de linguagem.

Interessante apontar, ainda, que meninos, de um modo geral, são mais afetados pelo DEL que meninas. Uma explicação comum é que meninos teriam habilidades verbais mais pobres que as meninas. Mas Tomblin (1997) cita uma pesquisa de linguagem feita por Seigel (1982), que estudou um grupo de crianças durante toda a pré-escola. A pesquisadora não encontrou diferenças linguísticas significantes entre homens e mulheres em seu teste.

Contrapondo-se ao resultado apresentado por Seigel, pode-se apontar que, durante a década de 80, Geschwind e Behan (1982) e Galaburda *et al.* (1985) realizaram testes em que bebês foram expostos a testosterona, hormônio masculino, na última etapa fetal. Posteriormente, foram feitas avaliações em que se verificava a relação entre o uso, em excesso, do hormônio por parte da mãe na ocasião da gravidez e o desempenho linguístico do filho em fase de aquisição de linguagem. Feitas as avaliações, foram encontrados problemas de linguagem na fala dessas crianças, o que sugere a possibilidade de haver maior probabilidade de o distúrbio linguístico ora estudado ser mais recorrente entre indivíduos do sexo masculino.

Corroborando os últimos achados, pode-se ainda citar o trabalho realizado por Tallal *et al.* (1991), em que há constatação de que meninos gravemente afetados pelo déficit linguístico teriam uma mãe também afetada. Isso poderia ser evidência para uma transmissão de genes responsáveis pelo distúrbio linguístico feita de mãe para criança do sexo masculino.

[92] O plano temporal é localizado na porção acima do lobo temporal de cada hemisfério, dentro da fissura de *Sylvius*.

Há ainda outras fortes sugestões que levam a acreditar que o distúrbio tem motivação hereditária e genética. Serão apresentados, a seguir, alguns trabalhos que sustentam a hipótese de hereditariedade da dificuldade em adquirir linguagem por parte de algumas crianças em fase de aquisição de linguagem.

Já em 1959, Ingram (1959 *in* Palmour, 1997) observou que 24% de pais e 23% de irmãos de 75 crianças com comprometimento linguístico tinham dificuldade com a linguagem. Embora esse estudo não tenha usado o critério objetivo para diagnóstico e não tenha criado um grupo controle paralelo, outros estudos, tais como os de Lewis (1992) e Tallal, Ross e Curtiss (1989), que tomaram aquelas providências, chegaram à mesma conclusão.

Durante dois anos, Tomblin (1997) estudou famílias de indivíduos DEL e testou diretamente todos os membros de primeiro grau da família. A pesquisadora e sua equipe testaram 245 sujeitos de 42 famílias e constataram que 22% têm comprometimento de linguagem. Isso sugere que membros de famílias com pessoas DEL têm mais chances de ser DEL que a população em geral.

Outro trabalho que merece destaque e que é mencionado de forma recorrente na literatura diz respeito àquele desenvolvido por Gopnik e Crago (1991). As pesquisadoras verificaram o déficit especificamente linguístico em 16 pessoas de 30 de uma mesma família. As 14 pessoas restantes tinham habilidades linguísticas normais e serviram de controle. O experimento realizado pelas pesquisadoras indica que o distúrbio de linguagem deve ser associado a fator genético.

Em Tomblin & Buckwalter (1994), foi encontrado um alto índice de membros de uma mesma família diagnosticados como sendo DEL. E no trabalho de van der Lely e Stollwerck (1996), já mencionado neste artigo, foi constatado que há uma incidência significantemente maior de um ou mais parentes de primeiro grau (pai, mãe, irmãos e irmãs) com história de comprometimento de linguagem na família de criança DEL Gramatical do que nas famílias de crianças controle. Para a primeira amostra, observaram-se 77,8% de história positiva de comprometimento de linguagem (de fala, de leitura e/ou de escrita). Já para as crianças sem problemas de linguagem, a porcentagem foi de 28,5%. O que não foi conclusivo nesse último trabalho foi a natureza do déficit linguístico encontrado nos parentes das crianças.

Acrescentam-se a tudo isso os estudos acerca de crianças gêmeas com DEL. O pressuposto é que, se o déficit é geneticamente transmitido, os gêmeos idênticos (ou nos termos técnicos, monozigóticos), que compartilham 100% de seus genes, devem ter o comprometimento linguístico mais similar que os gêmeos não idênticos (ou dizigóticos), que dividem 50% dos genes. Tanto em Tomblin (1997) quanto em Palmour (1997), há resultados de pesquisas indicando resultados consonantes com tal previsão.

Apesar de terem sido citados vários estudos que acenam para a possibilidade de o DEL ser um déficit que ocorre frequentemente em famílias, em Leonard (1998), há menção a trabalhos que não encontraram histórico de déficits linguísticos na família de várias crianças consideradas DEL. O autor remete-se a Tomblin e Buckwalter (1994), que discutem duas possíveis interpretações para o fato de se acharem crianças DEL com e sem histórico de déficit linguístico nas famílias respectivas. Uma possível hipótese, segundo Leonard (1998), seria a de que deve haver diferentes causas de DEL, algumas baseadas em fatores genéticos e outras não. A segunda hipótese é que deve haver uma predisposição ao DEL em todos os casos, mas há uma penetração incompleta. Ou seja, outros fatores devem estar presentes para que o déficit linguístico ocorra. Corroborando a possibilidade de haver mais de uma causa para o DEL, conforme aventa Leonard (*op. cit.*, p. 152), tem-se a constatação de um grupo bastante heterogêneo. Para o autor, possivelmente há subtipos de DEL, que hoje são englobados em uma só categoria. Leonard (*op. cit.*, p. 153) sugere, inclusive, a possibilidade de o DEL ser consequência de uma combinação de gene e meio ambiente ou de vários genes.

Entretanto, à medida que a área relacionada a estudos sobre genética é desenvolvida, mais clara fica a possibilidade de o DEL realmente ter causa genética. Até 2001, nenhum gene havia sido designado para a determinação de tal distúrbio linguístico, porém uma publicação nesse ano acenou para uma evidência mais forte para tal proposição: em Lai *et al.* (2001), iniciaram-se evidências de que a mutação do gene FOXP2 provocaria o déficit especificamente linguístico. A mutação desse gene, segundo os autores, foi encontrada entre indivíduos que apresentam um conjunto heterogêneo de distúrbios verbais: lentidão no processo de aquisição de linguagem e evidências, na fala, de não utilização, no nível mental gramatical, de regras produtivas de palavras.

A fim de verificar a origem do DEL, alguns grupos de pesquisadores têm empreendido seus esforços. Em van der Lely (2005), há menção a estudos que indicam a localização do DEL nos cromossomas 16q e 19q, sendo o primeiro ligado a déficits fonológicos e o segundo associado a déficits de expressão.

Com a finalidade de caracterizar a linguagem do indivíduo DEL e, consequentemente, auxiliar na compreensão dos fatores que devem ser levados em conta na compreensão do déficit de linguagem, serão explicitadas, a seguir, as características linguísticas da criança DEL.

AS CARACTERÍSTICAS FONOLÓGICAS, LEXICAIS E MORFOSSINTÁ-TICAS DO DÉFICIT ESPECÍFICO DE LINGUAGEM

A seguir, apresentaremos algumas abordagens que visam a explicitar as principais características fonológicas, lexicais e morfossintáticas do DEL.

As características fonológicas da fala do DEL

De acordo com Leonard (*op. cit.*, p. 71), durante os anos escolares, se as crianças têm problemas nas habilidades lexicais e morfossintáticas, elas quase sempre demonstrarão uma dificuldade nos aspectos fonológicos também. Se, por outro lado, elas são identificadas por seus problemas fonológicos inicialmente, a maioria também terá problemas em outros domínios da linguagem. Para o autor, as crianças DEL, embora adquiram os fonemas de um modo geral mais tardiamente que as crianças em fase normal de aquisição de linguagem, elas adquirem os fonemas /n/, /m/, /b/ e /w/ primeiramente em relação aos fonemas /s/ e /v/, por exemplo.

Em Leonard (*op. cit.*, p. 74), há a apresentação de alguns processos fonológicos que ocorrem na fala de crianças em fase normal de aquisição de linguagem, a saber: redução de grupos de consoantes (por exemplo, *snow* é falado como [no]), apagamento de consoante final (por exemplo, *boat* é falado como [bo]), transformação de uma líquida em *glide*[93] (por exemplo, *read* é falado como [wid]); um som pré-vocálico surdo é sonorizado (por exemplo, *two* é falado como [du]); preferência por sons oclusivos (por exemplo, *food* é falado

[93] Glide é um termo em inglês usado em FONÉTICA para indicar um som de TRANSPOSIÇÃO quando os ÓRGÃOS DA FALA se movimentam em direção a uma ARTICULAÇÃO ou se afastam dela (...). Como não são nem CONSOANTES nem VOGAIS, os glides costumam ser denominados semiconsoantes ou semivogais (têm uma QUALIDADE vocálica e uma DISTRIBUIÇÃO consonantal). São exemplos o ["i"] e o ["u"] de poleiro, coisa e pauta. (CRYSTAL, 2000, p. 126).

como [pud]); assimilação da velar (por exemplo, *dog* é falado como [gog]); apagamento de sílaba fraca no início da palavra (por exemplo, *away* é falado como [we]). Segundo o autor, todos estes processos são presentes, uns mais outros menos, na fala da criança DEL, sendo que alguns processos podem continuar na fala do DEL até a fase adulta.

O léxico na produção linguística do DEL

Em relação às habilidades lexicais, conforme já apontado, as crianças DEL apresentam, em suas falas, as primeiras palavras muito tardiamente, relativamente às crianças em fase típica de aquisição de linguagem. Em van der Lely (1997), a criança DEL investigada pela pesquisadora, aos cinco anos, falava apenas três palavras: "mamãe", "papai" e um nome próprio. De acordo com Leonard (1998, p. 44), para as crianças DEL, a combinação de duas ou mais palavras ocorre por volta dos 37 meses, sendo que o mesmo ocorre por volta dos 17 meses para as crianças sem problemas de linguagem.

De um modo geral, as crianças DEL compreendem e produzem mais nomes que verbos e, de forma geral, compreendem melhor que produzem tais palavras. Leonard (*op. cit.*) apresenta ainda pesquisas nas quais as crianças DEL são mais lentas ou mesmo mais incapazes que crianças em fase normal de aquisição de linguagem para encontrar a palavra adequada em situação de teste que visava a levar a criança a nomear determinados objetos em um quadro. O autor indica também que as crianças DEL apresentam mais cedo verbos indicando ações intransitivas (aquelas em que há verbos que não exigem complemento, como, por exemplo, em "João sorri") em detrimento de ações transitivas (aquelas em que há verbos que exigem complementos, tal como em "João come doces"). As crianças DEL ainda omitem mais sujeitos do que objetos de sua sentença. Ou seja, é mais comum surgirem frases como "___ comeu biscoito" (sem sujeito) para "neném comeu biscoito", do que "Neném comeu ___" (sem o complemento) para "neném comeu biscoito".

As características morfossintáticas da produção linguística do DEL

Em relação aos aspectos morfossintáticos, ou seja, inúmeros trabalhos foram realizados, principalmente nas últimas décadas. Os objetivos, de um modo geral, dentre outros, foram os de verificar, na fala do DEL, a ordem das palavras, o uso da flexão de concordância e da flexão de tempo em verbos, além do uso de verbos auxiliares.

No que diz respeito à ordem de palavras, Paul e Fisher (1985, *in* Leonard, (1998)) realizaram um teste de compreensão com sentenças ativas e passivas. As crianças DEL saíram-se melhor nas tarefas em que se tinha que compreender as sentenças ativas.

Em relação à flexão de concordância e de tempo em verbos e ao uso de verbos auxiliares, podemos citar Rice e Wexler (1995). Nesse trabalho, ficou evidenciado que as crianças DEL revelaram um desempenho inferior ao das crianças em fase normal de aquisição de linguagem no uso de tempo passado de verbos regulares, de concordância para terceira pessoa do singular, e de cópulas e auxiliares do tipo "*be*".

Se, por um lado, o tema que diz respeito ao comprometimento de uso de tempo verbal no passado, na fala da criança DEL, é quase ponto pacífico, há propostas de explicações para o fenômeno que são bastante distintas entre si.

A fim de complementar a descrição das características morfossintáticas sobre DEL, serão apresentadas algumas abordagens importantes na literatura sobre o assunto. Porém, para facilitar a compreensão das abordagens que se seguem, faz-se necessária a apresentação breve de alguns dos pressupostos nos quais o atual quadro da teoria gerativa se assenta. É o que faremos na seção seguinte.

Pressupostos gerais da Teoria Gerativa

Para a Teoria Gerativa, o conhecimento linguístico é inato e internalizado. Assim, somos conduzidos a pensar que os falantes nativos têm uma competência gramatical em sua língua nativa. Se, por um lado, haveria a competência, que estaria ligada ao conhecimento linguístico internalizado, por outro lado, há o desempenho, que é o uso real que esse falante faz desse conhecimento. Dessa forma, a teoria da gramática proposta pelo gerativismo é regida pelo critério da universalidade, isto é, há princípios gerais que explicam a organização das línguas naturais. Seriam as propriedades essenciais que constituem a base de todas as línguas humanas e são determinadas por uma faculdade inata, codificada biologicamente. Estendendo o raciocínio: se a Gramática Universal estabelece que há princípios universais, indica também que há parâmetros a serem escolhidos. Dessa forma, as várias línguas ou as Gramáticas Particulares são constituídas a partir da fixação de parâmetros.

Assim, a aquisição da língua por parte de uma criança envolveria a tarefa de aprender um léxico e de fixar os parâmetros de sua língua. Em relação à primeira tarefa, a criança deve aprender os significados das palavras e as formas que essas palavras podem ter (por exemplo, se são formas regulares ou irregulares no que diz respeito à morfologia). Mas a faculdade da linguagem, dentro do arcabouço da teoria gerativa, incorpora o que acabamos de apresentar: um conjunto universal de princípios e um conjunto de parâmetros gramaticais que imporiam restrições à quantidade de variação gramatical permitida entre as línguas naturais. Desde que os primeiros não devem ser aprendidos, pois que são inatos, a criança deve somente fixar os parâmetros. Por exemplo, um princípio pode ser: todas as sentenças nas línguas naturais têm sujeito. Um parâmetro válido para o inglês poderia ser: o sujeito tem sempre que ser dito, ser explícito, então o parâmetro é o de sujeito não nulo. No espanhol ou no italiano, o sujeito pode ser omitido na sentença, por conseguinte, o parâmetro correspondente seria: o sujeito é nulo. Dessa forma, a criança parte de uma base apta a adquirir a linguagem que é anterior à experiência e vai adequando os dados de sua língua a tal base.

Para o quadro teórico da gerativa (conforme Chomsky, 1995), a sintaxe ou o sistema computacional é o componente central da cognição linguística do ser humano. Para entendermos como trabalha tal sistema, apresentaremos a concepção de uma gramática de uma língua. Um componente de uma gramática seria o léxico, ou seja, a lista de todas as palavras de uma língua e suas propriedades linguísticas. Essas palavras seriam escolhidas e combinadas por uma série de computações sintáticas que seriam feitas na sintaxe ou no componente computacional, formando uma estrutura sintática. Essa estrutura sintática seria enviada para *Spell-out* e serviria como *input* para dois outros componentes da gramática. Um deles é o componente semântico, que gera uma representação semântica dessa estrutura sintática. O outro componente é o componente fonológico, que gera uma representação fonológica dessa estrutura sintática. A representação semântica faria interface com o sistema do pensamento ou sistema conceptual-intencional e a representação fonológica faria interface com o sistema da fala ou o sistema articulatório-perceptual. O diagrama a seguir resume o que foi dito até agora:

FIGURA 1 – DIAGRAMA DA GRAMÁTICA DE UMA LÍNGUA NA PERSPECTIVA DA TEORIA GERATIVA

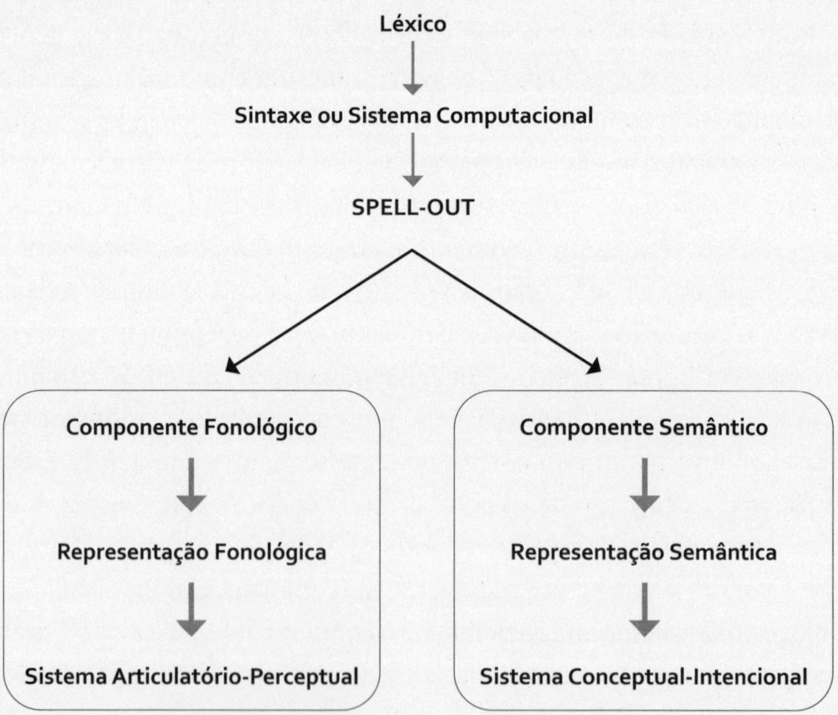

Fonte: HERMONT, 2010.

A ideia é que, dentro do sistema computacional, ocorreria um conjunto das computações cognitivas que gerariam estruturas linguísticas complexas, as quais seriam os sintagmas e as sentenças. As operações seriam de duas naturezas: uma denominada "merge", que concatenaria dois constituintes, e outra denominada "move", que moveria constituintes na derivação de uma sentença. Veja, incialmente, como atuaria "merge" no exemplo que segue abaixo:

FIGURA 2 – Exemplo da configuração do sintagma nominal em uma árvore sintática

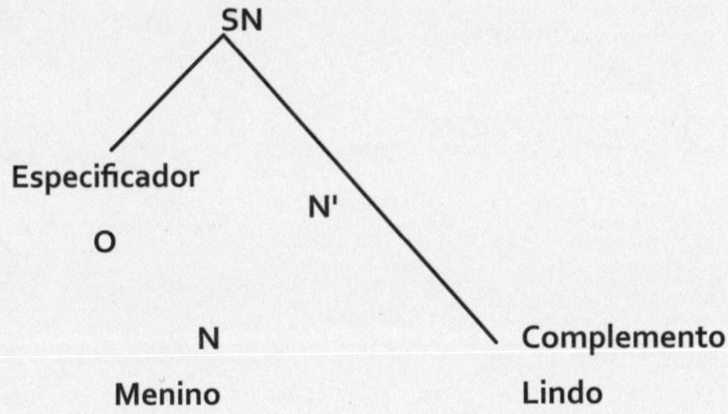

Fonte: Elaborado pela autora.

Nesse tipo de representação, os sintagmas são formados pela concatenação (ou "merge") de dois elementos. Há, então, uma combinação binária, isto é, dois a dois. Na representação anterior, em que temos o sintagma nominal [O menino lindo], o núcleo do sintagma nominal (menino) se concatena a um complemento (sintagma adjetival = lindo), formando uma projeção intermediária, N' (menino lindo), que, por sua vez, se concatena ao especificador (artigo "O"), formando, assim, a projeção máxima, SN, ou seja, o próprio sintagma. E assim, pela operação "merge", uma sentença é derivada.

Outra operação importante seria "move", que moveria constituintes de uma posição para outra para obter-se uma sentença. A operação "move", menos econômica que "merge", seria motivada pela necessidade de um verbo, por exemplo, ter seus traços de tempo (passado ou presente, por exemplo) e de concordância (pessoa, número) valorados. Vejamos, a seguir, a derivação da sentença "O menino sorriu".

FIGURA 3 – MOVIMENTO DO VERBO

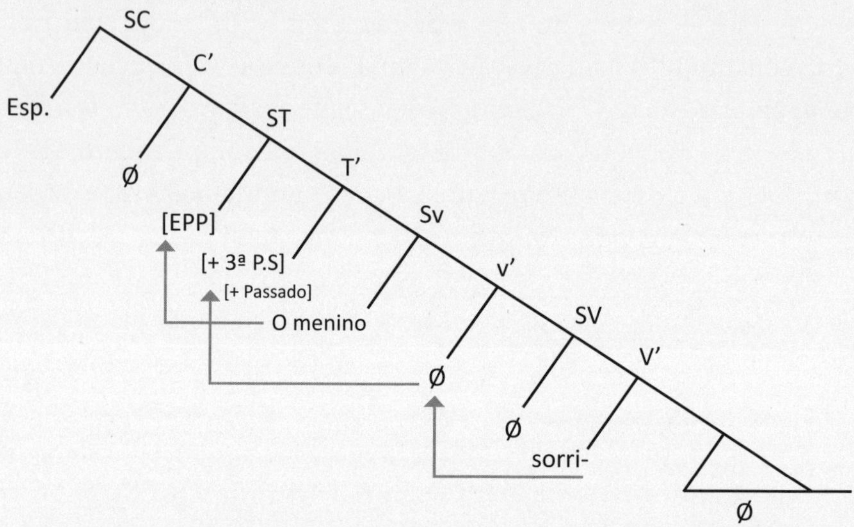

Fonte: Elaborado pela autora.

Na figura anterior, podemos observar como uma sentença é derivada nos moldes da Teoria Gerativa. O verbo "nasce" no núcleo de um Sintagma Verbal (SV) e ocorre o movimento do verbo para que ele receba os traços de tempo e de concordância. Primeiramente, entretanto, o verbo iria para o núcleo de Sv (que é considerado, hoje, na literatura, como um sintagma que abrigaria verbos *lights*). Ali, o verbo receberia os traços de um afixo causativo foneticamente nulo e "subiria" para o núcleo de sintagma de tempo, a fim de receber os traços de tempo passado. Conforme encontramos na literatura vigente, os traços de concordância estariam alojados nesse local. Então, o verbo teria os seus traços de número e pessoa também valorados nesse núcleo.

O sujeito, que "nasceria" no especificador de Sv, vai para o especificador do Sintagma de Tempo, atraído por um traço, denominado

EPP (*Extended Projection Principle* (Princípio da Projeção Estendida), que nos diz, em outras palavras, que toda sentença deve ter sujeito).

Quando um constituinte próprio de um núcleo se move de sua posição de base, deixa uma cópia, a qual é apagada no momento do *spell out*. Essas duas suboperações – cópia e apagamento – constituem a Teoria de Cópia do Movimento. A essa noção de movimento, estão associadas as noções de sonda e de alvo (*probe* e *goal*). Um núcleo, quando concatenado ao seu complemento, serve como sonda, e procura por um alvo correspondente dentro de seu complemento, ou seja, uma expressão com a qual possa concordar. Já o alvo representa um constituinte que concorda com um núcleo mais alto, o qual, por sua vez, serve como sonda. Logo, pode-se depreender que o movimento de constituintes se dá em função da atração de traços gramaticais.

Vale dizer que, na derivação de uma sentença, haveria alguns princípios norteando as operações. Um deles seria aquele que prevê que uma operação de movimento só ocorre se há traços a serem valorados. Outro forçaria o movimento (e, portanto, a valoração) somente se o alvo não tem traços valorados. Esse segundo princípio de economia é chamado Último Recurso (*Last Resort*).

Após essa breve explanação, retomemos as explicações sobre as características morfossintáticas presentes na produção linguística da criança DEL.

DEL: A UTILIZAÇÃO DE MECANISMOS COMPENSATÓRIOS

Gopnik e Crago (1991) e Gopnik *et al.* (1997) partem, em suas pesquisas, do seguinte pressuposto: uma explicação teórica linguística deve assumir que a gramática subjacente produz tudo na linguagem e não somente as formas de superfície tidas como erradas, ou seja, a criança não teria duas gramáticas mentais – uma que produziria os erros verificados, por exemplo, na fala do DEL, e outra que produziria as formas corretas. Então, para esses autores, a produção, por parte do indivíduo DEL, tanto de formas incorretas, quanto de formas adequadas, seriam realizadas pela mesma gramática, que, no caso, estaria comprometida.

O trabalho de Gopnik e Crago (*op. cit.*) é famoso na literatura sobre DEL porque apresenta fortes sugestões indicando uma base genética para a diferença no desenvolvimento da linguagem em relação a crianças sem problemas nesse processo, isso porque tal problema foi evidenciado em uma grande quantidade de indivíduos DEL de uma mesma família. Gopnik e Crago (*op. cit.*) aplicaram uma bateria de testes em 16 indivíduos DEL de uma família de 30 membros. Em alguns testes, Gopnik e Crago (*op. cit.*) verificaram que os indivíduos DEL deram respostas não esperadas sistematicamente mais que os indivíduos sem déficits de linguagem. Eram tarefas em que se verificava a habilidade de produzir morfemas de concordância de número e pessoa, tempo e aspecto verbais e morfologia derivacional.

As autoras sugerem que os indivíduos DEL, a despeito de darem respostas esperadas algumas vezes nas tarefas solicitadas, parecem estar recorrendo a regras explícitas (aprendidas em situação de terapia) para resolver o problema em vez de regras internalizadas implícitas. Por exemplo, diante do desempenho no teste que visava a verificar se os indivíduos DEL sabem fazer plural, as autoras fizeram a seguinte pontuação (p. 20): "mesmo quando os disfásicos[94] lidavam com alguns itens corretos, eles pareciam não utilizar um conjunto de regras inconscientes e internalizadas para a construção de plural, mas, sim, uma regra que se aplicasse a todos os casos". Elas citam um exemplo de uma mulher adulta que, diante do item que ela teria que pluralizar, após longa pausa, disse para si mesma: adicione um "s". Para os itens "sas" e "zash", ela simplesmente prolongava a sibilante -sasssss.

Se, nesse primeiro caso, as autoras mostram que a base do déficit pode ser de natureza genética, em Gopnik, Dalalakis, Fukuda e Fukuda (1997), há dados que podem sustentar a hipótese de que há um gene responsável pela anomalia e que, embora os sujeitos com comprometimento da linguagem algumas vezes pareçam produzir

[94] Para as autoras, nessa ocasião, as pessoas com DEL eram denominadas "disfásicas".

a forma de superfície "correta", outras análises de seu desempenho demonstram que essas formas são produzidas não por um sistema de regras abstratas hierarquicamente organizado operando em categorias gramaticais, mas, sim, por estratégias de compensação específicas.

A pesquisa realizada por Gopnik, Dalalakis, Fukuda e Fukuda (1997) englobou dados do inglês, do japonês e do grego. Vale dizer que o japonês é uma língua primariamente sem concordância obrigatória. Já o grego é uma língua rica em afixação morfológica que requer o uso obrigatório de regras de concordância a cada momento em que um nome, adjetivo, pronome ou verbo é usado. Os indivíduos DEL gregos, de acordo com a hipótese dos autores, produziriam itens agramaticais, mas nunca produziriam raízes totalmente não marcadas como se veem em inglês, pois isso resultaria formas inexistentes. A pesquisa, em Gopnik *et al.* (1997), foi conduzida a fim de proceder à observação de morfemas de tempo e de concordância, dentre vários outros elementos da sentença. Os resultados gerais da pesquisa de Gopnik *et al.* (*op. cit.*) demonstraram que as pessoas DEL falantes do inglês, japonês e grego estão comprometidas no que diz respeito aos componentes linguísticos investigados, pois, de acordo com os dados obtidos, a conclusão foi a de que eles não reconhecem que tempo é obrigatório, não apresentam, em suas falas, regras morfológicas produtivas nem a concordância necessária entre os elementos em uma sentença.

Em suma, tanto para Gopnik e Crago (*op. cit.*) quanto para Gopnik *et al.* (*op. cit.*), a conclusão é a de que os sujeitos DEL parecem ser incapazes de adquirir regras inconscientes automáticas, antes utilizam mecanismos compensatórios, que seriam a memória.

DEL: COMPROMETIMENTO DE PRINCÍPIO DE ECONOMIA

Para van der Lely (1998), uma proposta de explicação para o déficit linguístico de crianças DEL estaria ligada a uma falha em um dos princípios de economia, o Último Recurso. Para defender seu ponto de vista, van der Lely coloca que, na gramática do DEL, o movimento sintático seria opcional. Assim, todas as formas de flexão estariam presentes na gramática do indivíduo DEL, mas uma opcionalidade do movimento ocorreria e tal opcionalidade dever-se-ia, provavelmente, a um comprometimento do princípio Último Recurso. Como a autora pontua, os dados de suas pesquisas sugerem que há valoração de traços, pois, em alguns casos, há realização de tempo e concordância na fala das crianças DEL. Mas, de acordo com van der Lely, às vezes, não haveria a valoração de tais traços. A ideia é que o princípio que obrigaria o deslocamento dos constituintes, estando comprometido conforme sugere a autora, não levaria ao movimento sintático na gramática mental do indivíduo DEL. Dessa forma, ora ocorreria o movimento, ora não; por conseguinte, ora haveria sentenças com tempo marcado na fala da criança DEL, ora não.

DEL: omissão de Concordância e/ou de Tempo

Outra proposta para a explicação do déficit dos indivíduos DEL, quando não apresentam em sua produção linguística marcas de tempo e de concordância, por exemplo, é realizada por Rice e Wexler (1995), os quais realizaram um estudo afirmando que, se as crianças em fase normal de aquisição de linguagem passam pelo estágio OI (Estágio do Infinitivo Opcional, em que ora apresentam em suas produções linguísticas morfemas de tempo, ora não), as crianças DEL são caracterizadas por um estágio com as mesmas características do estágio OI, só que por um período mais prolongado, período este denominado pelos autores como sendo estágio EOI: *Extended Optional Infinitive*. Para os autores, o início do estágio OI é caracterizado por um período em que a criança aceita opcionalmente frases com sentenças cujos verbos são finitos e sentenças cujos verbos são não finitos. Porém há um período em que tal oscilação cessa. Entretanto, para as crianças DEL, isso não ocorreria da mesma forma, pois elas aceitariam tal opcionalidade de marcação de tempo nas sentenças por um período maior ou mesmo indefinido.

As análises de Rice e Wexler (*op. cit.*) basearam-se em dados produzidos por crianças DEL e por crianças controle (nessa última amostra, entraram crianças com a mesma idade das crianças DEL e crianças com o mesmo *Mean Lenght Utterance* (MLU[95]) das crianças DEL. As crianças com o mesmo MLU das crianças DEL são, quase sempre, mais novas que estas.). O objetivo da pesquisa era verificar se os marcadores de finitude[96] em língua inglesa eram ou não omitidos na fala das crianças investigadas. Para tanto, foram considerados, no estudo, os morfemas *-ed*, *-s*, *BE* e *DO*. Esses morfemas têm um traço em comum: o traço de finitude, pois o morfema *-ed* carrega os traços de tempo passado e o morfema *-s* marca concordância na terceira pessoa do singular no tempo presente. Além disso, em inglês, a marcação de tempo pode vir à superfície separadamente do verbo lexical principal em certos contextos e, em tais situações, as formas *BE* e *DO* carregam finitude. Em suma, finitude pode ser encontrada tanto em verbos principais lexicais, quanto em verbos principais e auxiliares *BE* e formas *DO*. Portanto, finitude foi considerada, na pesquisa de Rice e Wexler (*op. cit.*), toda marcação de tempo e de concordância.

Os resultados da pesquisa de Rice e Wexler (*op. cit.*) indicam que as crianças DEL e as crianças controle mais jovens marcaram, com menos frequência que as crianças controle mais velhas, a terceira pessoa do singular no tempo presente, ou seja, omitiram frequentemente o morfema *-s* em verbos lexicais. De forma similar, as crianças DEL e aquelas mais jovens do grupo controle usaram menos vezes o morfema *-ed*, marcador de tempo em verbos lexicais. Os autores acrescentam, ainda, que as crianças DEL e as crianças mais jovens do grupo controle omitiram os morfemas de flexão *-ed* e *-s*, mas nunca usaram uma forma verbal distinta daquela que seria permitida pela gramática do indivíduo adulto. Por exemplo, uma sentença como "*They walks*" não é prevista na fala das crianças (DEL ou sem

95 MLU significa *Mean Lenght Utterance* (MLU) e está relacionado ao número de morfemas ou de palavras produzidos por um indivíduo no período de um minuto.

96 Em português, um verbo está na forma finita quando está flexionado em modo, tempo, número, pessoa, por exemplo.

queixa de dificuldade de produção ou compreensão da linguagem), e o morfema de passado surgirá somente em situações em que o tempo verbal passado é requerido. Ainda nessa perspectiva, apresentamos outro resultado da pesquisa de Rice e Wexler: as formas de *BE* e *DO* foram, de um modo geral, omitidas na fala das crianças DEL e das crianças controle mais novas. Entretanto, quase todos os desvios diziam respeito a uma omissão, não ocorrendo, por exemplo, um uso equivocado dessas formas.

Em suma, os dados dos pesquisadores apresentam evidências, indicando que o desempenho linguístico dos indivíduos DEL é bastante similar ao desempenho das crianças mais novas em fase típica de aquisição de linguagem. Isso porque tanto as crianças controle mais jovens quanto as crianças DEL omitem o morfema que marca tempo em verbos lexicais mais vezes que as crianças controle mais velhas.

A despeito de as crianças DEL apresentarem tais dificuldades, elas também apresentam sentenças com traços de tempo especificados. Tal evidência leva os autores a afirmarem que as crianças DEL sabem que existe uma distinção entre formas finitas e formas não finitas. Além disso, sabem que, quando uma forma é finita, esta deve conter traços de concordância e de tempo. Por fim, as crianças DEL parecem também saber que deve haver concordância entre sujeito e verbo, já que, em algumas situações, elas produzem sentenças com tal relação.

TRABALHOS SOBRE DEL NO BRASIL

No Brasil, há poucos trabalhos que versam sobre a gramática mental do DEL. Um deles pretendeu realizar uma avaliação preliminar do DEL em crianças falantes do português e trata-se de uma tese de mestrado, de Silveira (2002). Com base na análise de manifestações de DEL em diferentes línguas, a autora fez uma previsão do que poderia vir a ser problema linguístico para o DEL falante do português e, em seguida, elaborou e aplicou alguns testes em quatro crianças com suspeita de DEL. Na pesquisa ora explicitada, a autora avaliou a compreensão de relativas, passivas, reflexivos, interrogativas QU, o reconhecimento e a produção de formas flexionadas em gênero e número, o processamento da concordância de gênero e número no sintagma nominal e o efeito de informação relativa a gênero no processamento sintático. A avaliação de todas as habilidades de processamento sintático revelou que o desempenho das crianças com suspeita de DEL foi, de uma maneira geral, inferior ao das crianças sem queixas de problemas de linguagem, com as quais as crianças com suspeita de DEL foram comparadas.

Outro trabalho é o de Hermont (2005), que fez um estudo sobre as categorias tempo e aspecto[97] na fala de crianças DEL e evidenciou alguns problemas no que diz respeito à produção de tais constituintes.

Antes de apresentar essa pesquisa propriamente dita, vejamos como a autora selecionou uma das crianças investigadas em sua pesquisa e um trecho de produção da linguagem de tal criança.

---

[97] Segundo Comrie (1976, p. 5), tempo é uma "categoria dêitica, isto é, localiza situações no tempo". Já aspecto "está relacionado ao tempo interno da situação". De acordo com o autor, pode-se diferenciar entre tempo interno à situação como sendo relativo a aspecto e tempo externo à situação como sendo tempo verbal. Logo, tempo estaria relacionado a passado, presente e futuro. Em relação a aspecto, podemos dizer que um verbo está na sua forma perfectiva quando um evento é visto em toda a sua expansão e tem marcado seu término. Um verbo está na sua forma imperfectiva quando o evento expressa uma das fases internas da situação, sem que se enfatize o final.

A seleção do menino DEL, cuja fala será apresentada neste artigo, obedeceu aos critérios de exclusão. A criança, de 12 anos, não apresentou quadro clínico de lesão cerebral, nem problemas auditivos. Não há descrição de nenhuma infecção recente no ouvido e não há anormalidades orais. Também não apresenta problemas social, comunicativo, emocional ou comportamental que a caracterizaria como sendo autista.

O menino foi conduzido a várias seções de avaliação psicológica, ocasião em que foi aplicado o WISC (WECHSLER, 1991), um teste psicológico que visa a verificar não só o QI verbal, quanto o não verbal. Em laudo fornecido pela psicóloga, que é especialista no teste, há a confirmação que o QI verbal da criança é 89 e o QI não verbal é 85. Além disso, o menino passou por uma avaliação fonoaudiológica. O resultado do trabalho com a fonoaudióloga teve um parecer que indicava o menino como sendo DEL. Alguns testes que verificavam as áreas da fonética e da sintaxe foram aplicados na criança pela profissional.

No que diz respeito aos testes de natureza fonética aplicados pela fonoaudióloga, foi verificado que o menino DEL selecionado para esta pesquisa apresenta algumas omissões e trocas de sons. Apesar disso, não há nenhum problema de natureza motora que impeça a criança de articular corretamente os fonemas. Ou seja, apesar de ter alguns problemas na articulação dos sons em um contínuo, o menino tem os pontos articulatórios relativos a esses sons, exceto em casos em que há necessidade de articulação do tepe ou, como é mais comumente conhecido, do "r" brando, como em prato ou coroa, quando a criança diz [‘pato] e [ko’oua].

Como critério para a constatação de déficit sintático, foi aplicado um teste que visava a verificar a compreensão de sentenças relativas de sujeito e relativas de objeto. A aplicação de testes com sentenças com movimento de QU como critério de constatação de déficit sintático parece ser um bom parâmetro, já que a literatura sobre o comportamento linguístico do DEL nos aponta que as crianças com DEL, de um modo geral, têm mais dificuldade na produção e compreensão de tais sentenças que as crianças em fase normal de aquisição de linguagem. O menino pesquisado no trabalho de Hermont, de um modo geral, não apresentou um bom desempenho na compreensão de sentenças com movimento de elemento QU, especialmente quando tal elemento estava em posição de objeto, ou seja, a criança apresentou maior dificuldade na compreensão de sentenças relativas de objeto.

Enfim, com base em critérios psicológicos, fonoaudiológicos e linguísticos, o menino foi considerado um menino DEL, servindo, portanto, para os fins da pesquisa.

Com o propósito de tornar mais clara a exposição sobre o que vem a ser a produção da linguagem do indivíduo DEL, apresentamos um reconto de uma história feito pela criança.

O RECONTO FEITO PELA CRIANÇA:

"O cachorro mora na casa. Está muito com fome. O cachorro está comendo. O cachorro está brincando. O cachorro joga o osso pro alto. O Zeca invém uma coisa na mão. O Zeca pediu que é um cachorro. O Beco tem medo do gato. O gato arranha o cachorro. Beco esconde atrás do Zeca. O gato come a comida do Beco. O gato (algo que não dá para entender). O Beco tá muito triste tá do gato. O Zeca só tá brincando mais o gato. O Zeca não tá dando mais carinho para Beco. Zeca mandou o Beco saí para fora. Correu para caminhão para tomar leite. O gato pulou no caminhão. O homem fechou a porta. O Beco tá muito feliz o gato foi embora. O Zeca tá caçando o gato para todo. Não achou. O Beco falou assim ia brincar com Zeca e não ficar triste. Mesmo assim, não adiantou nada. Começou puxa o Zeca para fora. Correndo atrás do caminhão. O Zeca ficou feliz. O gato tratou do Beco e Beco foi falando agora tinha dois amigo."

Passemos a verificar os aspectos morfossintáticos. Neste reconto, podemos observar que houve omissão de vários itens, tais como:

a) preposição, como em "O Zeca invém uma coisa na mão" e "O Beco tá muito triste tá do gato". O mais provável era ouvirmos "O Zeca invém com uma coisa na mão" e "O Beco tá muito triste com o gato", respectivamente;

b) elemento QU-, como em "O Beco tá muito feliz o gato foi embora", "O Beco falou assim ia brincar com Zeca e não ficar triste" e "...Beco foi falando agora tinha dois amigo". O mais provável era ouvirmos, respectivamente, "Beco tá muito feliz que o gato foi embora", "O Beco falou que ia brincar com Zeca e não era para ele ficar triste" e "O Beco foi falando que agora ele tinha dois amigos";

Verificamos, por fim, uma perda de linha melódica na fala da criança.

Na fala da criança, em específico, conseguimos verificar dificuldades na flexão de tempo, como no caso citado acima "Correndo atrás do caminhão", em que o auxiliar seria a marcação morfológica de tempo e, em "Começou puxa o Zeca para fora", em que a criança deveria ter colocado o verbo "puxar" no infinitivo e, no caso, ela o flexionou no presente.

Os dados de fala espontânea trazidos aqui serviram apenas para dar uma ideia de como a criança diagnosticada como DEL fala.

A seguir, apresentam-se os resultados da pesquisa de Hermont (2005), em que se verificaram as categorias de tempo e de aspecto verbais na produção da linguagem de duas crianças DEL.

Tais crianças tiveram um desempenho pior que as crianças sem problemas de linguagem (que eram as crianças controle) na produção dos morfemas relativos às categorias tempo e aspecto verbal. Ora apresentavam morfemas de tempo e de aspecto verbal, ora apresentavam, em seu *output* linguístico, formas verbais somente com morfema de tempo. Em outras situações, ainda, apresentaram formas verbais somente com morfema de aspecto verbal.

Para dar sua explicação sobre os resultados obtidos, a autora ancora-se em Wexler (1998), o qual propõe que, na gramática da criança em processo de aquisição da linguagem, exista algo restritivo que a impediria de ter todos os traços valorados. Assim, Hermont

(2005) apresenta seu raciocínio: haveria, na gramática mental, uma restrição que impediria que a valoração de traços de aspecto e de traços de tempo verbal ocorra. Se, na produção linguística da criança, ocorre somente morfema relativo a tempo, é que haveria somente a valoração de tais traços. Se somente a valoração de traços de aspecto ocorre, atuaria somente a operação que permite a valoração de tais traços. Se as duas morfologias, tanto de tempo, quanto de aspecto, ocorrem é que, nesse caso, a restrição de valoração em mais de uma categoria não atuou. Vale dizer que todos os dados da criança DEL pesquisada foram analisados comparativamente aos de crianças sem problemas de linguagem, com o mesmo perfil socioeconômico da criança com problemas de linguagem. Parece, portanto, que algo distinto ocorre na gramática mental da criança DEL em relação às crianças sem queixas de problemas linguísticos.

CONSIDERAÇÕES FINAIS

Neste artigo, verificou-se que o déficit especificamente linguístico é estudado, sob outras denominações há um bom tempo. Apresentou-se, também, que o diagnóstico para a caracterização do DEL é feito por exclusão: a criança não deve ter problemas neurológicos e auditivos, nem deficiência na estrutura oral. Não deve ter distúrbios de comportamento que a levem a ser diagnosticada como autista e deve ter um QI não verbal mínimo de 85. As crianças que apresentam tal déficit têm, de um modo geral, dificuldades no início da aquisição da linguagem, apresentando problemas que dizem respeito à fonologia, ao léxico e à área da morfossintaxe, ao longo da vida escolar, os quais podem perdurar até a fase adulta. No que diz respeito a problemas morfossintáticos, as crianças DEL omitem, com frequência, marca de tempo, por exemplo.

Foram, ainda, apresentadas abordagens que sugerem que a categoria DEL, tal como é entendida hoje, é constituída por subtipos do déficit. O DEL Gramatical seria aquele relacionado à dificuldade de algumas crianças na produção, compreensão e julgamento de morfologia flexional. Foram demonstradas algumas pesquisas que fazem reflexão acerca desse déficit à luz da Teoria Gerativa, dentre elas as de van der Lely (1998), Rice e Wexler (1995) e Hermont (2005).

Por fim, foi visto também que a causa do DEL ainda é objeto de muito estudo e os resultados das pesquisas não são totalmente conclusivos. Mas várias abordagens já convergem para evidências que o DEL é um déficit linguístico derivado de uma herança genética.

Logo, muito ainda deve ser feito, mas o fato é que, enquanto pesquisas não apresentam resultados mais conclusivos, muitas crianças são diagnosticadas de forma equivocada. Os tratamentos terapêuticos, por conseguinte, não são eficientes e tudo isso se acirra quando ocorrem as dificuldades no aprendizado da leitura e da escrita, clássicas na vida do indivíduo DEL.

Pesquisas que versem sobre a questão da linguagem e de suas relações com processos biológicos, cognitivos e de outras ordens são necessárias, não somente para desvendar os mistérios da linguagem de indivíduos com déficit especificamente linguístico, mas também para traçar características bem definidas acerca da linguagem do indivíduo sem problemas de linguagem.

REFERÊNCIAS

BENSON, David Frank; GESCHWIND, Norman. (1985) The aphasias and related disturbances. *In*: MESULAN, Marek-Marsel. *Principle of behavioral neurology.* Philadelphia: FA Davis, p. 193-238.

BENTON, A. Developmental aphasia and brain damage. *Cortex* 1: 1964, p. 40-52.

CLAHSEN, Harald; BARTKE, Susanne; GÖLLNER, Sandra. Formal features in impaired grammars: a comparison of English and German SLI children. *Journal Neurolinguistics*, v. 10, n. 2/3, p. 151-171, 19

CMSKY, Noam (1995). *The minimalist program*. Cambridge: MIT Press.

CRYSTAL, David (2000). **Dicionário de Linguística e Fonética.** Rio de Janeiro: Jorge Zahar Editor.

GALABURDA, Albert M.; SHERMAN, Gordon F.; ROSEN, Glenn D.; ABOITIZ, Francisco; GESCHWIND, Norman (1985). Developmental dyslexia: four consecutive patients with cortical anomalies. *Annals of Neurology*, v. 18, n. 2, p. 222-233.

GESCHWIND, Norman; BEHAN, Peter O. (1982). Left-handedness: association with immune disease, migraine, and developmental learning disorder. *Proceedings of the National Academy of Sciences of the United States of America*, v. 79, p. 5.097-5.100.

GOPNIK, Myrna; CRAGO, Martha (1991). Familial aggregation of a developmental language disorder. *Cognition*, v. 39, n. 1, p. 1-50.

GOPNIK, Myrna; DALALAKIS, Jenny; FUKUDA, Susy E.; FUKUDA, Shinji (1997). The biological basis of language: familial language impairment. *In*: GOPNIK, Myrna. *The inheritance and innateness of grammars*. New York: Oxford.

HERMONT, Arabie Bezri (2005). *Aquisição de tempo e aspecto no déficit especificamente linguístico*. 2005. 284 f. Tese (Doutorado em Linguística) – Universidade Federal do Rio de Janeiro, Faculdade de Letras, Rio de Janeiro.

HERMONT, Arabie Bezri; LIMA, Ricardo Joseh (2010). Gramática Gerativa: aspectos históricos e perspectivas atuais. *In*: HERMONT, Arabie Bezri; ESPÍRITO SANTO, Rosana Silva do; CAVALCANTE, Sandra Maria Silva (org.). *Linguagem e cognição*: diferentes perspectivas, de cada lugar um outro olhar. Belo Horizonte: PUC Minas.

INGRAM, T. T. S. (1959). Specific development disorders of speech in childhood. **Brain**, 92,450-454.

LAI, Cecilia S. L.; FISHER, Simon E.; HURST, Jane A.; VARGHA--KHADEM, Faraneh; MONACO, Anthony P. (2001). A fork-head--domain gene is mutated in a severe speech and language disorder. *Nature*, v. 413, n. 6.855, p. 519- 523.

LEONARD, Laurence (1998). *Children with specific language impairment.* Cambridge: Massachusetts Institute of Technology.

LIEBMAN, Albert (1898). *Vor lesungen* über *Sprachstörungen*, 3, Hörstummheit. Berlin: Coblentz.

LEWIS, Barbara A. (1992). Pedigree analysis of children with phonology disorders. *Journal of Learning Disabilities*, v. 25, p. 586-597.

PAUL, R. & SHIFFER, M. (1991). Comunicative initiations in normal and late-talking toddlers. Applied Psycholinguistics, 12, p. 419-431.

PAULMOUR, Roberta (1997). Genetic Studies of specific language impairment. *Journal of Neurolinguistics*. Montreal, v. 10, n. 2/3, p. 215-230.

RICE, Mabel L.; WEXLER, Kenneth (1995). Specific language impairment as a period of extended optional infinitive. *Journal of speech & hearing research*, v. 38, p. 850-864.

Siegel, L. Reproductive, perinatal, and environmental factors as predictors of the cognitive and language development of preterm and full-term infants. *Child Development* 53: 1982, p. 963-973.

SILVEIRA, Marise Santos. *O déficit especificamente linguístico (DEL) e uma avaliação preliminar de sua manifestação em crianças falantes de português*. 2002. 196 f. Dissertação (Mestrado em Estudos da Linguagem, Letras) – Pontifícia Universidade Católica do Rio de Janeiro, Rio de Janeiro, 2002.

TALLAL, Paula; ROSS, Randal; CURTISS, Susan (1989). Familial Aggregation in Specific Language Impairment. *Journal of Speech Hearing Disorders*, v. 54, n. 2, p. 167-173.

TALLAL, Paula; TOWNSEND, Jeanne; CURTISS, Susan; WULFECK, Beverly (1991). Phenotipic profiles of language-impaired children based on genetic/family history. *Brain and Language*, v. 41, p. 81-95.

TOMBLIN, James Bruce (1997). Epidemiology of specific language impairment. *In*: GOPNIK, Myrna (ed.). *The inheritance and innateness of grammars*. New York: Oxford University Press.

TOMBLIN, James Bruce; BUCKWALTER, Paula (1994). Studies of genetics of specific language impairment. *In*: WATKINS, R.; RICE, Mabel (eds.). *Specific language impairments in children*. Baltimore: Paul H. Brookes. p. 17-35.

VAN DER LELY, Heather K. J. (1998). SLI in children: movement, economy, and deficits in the computational-syntactic system. *Language Acquisition*, v. 7, n. 2/4, p. 161-192.

VAN DER LELY, Heather K. J. (2005). Domain-specific cognitive systems: insight from grammatical-SLI. *TRENDS in Cognitive Sciences*. London, v. 9, n. 2.

VAN DER LELY, Heather K. J.; STOLLWERCK, Linda (1996). A grammatical specific language impairment in children: an autosomal dominant inheritance? *Brain and Language*, v. 52, p. 484-504.

WECHSLER, David, 1991. *WISC III*: Escola de Inteligência Wechsler para crianças: Manual/ David Wechsler, 3. ed. FIGUEIREDO, Vera Lúcia Marques de (2002). Adaptação e padronização de uma amostra brasileira. São Paulo: Casa do Psicólogo.

WEXLER, Kenneth (1998). Very early parameter setting and the unique cheking constraint: a new explanation of the optional infinitive stage. *Lingua*, v. 106, n. 1-4, p. 23-79.

CAPÍTULO 8

UMA INTRODUÇÃO AOS MODELOS HEURÍSTICOS DIAGRAMÁTICOS DA EXPERIÊNCIA HUMANA: BASES FILOSÓFICAS E APLICABILIDADE

Enidio Ilario

Valdir Gonzalez Paixão Jr.

Alfredo Pereira Jr.

INTRODUÇÃO

Sabemos que o uso de modelos heurísticos encontra-se largamente difundido em importantes campos do conhecimento, e que, tanto na pesquisa quanto na aplicação prática cotidiana, essa forma de abordagem tem produzido resultados numerosos e consistentes. Muitos desses modelos resultaram em artefatos tão entranhados na rotina dos profissionais, em áreas como a física, engenharia, ciências da computação, administração, economia e outras, que raramente eles se perguntam sobre as origens de tais avanços. A partir de uma perspectiva metodológica que traz os diagramas como ferramentas centrais e tomando como referência alguns autores que se utilizam dessa metodologia como recurso, pretendemos mostrar a adequação dessa abordagem no campo das ciências humanas e da cognição.

Os modelos, *grosso modo*, são abstrações e implicam sempre em certo grau de simplificação frente à complexidade dos fenômenos que se quer explicar. Encontramos na filosofia o "more geométrico" como recurso clássico de construção do conhecimento. Na área da psicologia, um clássico exemplo de modelagem é a metapsicologia freudiana e, a partir dela, outros empreendimentos se desenvolveram, por Kurt Lewin, Piaget, neurologistas e psicólogos russos, entre os quais Vygotsky, autor que já vislumbrava em seu tempo uma disciplina mais geral do que a psicologia – hoje identificada no projeto transdisciplinar das ciências da cognição. Tais autores, bem como muitos de seus discípulos, procuraram e ainda procuram contribuições em áreas como a matemática, a lógica, a linguística, a teoria dos sistemas e mais recentemente, a teoria da auto-organização. No presente estudo, renovando o olhar sobre as mesmas fontes, buscou-se desenvolver uma modelagem original a partir da lógica diagramática.

MODELAGEM DIAGRAMÁTICA

De origem grega, etimologicamente "diagrama" significa "através da linguagem", nascendo o conceito da junção de *dia* (através de) e *gramma* (linha), dessa forma, já em sua origem, o conceito conota o que se quer realçar. Embora, para o senso comum, um diagrama possa ser simplesmente uma representação visual da forma do objeto que se quer estudar, interessa-nos falar de diagramas esquemáticos, ou seja, figuras que buscam representar não a forma, mas funções e relações, sendo as últimas entendidas como uma das categorias aristotélicas (384-322 a.C.). Segundo o estagirita, as relações podem ser predicamentais, ou seja, relações acidentais com outras coisas, mas também podem ser transcendentais, que são aquelas que não constituem a coisa, mas que seguem a essência da coisa na qual estão incluídas (FERRATER MORA, 2004, p. 2.499). Mais tarde, Kant também incluirá entre as suas categorias aquela de relação, deduzida a partir dos juízos, classificados como categóricos, hipotéticos e disjuntivos.

Como se pode notar, os diagramas são ferramentas amplamente presentes no campo da lógica tradicional, na qual a relação se refere ao caráter condicionado ou incondicionado dos enunciados (juízos ou proposições) enquanto cálculo predicamental. Vale destacar a clássica definição de Martin Gardner:

> O diagrama lógico é uma figura geométrica bidimensional que mostra relações espaciais isomórficas com a estrutura de um enunciado lógico. Essas relações espaciais costumam ser de caráter topológico, o que não é surpreendente em vista do fato de que as relações lógicas são relações primitivas subjacentes a todo o raciocínio dedutivo, e de que as propriedades topológicas são, em certo sentido, as propriedades mais fundamentais das estruturas espaciais. (GARDNER, 1958, p. 28)

Por tais propriedades, o diagrama pode permitir uma visão simultânea das relações que busca captar, permitindo sínteses que facilitam a associação como outras ideias correlatas na consciência examinadora. Esse é um processo essencialmente heurístico, na medida em que a mente observadora pode operar livre de qualquer restrição, sobre um estado de idealidade, que permite de forma dedutiva descobrir novas e surpreendentes relações. Compreender a natureza do raciocínio diagramático implica em um importante passo para o desvelamento dos processos cognitivos, do raciocínio dedutivo e da própria estruturação do pensamento humano.

Nesse campo, coube a Charles Sanders Peirce (1965, p. 1.931-35), o desenvolvimento de um amplo sistema de lógica diagramática que permite, entre outros procedimentos, a realização de deduções formais de maneira visual por meio de uma representação do pensamento através de ícones dos quais os diagramas seriam uma modalidade capaz de revelar o esqueleto estrutural das proposições. O autor afirma que toda inferência consiste na observação de ícones e que um diagrama é principalmente um ícone de relações inteligíveis que têm a função de revelar verdades inesperadas, dessa maneira, pondo-se de acordo com o filósofo de Königsberg, seu inspirador (1965, p. 3.560):

> Kant está inteiramente correto ao dizer que o matemático utiliza o que em geometria é chamada uma "construção", ou um diagrama geral, ou um arranjo visual de caracteres ou linhas. Tal construção é formada de acordo com um preceito fornecido pela hipótese. Uma vez formada, a construção é submetida ao escrutínio da observação, e novas relações são descobertas entre as partes não apresentadas no preceito pelo qual ela foi formada.

Para Peirce, a observação dos diagramas é essencial para todos os raciocínios, daí, a capacidade dos diagramas de revelar a verdade inesperada. Em *The Law of Mind*, o autor considerou tanto o pensamento filosófico quanto o raciocínio lógico a partir de métodos da geometria e, como Kant, acentua o caráter diagramático do conceito:

> "Um conceito é a influência viva em nós de um diagrama ou ícone, cujas diversas partes estão conectadas ao pensamento a igual

número de sentimentos ou ideias. A lei da mente consiste em que sentimentos e ideias se unem a si mesmos no pensamento de modo a formar sistemas" (PEIRCE, 1965, p. 7.467).tradução de "concept is the living influence upon us of a diagram, or icon, with whose several parts are connected in thought an equal number of feelings or ideas"

Uma vez que o tipo de diagrama aqui tratado nada mais é do que um esquema conceitual expresso em relações abstratas internas, lembramos que tal noção é, para Kant, central no desenvolvimento de seu sistema, a ponto de propor, quando trata dos conceitos puros do entendimento ou categorias, em sua *Crítica da Razão Pura*, uma tópica sistemática: "As divisões já existem; basta preenchê-las, e uma tópica sistemática, como a presente, dificilmente se engana sobre o lugar que convém peculiarmente a cada conceito e ao mesmo tempo nota facilmente o lugar que ainda está vazio" (KANT, 1999, p. 110).

Daí, embora o filósofo de Königsberg não tenha se utilizado em sua teorização de figuras geométricas propriamente, ao contrário de Peirce, o esquema transcendental é a base da "Arquitetônica da Razão Pura", na qual o processo de conceituar é sintético (produzido pelo entendimento), e o conceito, propriamente, é como que um quadro no qual se inscreve toda a experiência possível, daí o célebre aforismo "as intuições sem conceitos são cegas, e os conceitos sem intuições são vazios" (Kant, 1999, p. 92) (

A MODELAGEM DIAGRAMÁTICA E O MÉTODO ESTRUTURAL

Vale lembrar que o lógico e matemático Charles S. Peirce inaugura o vastíssimo campo da Semiótica Científica, capaz de abarcar todas as possíveis formas de linguagem, e que tem por objetivo o exame dos modos de constituição de todo e qualquer fenômeno como fenômeno de produção de significação e sentido (SANTAELLA, 1983, p. 14); porém, quase simultaneamente, Saussure apontou para o mesmo caminho, antecipando o que mais tarde, na Europa, se tornaria um influente movimento, o estruturalismo. Etimologicamente, estrutura vem do latim "*structura*", conotando um estilo de construção, e "*struere*", que traz a noção de disposição em camadas (ABBAGNANO, 2007). O termo, e seus análogos, tem sido um dos mais fecundos e disseminados conceitos utilizados em Filosofia, Antropologia, Sociologia, Economia, Linguística, Neurociência e Psicologia. O "Estruturalismo", nesse caso, alude a uma ampla gama de doutrinas, entre as quais, sobressaem a Linguística, a Psicologia da Forma e a Antropologia Estrutural de Lévi-Strauss (1989), por exemplo. Vale lembrar que esse último considerou a etnologia como uma psicologia capaz de reconstituir leis universais e utilizou a análise estrutural em sua abordagem, chamando a atenção para aquilo que ela pode oferecer em termos de economia de explicação; unidade de solução; possibilidade de reconstituir o conjunto a partir de um fragmento e prever os desenvolvimentos.

Mais recentemente, o lógico francês Robert Blanché, também com confessada influência de Peirce, no livro Estruturas Intelectuais (2012), vai retomar o problema da organização dos conceitos da teoria clássica da oposição das proposições da lógica aristotélica, a partir do quadrado lógico de Apuleio (BLANCHÉ, 2012, p. p.10). Vale lembrar que, no quadrado lógico, são representadas as quatro espécies de proposição que se opõem pela quantidade (universais x particulares), nas duas metades do eixo horizontal; pela qualidade (afirmativas x negativas), nas duas metades do eixo vertical; e por ambas, quantidade e qualidade, ao mesmo tempo (universais afirmativas x particulares negativas e universais negativas x particulares afirmativas), nas duas diagonais que cortam o quadrado. Tomando as letras A e I de Afirmo para indicar as proposições afirmativas e E e O de nEgO para as negativas, universais e particulares, respectivamente, temos dessa forma o quadrado de proposições opostas (FIG. 1).

FIGURA 1 – QUADRADO LÓGICO

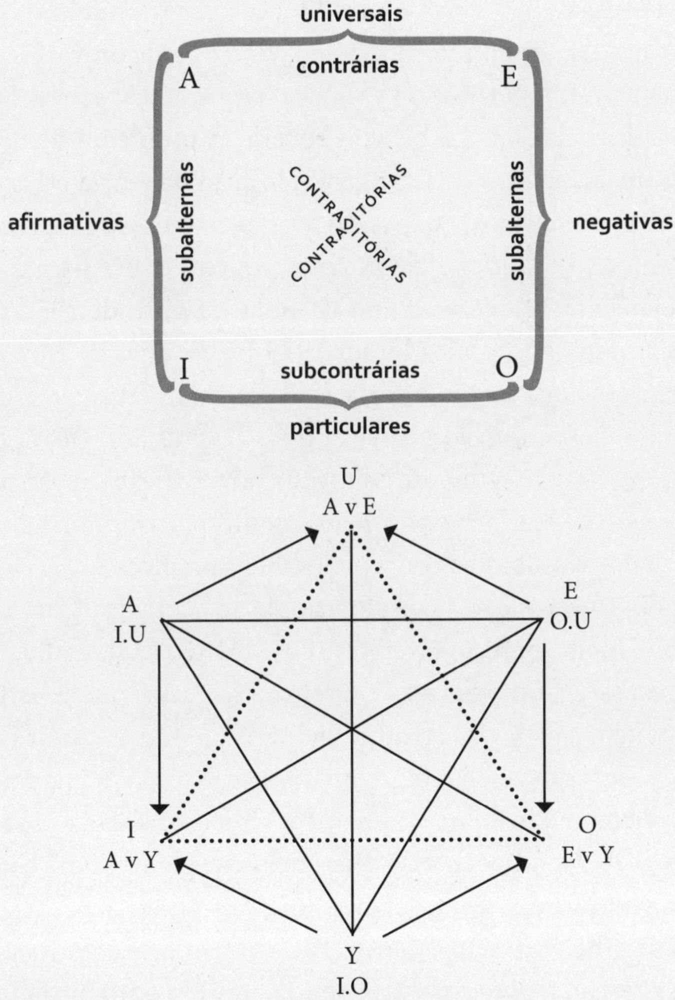

Fonte: (Fonte: Robert Blanché, 2012)

A partir do quadrado lógico, Blanché propõe um hexágono, ao qual o autor atribui as propriedades de uma verdadeira *Gestalt*, atribuindo-lhe as qualidades da "boa forma" e da elegância (*ibid.*, p.103-117). Nesse hexágono, o lógico francês acrescenta duas novas proposições: uma universal, U (tudo ou nada, todos ou nenhum) formada pela disjunção ou soma lógica das duas universais (que) e, uma particular, Y (alguns sim e alguns não), formada pela conjunção ou produto lógico das duas particulares (I.O), de tal forma que se tem, a partir desse acréscimo, conforme mostra o diagrama:

Uma estrela – ✡ – das contraditórias; um triângulo –▽– das contrárias; um triângulo pontilhado – △ – das subcontrárias e uma cinta – ⬡ – das subalternas.

Dessa forma, Blanché buscou encarar o problema de uma estrutura essencial, através de uma generalização da teoria clássica das proposições opostas, mas, ao mesmo tempo, não deixou de reconhecer precursores dessa ideia, geralmente pouco lembrados na literatura especializada. Achado digno de nota na obra de Blanché é a citação de um artigo publicado em 1935 no *Journal de Psychologie Normale et Pathologique*, de autoria de P. Coirault, intitulado "*Sur les dyades et les triades dans la pensée et dans l'expression*" (*ibid.*, p. 14). No entanto, essa surpreendente contribuição não deve causar surpresa àqueles familiarizados com o pensamento peirciano, haja vista a semelhança entre ambas as concepções diagramáticas desses lógicos

Um dos autores que mais atenção deu às contribuições de Robert Blanché foi o linguista Greimas (GREIMAS; COURTÉS, 2008). Como Chomsky e Lévi-Strauss, Greimas acredita que a estrutura da língua reflete a própria estrutura do pensamento. O autor buscou demonstrar, de forma elegante e convincente, a existência de universais linguísticos, ou seja, uma estrutura lógica profunda escondida sob a superfície da variação e da diferença, que gera, prediz e explica sua transformação e, para tal, lança mão justamente do hexágono lógico de Blanché. Em seu artigo escrito em parceria com Rastier " *o Jogo das Restrições Semióticas*" : (Greimas 1975)., o linguista lituano propõe que, no processo de construção dos objetos culturais, o indivíduo, partindo de elementos simples, segue um percurso complexo, encontrando, em seu caminho, tanto as restrições que ele deve sofrer quanto as escolhas que lhe é permitido realizar. .

Sabendo que a gramática semiótica trata das estruturas superficiais que organizam em formas discursivas os conteúdos suscetíveis de manifestações e que as estruturas profundas, cujo estatuto lógico define as próprias condições de existência dos objetos semióticos, Vogt (2006) nos convida a entender os princípios desse processo. O linguista brasileiro pergunta o que há de comum – além de serem ternários – entre sistemas de valores tão distintos na vida social, quanto os que se verificam nos conjuntos abaixo (TAB. 1).

TABELA 1 – CONCEITOS VALORATIVOS, TABELA CONSTRUÍDA POR VOGT A PARTIR DE GREIMAS (*APUD* VOGT, 2006)

Verde	Amarelo	Vermelho
Obrigatório	Indiferente	Proibido
Moral	Amoral	Imoral
Bom	Indiferente	Mau
Aceitação	Indecisão	Recusa
Amor	Apatia	Temor
Ousado	Equilibrado	Covarde
Pródigo	Equilibrado	Avarento
Excitação	Equilíbrio	Depressão
Bom	Inócuo	Nocivo

Vogt (Id), a partir da teorização de Greimas e Rastier (1975) responde que esse modelo não decorre de convenção, mas, antes, é o seu motivador, e a própria razão de sua possibilidade lógica e intelectual. Por sua vez, o etnólogo Lévi-Strauss faz uso dessas distinções de forma semelhante a Greimas, e também chama a atenção para outro desdobramento metodológico decorrente da análise estrutural, chegando mesmo a dedicar a tal aspecto, um capítulo de sua "Antropologia Estrutural" (1989). O etnólogo belga, referindo-se a Roman Jakobson, diz que este se mostrou sempre particularmente atento ao elo íntimo existente entre a análise estrutural e o método dialético, reconhecendo que nada mais fazia senão seguir uma das vias que o linguista traçou (*id.*, p. 267-268).

Quanto a Greimas, sempre atento a esses aportes e nexos semióticos, continuou a empreender até o fim de sua vida um projeto ambicioso, do qual, *Semiótica das Paixões*, de 1993, uma de suas últimas obras, escrita em parceria com Jacques Fontanille, é emblemática. Nessa obra, os autores tratam de um modo de existência semiótico, ao mesmo tempo real e imaginário, e buscam desvendar a estrutura profunda dessas propriedades, sem jamais esquecer que as figuras do mundo só podem "fazer sentido" à custa da sensibilização que lhes impõe a mediação do corpo (*id.*, p. 13-14). Vale destacar um trecho dessa obra em que o linguista lituano nos oferece uma rica reflexão para o desvendamento das estruturas elementares da significação (*ibid.*, p. 40):

> As estruturas elementares da significação chegam a reconciliar um princípio de evolução, graças a uma sintaxe dialetizante, e uma forma categorial da totalidade. Assim se acha resolvida a tensão entre o "um" e o "múltiplo", pela instalação de relações dialetais e descontínuas entre a categoria e seus termos. Por outro lado, a discretização transforma o devir em sucessão de disjunções e de conjunções descontínuas. A primeira somação, seguida das operações constitutivas da estrutura elementar, transmuta as modulações em uma sucessão de "antes" e de "depois", de fases e de limiares de fase. Nessa perspectiva, os estados e as transformações se definirão respectivamente nesse nível como as zonas isoladas por somação no desenvolvimento orientado do devir e como os caminhos que levam de um estado ao outro.

Vale realçar que Greimas (2008) revalorizou as conhecidas noções espaciais primitivas, que, em português, são traduzidas pelas expressões "à direita" e "à esquerda", como definidoras da horizontalidade, bem como "acima" e "abaixo", definidoras da verticalidade (*id.*). Esses são os conceitos espaciais fundamentais, pois todos os demais derivam deles, inclusive o conceito intermediário de entre um e outro. Tais noções não são desconhecidas na psicologia, inclusive na linha fenomenológica da psicologia compreensiva do início do século passado, (vale citar) Karl Jaspers, em longo, mas elucidativo, trecho afirma (2006, p. 409):

> Contrastes e polaridades desenvolvem-se, pois, sem limites, dominando, com grande riqueza de variações, os preceitos da psicologia compreensiva, toda a qual se move dentro de contrastes, ou polaridades. Intelectualmente, a polaridade vem completar valorações opostas: o verdadeiro e o falso, o belo e o feio, o bom e o mau, o positivo e o negativo. A mente capta todos os contrastes que sequer vão acontecer, por si mesmo inconscientes, reconhece-lhes a significação, contempla-os como símbolos, desde os pólos espaciais, acima e abaixo, à esquerda e à direita, através da escuridão e da luz, até os pólos biológicos (quais sejam, masculino e feminino) e também capta os antagonismos psicológicos: prazer-desprazer, alegria-tristeza, luto-exaltação e ruína. Essencial à mente, no entanto, é o movimento que se realiza em si e consigo mesmo, caminhando de um pólo ao outro, não suportando contradição, tentando, por isso, superá-la todas, reunindo polaridades preservando-as através de tensões cada vez mais amplas. (...) Os contrastes não só existem, como movimentam todo o ser; relacionados uns com os outros, são origem do movimento constante chamado dialética.

Contemporaneamente, tais noções são de uso corrente na área de comunicação e estão formalizadas como uma sintaxe da linguagem visual que compõe um plano básico denominado mapa estrutural (FIG. 2), como podemos observar no diagrama abaixo, no qual o ponto central é o ponto de maior estabilidade e repouso e, ao mesmo tempo, de atração e repulsão.

FIGURA 2 – ESQUEMA DO MAPA ESTRUTURAL

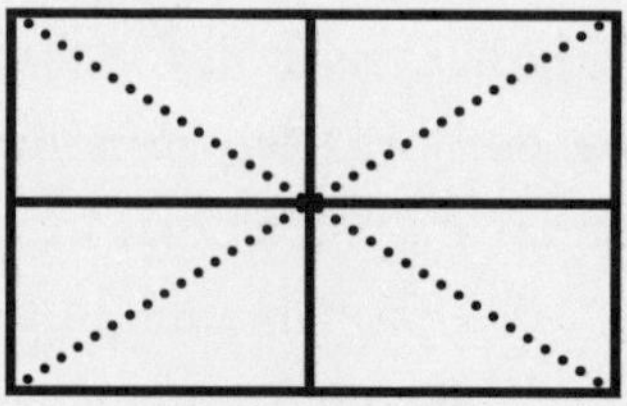

Fonte: Autor, adaptado de Dondis

Como mostraremos mais adiante, o mapa estrutural remete a um plano topológico vetorial no qual esse centro é justamente aquele em que todas as forças se anulam e se equilibram, ou seja, a soma vetorial é zero. Conforme Dondis, na expressão ou interpretação visual, a estabilização impõe a todas as coisas vistas e planejadas um eixo vertical e um eixo horizontal secundário, de tal forma a determinar em conjunto, os fatores estruturais que medem o equilíbrio (DONDIS, 2007, p. 33 e 60):

> Esse eixo visual também é chamado de 'eixo sentido', que melhor expressa a presença invisível, mas preponderante, do eixo no ato de ver. Trata-se de uma constante inconsciente. (...) A referência horizontal-vertical (...) constitui a referência primária do homem em termos de bem-estar e maneabilidade. Seu significado mais básico tem a ver não apenas com a relação entre o organismo humano e o meio ambiente, mas também com a estabilidade em todas as questões visuais.

Na sintaxe visual, além dos referentes horizontal e vertical, também as figuras geométricas básicas expressam outras duas direções visuais básicas e significativas, a saber: i) a diagonal através do triângulo e ii) a curva através do círculo. Outra importante referência nessa sintaxe diz respeito aos contrastes, ou seja, todo e qualquer significado visual existe no contexto de polaridades que expressam o princípio básico da forma, princípio fundamental na *Gestalt Theory*, mas que remonta à filosofia antiga em sua relação de unidade aperceptiva e à distinção lógica, conhecida como "unidade na diversidade" (*ibid.*, p. 107-108).

A partir de tais noções básicas, que, embora hoje formalizadas, são manifestações de todos os tempos, com diferentes expressões míticas, pictóricas e artísticas, ao menos metodologicamente é possível imaginar como o espírito humano chega a construir seus objetos culturais. Porém, os princípios da sintaxe visual não só se aplicam às imagens, mas, desde que mediados iconicamente, podem ser aplicados a todas as expressões da experiência humana, o que quer dizer, a todas as expressões culturais.

MODELOS E POSSIBILIDADES DA FORMALIZAÇÃO NAS CIÊNCIAS HUMANAS

Um cientista que não pode deixar de ser citado a propósito dos desafios da modelagem em ciências humanas, particularmente na psicologia, é o pai da epistemologia genética, Jean Piaget, que concebeu um estruturalismo capaz de dar conta do que denominou "sujeito epistêmico". Isso quer dizer, aquele construído a partir de uma "epistemologia genética" que, juntamente com a introdução da dimensão temporal, também incorpora o sujeito, que vai se estruturando através de uma dialética desequilíbrio-equilibração.

Em Piaget (1976), o comportamento é explicado pelo *esquema*, que é o elemento de estrutura que se adapta em um processo descrito pelos conceitos gêmeos de assimilação e acomodação. Tais conceitos indicam que o indivíduo é atraído para problemas que exigem sua adaptação, e, dessa forma, alimenta-se de tais desafios para crescer em sua eficiência. Quando Piaget fala de equilíbrio em processos cognitivos, pressupõe que, para que o indivíduo esteja em equilíbrio cognitivo com seu ambiente, é preciso que tenha esquemas que representem os vários tipos de mudanças ou perturbações que possam ocorrer no sistema. O estruturalismo piagetiano compartilha dos pressupostos da sistêmica e da teoria da auto-organização (BETH; PIAGET, 1966). Com essas duas recentes áreas de estudo, a epistemologia genética compartilha a noção de que, embora o ser humano não esteja determinado para um fim absoluto transcendente (uma teleologia), há nele um sentido teleonômico de evolução intelectual imanente (FORTES, 2006).

Acerca dessa mesma questão, Le Moigne (1994), influenciado por Piaget, afirma a existência de um "preceito teleológico" que pressupõe não a interpretação do objeto em si, mas o comportamento, sem tentar explicar, *a priori*, qualquer conduta como decorrente de alguma possível lei implicada em uma estrutura. Esse autor sugere também adotar a concepção da teleonomia como significativa para o estudo de sistemas finalísticos a partir da busca de sua estabilidade estrutural - em inglês, "purposeful system"-, aceitando diferentes intervalos de estabilidade estrutural, podendo, em geral, desenvolver ou modificar os seus objetivos (*ibid.*, p. 56). Para Le Moigne, o mestre Piaget, ao forjar as bases da Epistemologia Genética, sabia que definir o objetivo é conhecer a sua história (hereditariedade) e, portanto, o projeto (destino), de tal forma a constituir uma espécie de trialética (FIG. 3): no ser, no fazer e no tornar-se (*ibid.*, p. 63-64).

FIGURA 3 - TRIALÉTICA PIAGETIANA, SEGUNDO LE MOIGNE

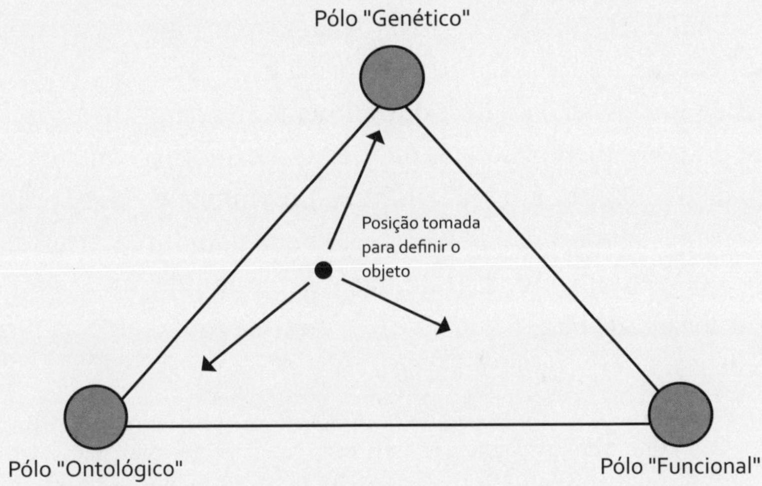

Fonte: Autor, adaptado de Le Moigne

A partir precisamente dessa perspectiva é que acreditamos possível a construção de modelos heurísticos ampliados, capazes de levar a elaboração de hipóteses, fazer predições e testá-las dentro do campo fenomenológico do propriamente humano. É fundamental ressaltar que um modelo pode se prestar à interpretação de teorias, mas não reflete necessariamente a realidade, caso não se tenha essa clareza, corre-se o risco de reduzir fenômenos a entes ideais e trabalhar com tal simplificação como uma realidade em si. Sobre isso nos adverte o epistemólogo Bachelard (1996), ao mesmo tempo em que prescreve os cuidados necessários para se evitar tal sorte de reificação, o método da alternância entre o arqueológico[98] e o teleológico, em outras palavras, entre o estrutural e o fenomenológico.

Dessa forma, diferentemente das demais abordagens estruturalistas, que buscam explicar arqueologicamente a realidade, em Bachelard a fenomenologia fará o papel da estratégia teleológica. O autor buscou superar a contradição entre o arqueológico e o teleológico e, em nossa opinião, com sucesso, posto que transformou o que poderia ser um impasse epistemológico, partindo de sua noção de "obstáculo epistemológico" (BACHELARD, 1996, p. 17-28), em uma rica metodologia, que consiste em alternar o estudo científico dos signos com a imaginação criativa. Assim, conforme Bachelard, conhecimento científico é sempre a reforma de uma ilusão, mas é a intuição e a imaginação criativa que alimentam e renovam a atividade crítica do pensamento, através da meditação sobre o conteúdo simbólico da linguagem. Em seu 'Discurso Preliminar' de a *A Formação do Espírito Científico*, Bachelard deixa bem clara a sua proposta de provar que pensamento abstrato não é sinônimo de má consciência científica e define bem o que ocorre com o espírito diante da formulação de uma "lei geométrica" (*ibid.*, p. 7-8):

> Quando se consegue formular uma lei geométrica, realiza-se uma surpreendente inversão espiritual, viva e suave como uma concepção; a curiosidade é substituída pela esperança de criar. Já que a primeira representação geométrica dos fenômenos é essencialmente uma ordenação, essa primeira ordenação abre-nos as perspectivas

[98] Arqueologia remete a *Epistéme* em Foucault: algo anterior à ordem do saber, subsolo de onde se pode pensar um pensamento e que só pode ser abordada através de uma arqueologia, não preocupada com a ciência propriamente, mas com o saber a partir do qual a ciência se produz como um dos discursos possíveis. Para Foucault é necessário apreender o lugar onde se cruzam uma série de estruturas capazes de sustentar uma leitura do real. A *epistéme* de uma época possibilita, inclusive, sua ontologia, na medida em que a própria concepção que os homens têm do ser no mundo está balizada por essa configuração anterior à ordem do saber. (GOMES, João Carlos Lino. Nota sobre o conceito de *Epistéme* em Michel Foucault. Síntese, Belo Horizonte, v. 18, n. 53, p. 225-231, abr./jun. 1991.)

de uma abstração alerta e conquistadora, que nos levará a organizar racionalmente a fenomenologia como teoria da ordem pura.

Conforme Bunge (2008, p. 38-39), na ciência fatual, um diagrama é uma representação visual e esboçada de um objeto-modelo e, por sua vez, na teoria do modelo, "modelo" significa uma interpretação de uma teoria abstrata sob a qual todas as afirmações da teoria são satisfeitas. O modelo pode ser do tipo "caixa negra", no qual todas as variáveis são externas, diretamente (como a forma e cor de corpos perceptíveis) ou indiretamente (como a diferença de potencial e temperatura) mensuráveis (*id.*, p. 69). Em contraste com tal tipo de modelo, temos o da "caixa translúcida", que contém também referências a processos internos, descritos por meio de variáveis indiretamente controláveis (posição do elétron, a onda, a fase, o gene e a utilidade subjetiva); tal fenômeno também ocorre na dinâmica em contraste com a cinemática ou ainda com a óptica geométrica em contraste com a óptica física, que é uma teoria representacional (*ibid.*).

Conforme o mesmo autor, em psicologia, podemos exemplificar como uma teoria do tipo "caixa negra" a teoria da aprendizagem behaviorista, que evita qualquer referência a mecanismos fisiológicos e estados mentais (*ibid.*). No entanto, certamente não é o caso da teoria psicanalítica e da *Gestalt*. Aliás, quando o mesmo autor trata de modelos em sociologia, observa que, até poucas décadas, os processos sociais eram, em geral, considerados inexpressáveis em termos matemáticos. Em sua opinião, tal atitude trai um entendimento deficiente, quer da matemática, quer da sociologia, por pressupor que a matemática, quando utilizada, se aplica aos objetos ou referentes do discurso, e pressup**õe** que o método da ciência consiste no conjunto de técnicas empregadas nas ciências físicas. Diz ainda que a infame dicotomia entre as *Naturwissenschaften* (ciências da natureza) e as *Geisteswissenschaften* (ciências do espírito) **é** reforçada por uma filosofia errônea da matemática e da ciência (*ibid.*, p. 41-42):

> Agora, sabemos melhor. Aprendemos que a matemática pura

é neutra e, quando aplicada, é aplicada às nossas idéias sobre juízos acerca de fatos e não sobre os próprios fatos: o que é matematizado não é um naco de realidade, mas algumas de nossas idéias a seu respeito. Esta mudança na filosofia da matemática teve um impacto revolucionário sobre a metodologia da ciência e, ultimamente, sobre a própria ciência. Na verdade, abriu a possibilidade de abordar fenômenos não-físicos com os mesmos instrumentos conceituais (lógicos e matemáticos) e o mesmo método geral (o método científico) que obteve tanto êxito nas ciências físicas. Em particular, os sociólogos começaram a aprender a linguagem da matemática, não apenas como um dispositivo útil para comprimir e agitar dados empíricos, mas como ferramenta para a construção teórica.

Todavia, se projetos de formalização nas "ciências do espírito" ainda encontram resistência, não podemos desdenhar a prosaica explicação que, por trás de pretensas razões epistemológicas e ontológicas, subjaz o temor em enfrentar as dificuldades de ordem metodológica implícitas nos processos de formalização, em especial, o raciocínio lógico formal. Porém, acerca precisamente do processo de formalização, Piaget (BETH; PIAGET, 1966) acredita que, de fato, é possível reduzir as características de pensamento formal a três principais, ignorando o uso de técnicas de formalização propriamente.

Primeiramente, o pensamento formal inverte a ordem espontânea direcionada para a construção a fim de procurar os axiomas capazes de suportar o peso da manifestação ou fenômeno, tornando as regras dessa demonstração explícitas (*id.*, p. 254-255). Em segundo lugar, o pensamento formal também busca limitar o apelo à intuição ao mínimo necessário, de forma a considerar as proposições do ponto de vista da sua forma por si só, independentemente de seu conteúdo intuitivo.

Finalmente, o pensamento formal tende a reduzir as verdades matemáticas, como medida do possível, às verdades lógicas ou, pelo menos, a introduzir uma perfeita continuidade entre elas (*ibid.*). Como consequência desse processo, podemos considerar que não há diferença fundamental entre o pensamento natural e o formalizado, pois qualquer tentativa de demonstração, em qualquer nível, já significa inverter a ordem de construção de estruturas. Ainda conforme o mesmo autor: "o que é novo, no caso da formalização, é que este esforço de análise regressiva estende-se aos procedimentos de demonstração propriamente e, uma vez que o processo de abstração reflexiva já começou, não há razão para que ele deva parar neste limite" (*ibid.*).

Ainda, se a formalização ultrapassar o esforço de análise regressiva e continuar, atingirá etapas que remontam às estruturas elementares, delineadoras do pensamento natural, e é isto o que buscamos, afinal. Contudo, um projeto dessa magnitude, inevitavelmente se depara com dúvidas sobre a possibilidade de uma modelagem – aprioristicamente uma simplificação – que não mutile o fenômeno que exatamente se busca compreender, ou seja, o agir humano. Mas, se, como afirma Mário Bunge (2008, p. 14), "cada modelo começa a ser formulado por simplificações, a sucessão histórica deles é um progresso de complexidade", daí, a presente modelagem, de fato, acabou por se tornar complexa, mas não em demasia a ponto de tornar menos efetivo o esforço.

DO DIAGRAMA AO HIPERDIAGRAMA

O hiperdiagrama é desenhado a partir de uma métrica de eixos ortogonais, que permite exercitar uma topologia para conceitos abstratos, utilizados em diferentes campos de conhecimento. De características essencialmente heurísticas, a modelagem vem sendo desenvolvida há duas décadas e é descrita em publicações especializadas na área de filosofia, bioética e ciência cognitiva (ILARIO, 2005, 2007), mais recentemente resultou em tese de doutorado (ILARIO, 2011) na área da psicologia. Trata-se basicamente de uma topologia na qual o diagrama permite situar conceitos- chaves em um espaço semiótico, espécie de plano epistemológico. Em tal diagrama, os conceitos ganham inteligibilidade, na medida em que um olhar perscrutador pode observar relações que, de outra forma, permaneceriam veladas. É nesse sentido que o diagrama, como uma ferramenta semiótica, atua de maneira análoga ao microscópio ou telescópio, permitindo a aproximação ao olhar das relações semântico-estruturais de conceitos, categorias, proposições e juízos.

Sabemos que, do ponto de vista psicológico, linguístico e semiótico, o discurso faz com que se manifestem séries de polaridades, e é pelo preceito teleológico (finalidade) que, no método, atribui-se a cada conceito, no todo, seu lugar e função. A partir desse pressuposto, o ordenamento teórico-conceitual se dará a partir de princípios que atuam como axiomas, situando os conceitos nos eixos ortogonais, que desenham as polaridades básicas delineadoras da condição humana, nos diagramas. O eixo horizontal delimita a dimensão relacional entre o individual e o universal, ou entre o uno e o múltiplo, dependendo da abordagem, seja lógica, epistemológica ou ontológica. Nesse eixo, assume papel fundamental a polaridade indivíduo-sociedade e seus conaturais princípios da autoteleologia e da heteroteleologia, que podem ser traduzidos, respectivamente, como "individuação" e "associação". O princípio da individuação fundamenta e confere cunho individual a todo fundo ontológico de um ente, e o princípio da associação pode ser entendido como algo tanto material quanto psíquico e, nesse último caso, como comunicação ou intersubjetividade.

Embora definido e habitado por conceitos e categorias comuns ao campo da antropologia, o eixo horizontal é axiologicamente neutro, ou seja, delimita uma dimensão na qual não habitam os valores e seus juízos. Tais conceitos e categorias encontram seu *locus* no plano ortogonal, na verticalidade, pois é a partir desse eixo que se delimita a dimensão do propriamente humano. Com o objetivo de sintetizar esse problemático eixo, lançar-se-á mão das categorias metafísicas *Logos* e *Conatus*, sem deixar de reconhecer certa arbitrariedade na escolha, inevitável diante da quantidade de conceitos polissêmicos. Contudo, enquanto a escolha das localizações dos conceitos e da direcionalidade para os polos à esquerda e à direita é arbitrário no eixo horizontal, o mesmo não se pode dizer do direcionamento e das polaridades para cima e para baixo no eixo vertical. Nesse último, os juízos de valor são fundamentais, daí a inevitabilidade da escolha de conceitos e categorias metafísicas da ética e da antropologia filosófica. O *Conatus* apresenta particularidades conforme utilizado por Hobbes, Leibniz ou Espinosa, no entanto, do ponto de vista topológico, deve ser entendido no mesmo sentido que o utilizado por Aristóteles, ou seja, como esforço e um agir segundo a natureza e sempre correspondendo a um impulso natural (FERRATER MORA, 2004, 2.499). Mais complexa é a definição de *Logos*, uma vez que esse conceito pode ser entendido no sentido teológico, metafísico, além de lógico e epistemológico, mas, neste estudo, será interpretado como impulso determinante em direção à dimensão cultural.

FIGURA 4 – A ORTOGONALIDADE FUNDADORA DO HIPERDIAGRAMA

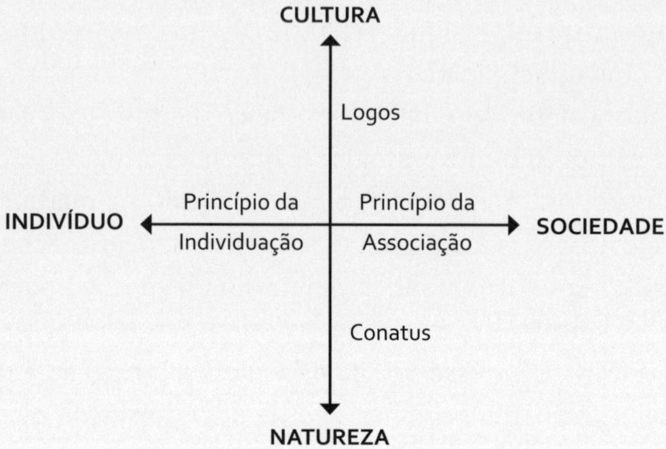

Fonte: o autor

Os eixos ortogonais delimitam quatro territórios (quadrantes), que serão colonizados com novos e velhos conceitos no campo da ética e da antropologia filosófica. Isso significa, derivar de duas dimensões de naturezas diversas, categorias integralizadoras. Trata-se de um processo de síntese de conceitos que se situarão no cruzamento de linhas perpendiculares traçadas a partir dos conceitos presentes nos eixos originais (coordenadas) e que incorporam a essência desses. É notável que nesse espaço originado da ortogonalidade fundadora, ou seja, a vertical e a horizontal, potencialmente se configuram infinitasdimensões. Dessa forma, somente nesses territórios, por analogia, pode representar-se fenomenologicamente o mundo da vida e a esse processo semiótico, denominamos hiperdialética, termo que tomamos emprestado de Merleau-Ponty (1999, p. 95-96):

> Em outros termos, o que procuramos é uma definição dialética do ser, que não pode ser nem o ser para si nem o ser em si – definições rápidas, frágeis, lábeis e que, como disse Hegel muito bem, nos levam uma à outra – nem o Em-Si-para-si, que leva a ambivalência ao máximo (uma definição), que deve reencontrar o ser antes da clivagem

reflexiva, em torno dele, no seu horizonte, não fora de nós e não em nós, mas onde os dois movimentos se cruzam onde "há" alguma coisa.

Embora em tais espaços caibam praticamente todos os conceitos e categorias usuais na ética e na antropologia filosófica, nos interessa destacar quatro categorias paradigmáticas, cada uma em seus respectivos quadrantes: 1) No quadrante superior esquerdo, o conceito de Pessoa Humana, síntese dos conceitos indivíduo e cultura; 2) No quadrante superior direito, o conceito de Comunidade, síntese dos conceitos sociedade e cultura; 3) No quadrante inferior direito, o conceito de Massa, que é síntese dos conceitos sociedade e natureza; 4) No quadrante inferior esquerdo, o conceito de Solipso, como síntese dos conceitos indivíduo e natureza.

FIGURA 5 – O HIPERDIAGRAMA E CATEGORIAS ANTROPOLÓGICAS

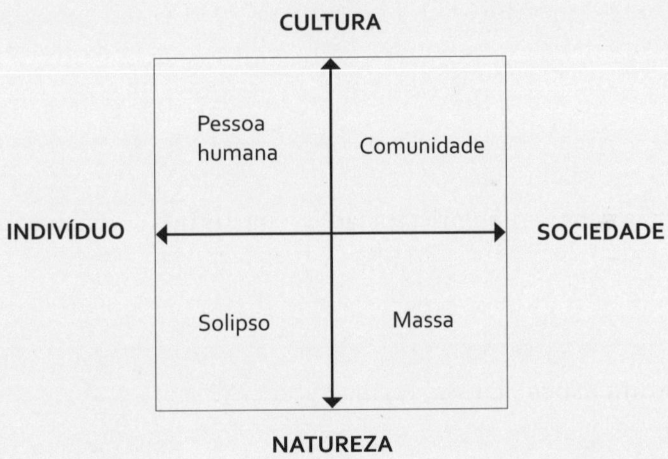

Fonte: o autor

Dessa forma, a colonização dos quadrantes se constitui com surpreendente naturalidade, e, mesmo diante de dificuldades em se encontrar um conceito adequado, o próprio diagrama mostra, por assim dizer, as alternativas. Por exemplo, quando se procurou, entre miríades de conceitos, um que se contrapusesse à comunidade, percebemos que conceitos extraídos do campo da psicopatologia inevitavelmente reduziriam a significação às exceções, tal como o termo nosológico sociopata, ou ainda o fraco conceito predicativo egoísmo. Tal constatação nos obrigou a lançar mão do termo "solipso", que, embora um quase neologismo, se mostrou mais adequado a habitar o quadrante inferior derivado da síntese entre os conceitos de indivíduo e natureza. Importante aclarar, nesse ponto, que o solipsismo ao qual aludimos não é aquele metodológico ou linguístico, mas o solipsismo metafísico, equivalente ao egoísmo metafísico.

MODELOS PSICOBIOLÓGICOS

Em uma abordagem psicobiológica dos processos cognitivos e afetivos, considera-se a inclusão do corpo individual como centro de referência ou ancoragem dos conceitos. Com base nesse referenciamento, pode-se estabelecer quatro quadrantes conceituais (FIG. 6), tomando-se como parâmetros as distinções interior/exterior e indivíduo/ambiente (considerando-se do ambiente, para as ciências humanas, principalmente o aspecto das relações sociais).

FIGURA 6 – O SISTEMA COGNITIVO-AFETIVO E SUAS RELAÇÕES CONSTITUINTES (INTERIOR/EXTERIOR E INDIVÍDUO/AMBIENTE SOCIAL)

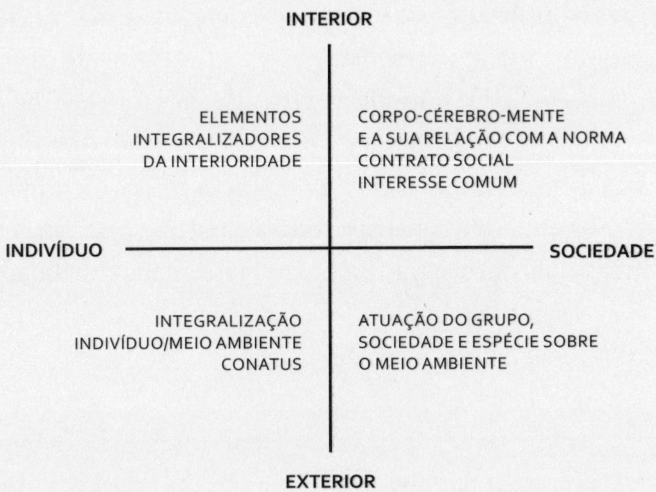

Fonte: os autores.

No contexto da ciência cognitiva recente, uma ferramenta utilizada para descrever o universo mental – correspondendo aos conteúdos da consciência humana e, possivelmente, também de outras espécies biológicas – é o modelo de *espaços conceituais,* desenvolvido, entre outros, por Gärdenfors (2000). Os conceitos são considerados *entidades mentais*, não se discutindo se seriam cópias de ideias autossubsistentes, como em Platão, ou se seriam a própria realidade historicamente constituída, como em Hegel (1988). Nessa modelagem, adota-se uma representação geométrica, na qual as dimensões do espaço representam propriedades dos objetos, como peso, brilho e tonalidade. Cada conceito envolve diversas dimensões; por exemplo, o conceito de "maçã" envolve as dimensões de cor, formato, textura, gosto, frutas, e valor nutricional. A proximidade ou distância entre cada qualidade (isto é, para cada conteúdo de consciência) representada é feita por meio de *julgamentos de similaridade*. Para a consciência perceptiva, é possível realizar sistematicamente os julgamentos, no contexto de uma experimentação científica controlada.

Cada modalidade conceitual (por exemplo, correspondendo às modalidades perceptuais) é representada geometricamente em um subespaço com o número de dimensões apropriadas. Por exemplo, o círculo das cores, já utilizado por Goethe, é uma representação clássica do espectro de cores que se apresentam como conteúdos de nossas experiências visuais (FIG. 1). Em outras áreas da ciência (neurociência visual) e da tecnologia (engenharia de monitores de vídeo), utiliza-se um espaço de três dimensões, que correspondem às três cores fundamentais, a partir das quais se pode construir todas as outras. Um ponto nesse espaço tridimensional corresponde a uma determinada tonalidade de cor.

FIGURA 7 – O CÍRCULO DAS CORES

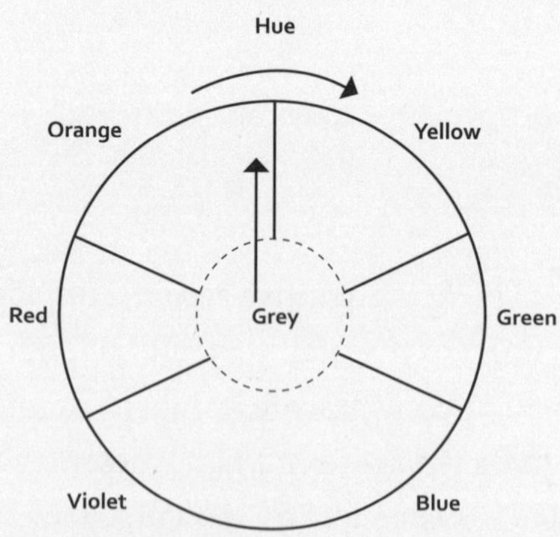

Fonte: GÄRDENFORS, 2000, p. 10.

Outro exemplo é o espaço conceitual das experiências gustativas, onde quatro dimensões (correspondendo às qualidades amargo, salgado, doce e azedo) podem ser utilizadas para representar todos os conteúdos gustativos possíveis; um ponto nesse espaço representa um determinado conteúdo gustativo (FIG. 7).

FIGURA 8 – O TETRAEDRO DOS CONTEÚDOS GUSTATIVOS

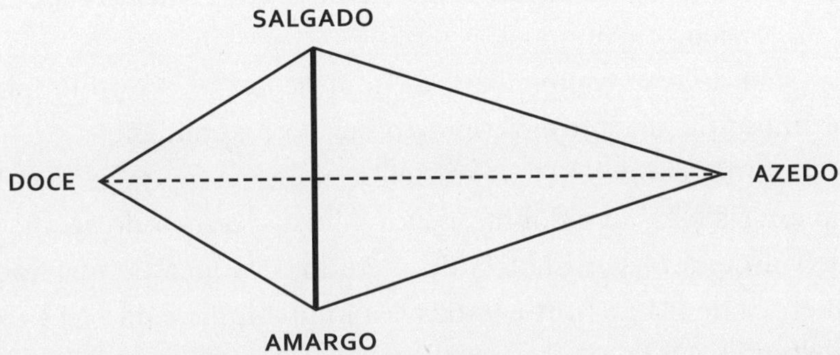

A partir dessas representações geométricas, é possível definir, para as qualidades e conceitos, diversas noções, muitas delas já discutidas no âmbito da Linguística, e outras ainda úteis para a programação de sistemas inteligentes. Dentre tais noções, uma que se afigura como central para a análise do conteúdo consciente é a noção de *protótipo*. Os conceitos mais complexos – como, por exemplo, o de *casa* – requerem uma combinação de vários subespaços conceituais, e, além disso, seu uso efetivo requer a referência a um determinado contexto. Pode-se determinar um *protótipo* do conceito, que seria – à semelhança do conceito de *essência* em Aristóteles e Husserl – o grupo mínimo de propriedades comuns a todas as ocorrências do conceito nos diferentes contextos possíveis, ou ainda um "ponto de referência cognitivo" (ROSCH, 1975). Por exemplo, uma pilha organizada de blocos de gelo – um *iglu* – é, para o esquimó, uma casa. O que tal conceito teria em comum com outras ocorrências de *casa*? Um dos traços em comum seria, por exemplo, que no *iglu* há uma área onde as pessoas podem se proteger de intempéries da natureza.

Sem aqui aprofundar a abordagem de Gärdenfors, indicamos apenas que ele teria oferecido um método "geométrico", relativamente rigoroso, para identificar protótipos conceituais a partir de pesquisas empíricas qualitativas, nas quais fossem coletados dados a respeito de como as pessoas concebem um determinado objeto. Desse modo, combinando pesquisa empírica qualitativa com a modelagem de espaços conceituais, pode-se realizar uma descrição científica dos conteúdos conscientes e também identificar a estrutura da consciência humana.

Quando avançamos além da representação do protótipo, e colocamos um conceito em contexto, sua correspondente representação, no modelo de espaços conceituais, é uma figura geométrica complexa (isto é, "com dobras"). Dessa forma, o método geométrico de Gärdenfors se distancia do método filosófico de inspiração geométrica de Platão (que enfatizava a imutabilidade do ser) e Descartes (enfatizando os procedimentos analíticos), e implicitamente se aproxima da mobilidade do *Logos* atribuído a Heráclito e da dialética hegeliana.

APLICAÇÃO DOS MODELOS NA BIOÉTICA E EDUCAÇÃO

Os processos heurísticos estão diretamente relacionados aos procedimentos mentais de orientação no ambiente, envolvendo processos de julgamentos, previsões e avaliações que, segundo Polya (1975), podem ser fruto de uma "busca cega" baseada na intuição, de modo consciente ou inconsciente, ou em um procedimento investigativo modelável do ponto de vista lógico-formal.

Nossa preocupação recai nos modelos heurísticos diagramáticos da experiência humana, em particular aqueles que podem contribuir como um modelo teórico que possibilite a interpretação de dados relacionados ao binômio bioética/educação. Começando pelo tema da bioética, pode-se verificar, no tempo presente, de acordo com Sotolongo (2006), que há a necessidade da construção de um saber e de uma prática bioéticas, na implementação de uma práxis de tipo novo, transdisciplinar, que considere o fenômeno vital na sua totalidade e na sua complexidade. Para o referido autor, a emergência de novas organizações a partir das existentes, ou a partir da desordem, constitui um processo espontâneo, auto-organizador, que pode ser previsto, mas não predito (SOTOLONGO, 2006, p. 101).

O diagrama a seguir (FIG. 9) se apresenta como uma possibilidade hermenêutica das complexas inter-retro-ações presentes em um processo educacional que possibilite a construção processual e contínua de uma consciência bioética em indivíduos/cidadãos, os quais, no uso de sua autonomia, possam refletir, avaliar, posicionar, decidir, intervir e se responsabilizar, enquanto sujeitos éticos e políticos, situados sócio-historicamente, pelas questões bioéticas prementes, emergentes e urgentes do presente século.

FIGURA 9 – DIAGRAMA REPRESENTACIONAL DE UM PROCESSO DE EDUCAÇÃO BIOÉTICA

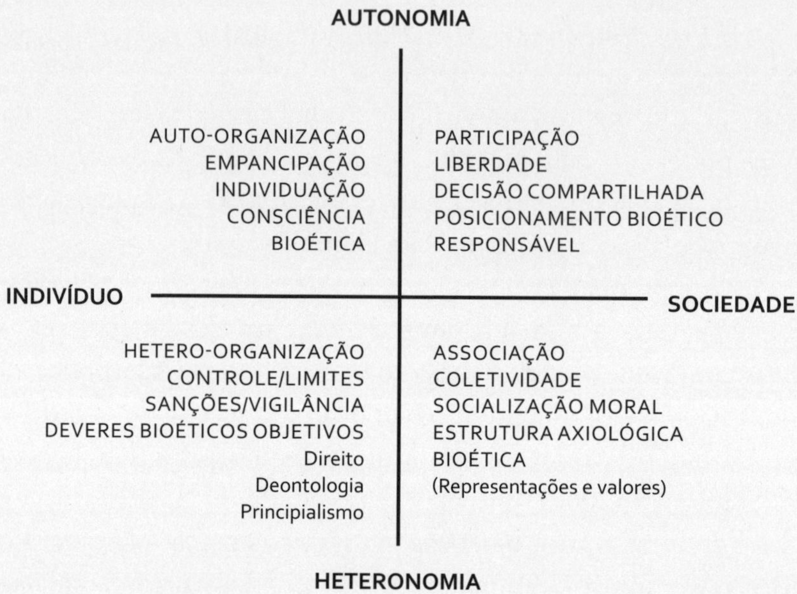

Tomando-se por referência o eixo horizontal do diagrama, a educação bioética deverá levar em consideração a relação indivíduo/sociedade. Segundo Berger e Luckmann (1997), existe um processo dialético contínuo entre o homem como produtor e produto do mundo social, no sentido de que há uma reciprocidade de atuação entre e sobre ambos. Indivíduo e sociedade, o homem e seu mundo social, agindo um sobre o outro devem ser pensados, portanto, a partir de uma relação dialética (BERGER; LUCKMANN, 1997, p. 87). Qualquer abordagem, análise, fundamentação, concepção bioética, deverá pautar-se nessa relação, sem a qual correrá o risco de embrenhar-se num reducionismo unilateral que, hipervalorizando um dos lados, acabe por hipertrofiar o outro.

A reflexão bioética, ao pensar o indivíduo, deve situá-lo sócio-histórico-político-economicamente. Deve concebê-lo na inter-relação individual/coletivo, individuação/associação. A bioética, segundo Sotolongo, "tem de lidar, em suas reflexões teóricas e em suas práxis, com circunstâncias, situações e fenômenos referentes à vida e a sua sustentabilidade, que emanam das interações entre os seres vivos – os humanos, sobretudo – e os entes inanimados, interações sociais e interações com a natureza inanimada de diversas escalas espaciais e temporais" (2006, p. 107).

No eixo vertical, apresenta-se a inter-relação entre heteronomia/autonomia. Piaget (1994), num paralelismo entre a psicogênese do pensamento lógico e a psicogênese da moralidade, distingue três estágios do desenvolvimento do juízo moral: a *anomia*, um estágio pré-moral, em que a criança ainda não é capaz de realizar a introjeção de regras e desconhece, portanto as leis; a *heteronomia*, vivência moral a partir da aceitação de regras exteriores; e a *autonomia*, superação do egocentrismo pela capacidade de cooperação e reciprocidade. A consciência moral, nessa perspectiva, evolui da anomia, passando pela heteronomia, devendo alcançar a autonomia. O amadurecimento moral atrela-se à capacidade de reflexão, organização autônoma das regras e livre deliberação.

Na inter-relação entre heteronomia/autonomia, é ainda importante destacar as reflexões de Lawrence Kohlberg. Para além da teoria dos estágios morais de Piaget, Kohlberg (1989) apresenta 3 níveis de moralidade: o *pré-convencional*, no qual as regras morais são formuladas e aceitas no reconhecimento de autoridade, e a criança se ajusta a ordens e padrões externos; o *convencional*, no qual a motivação ainda é externa, mas decorrente da motivação interna (destacando-se a importância das boas ações, e do comportamento referido pelas expectativas dos outros indivíduos), e o *pós-convencional*, no qual a moralidade fundamenta-se em valores humanos, em princípios universais, a partir de uma decisão pessoal. Pode-se verificar aqui que, no nível pré-convencional, a moralidade é heterônoma e, no nível pós-convencional, relaciona-se à autonomia.

No quadrante sociedade-heteronomia encontram-se as dimensões do *Homo socius*, *politicus*, *economicus* imerso em uma dada cultura. Encontra-se aí a esfera societal, as mais diversas formas de associativismo, a coletividade; *ego* e *alter ego* partícipes de um mesmo grupo/casta/sociedade. Nessa inter-retro-ação encontramos a construção dos valores, das normas, das regras de convivência, das crenças sociais, dos padrões de comportamento e de condutas consideradas aceitáveis ou reprováveis, dos hábitos, dos costumes, que denominamos por moral. O processo de socialização, que nos torna *Homo socius*, incumbe-se de fazer com que esses valores, normas, crenças, etc. sejam transmitidos e reproduzidos de geração em geração. Os componentes da heteronomia subsistem por meio do processo socializador da moral construída e "sancionada" por um dado grupo.

O que se denomina no diagrama "estrutura axiológica bioética" refere-se aos valores e às representações que influenciam a prática dos indivíduos em sociedade, e que se exteriorizam nas visões, declarações, "pareceres", posicionamentos, opiniões emitidas, decisões a serem tomadas, escolhas, identificações preferências, inclusive no campo científico. Isso implica no fato de que, seja na presença, seja na ausência de um aparato legal que normatize uma dada prática, comportamento, atitude, decisão no campo bioético, os indivíduos agem, decidem e se posicionam a partir dessa estrutura axiológica, a partir dos valores e das representações que trazem consigo.

Uma educação bioética deveria ocupar relevante consideração no momento da formação dessa estrutura axiológica a ser internalizada no processo de socialização primeira da criança, seja através da família, seja dos grupos com os quais esta mantém seus primeiros contatos, o que possibilitaria à criança, desde tenra idade, respeitando-se seu desenvolvimento cognitivo-afetivo-moral, o desenvolvimento de valores, comportamentos e atitudes ligados à formação de uma consciência bioética. A família e as escolas de educação infantil têm um papel fundamental nesse sentido.

O quadrante indivíduo-heteronomia destaca o fato de que o viver em sociedade traz consigo a busca pela convivência pacífica entre *ego* e *alter ego*, que coíba a "antropofagia" presente na máxima hobbesiana *homo homini lupus*, a exigência de um aparato legal que regule as interações e conflitos entre os indivíduos em sociedade, evitando-se o *bellum omnium contra omnes*. Nesse quadrante, os indivíduos agem, comportam-se, tomam suas decisões a partir de uma hetero-organização, ou seja, de fatores exógenos, que podem contribuir para que o indivíduo desenvolva a sua autonomia, entendida como capacidade de auto-organização. Dentre esses fatores podemos mencionar: leis, códigos, regras, força da autoridade, tradição, etc.

A partir do exposto sobre o quadrante, no que se refere às questões bioéticas, as condutas, procedimentos, decisões, posicionamentos, seriam decorrentes do seguimento de um dado código que estabelece o permitido e o proibido, o direito e o dever, o aprovado e o reprovável, o benéfico e o maléfico, etc. Podemos encontrar aqui toda a legislação e normatização (leis, normas, pareceres, portarias, etc.) relacionadas às questões bioéticas, sejam em pesquisas com seres humanos, animais, na área clínica, de políticas públicas, relacionadas ao meio ambiente, etc. É inegável a necessidade e exigência desse aparato no campo bioético, o qual traz consigo a "força da lei", diante de abusos, de incertezas, de irresponsabilidades e atrocidades cometidas em nome da ciência, que colocam em risco a vida, o humano, o planeta. É fato que a lei não só coíbe, proíbe, ela preserva, garante direitos, coloca limites, estabelece padrões de conduta, etc. O indivíduo aqui toma as suas decisões, opta por este ou aquele procedimento, pelo empreendimento de uma dada pesquisa, pela utilização ou não de um dado fármaco, faz avaliações sobre riscos e impactos sobre o humano, a vida e a natureza, com base em códigos jurídicos, deontológicos, resoluções e pareceres de conselhos, manuais de operacionalização, dentre outros.

A educação bioética deve levar em consideração a existência de todo esse aparato legal, que é importante, mas limitado. As questões bioéticas trazem consigo as situações jungidas ao improvável, ao imprevisto, à incerteza, ao conflito, à urgência, cuja decisão, conduta, procedimento a ser adotado, traz consigo a exigência de um agir não previsto no código. Segundo Sotolongo, "a bioética tem de lidar com interações não lineares que fazem com que ocorram circunstâncias, situações e fenômenos bioéticos emergentes, muitas vezes inesperados e surpreendentes, paradoxais, para os quais nem sempre há uma solução prevista ou pensada" (2006, p. 107).

Dada a dinâmica das questões postas pelos desenvolvimentos biotecnocientíficos, a educação bioética, embora inclua toda a discussão e decisões sintetizadas no aparato legal, não pode se restringir a este. A educação bioética deve avançar na busca da formação de uma dada consciência. Segundo Paulo Freire, o papel do educador é contribuir positivamente para que o educando vá sendo o artífice de sua formação e, ainda, deve estar atento à difícil passagem ou caminhada da heteronomia para a autonomia (FREIRE, 1999, p. 78).

Nesse ponto, chega-se ao quadrante indivíduo-autonomia. Aqui estão presentes os processos de individuação e emancipação. Pela individuação, o indivíduo apresenta-se na sua singularidade, especificidade frentes aos "outros" com os quais convive em sociedade, ele se reconhece, se distingue, se estabelece único, é identidade sem, no entanto, deixar ao esquecimento a alteridade e a pertença a um dado grupo. Pela individuação, o indivíduo se autoafirma. A emancipação aparece como processo e não como um ato definitivo; é construção contínua pela qual o indivíduo se realiza enquanto ser humano (dimensão antropológica). Emancipação e liberdade se inter-relacionam.

No que se refere à relação autonomia/auto-organização o que se pretende mostrar aqui é que a auto-organização pessoal é um processo pelo qual, a partir de ações desencadeadas por si mesmo, um agente transforma suas condições de vida, superando dificuldades e atualizando potencialidades. Sua força motriz seria o '*conatus*' espinosiano, traduzido contemporaneamente no conceito de *resiliência*. É um processo que só ocorre quando o próprio agente se torna protagonista; se conduzido por um agente externo, tratar-se-ia de hetero-organização. Nesse sentido, a autonomia aparece como capacidade de organização, sendo importante, mas não esgotando a dimensão. A autonomia deve ser compreendida como "possibilitadora" de desencadeamento de um processo mais profundo no sujeito (bio)ético, o da sua auto-organização (ações e inter-retro-interações).

Assim, a autonomia pode contribuir para a auto-organização, mas somente a auto-organização, como processo endógeno de organização-desordem-reorganização, de homeostase e autopoiese, poderá produzir, pelo próprio sujeito (a partir da inter-retro-ação autonomia-dependência) essa consciência bioética. Dessa forma,

> [...] mais do que preparar as crianças para uma dada sociedade, o problema será, então, fornecer-lhes constantemente forças e referências intelectuais que lhes permitam compreender o mundo que as rodeia e comportar-se nele como atores responsáveis e justos. Mais do que nunca a educação parece ter, como papel essencial, conferir a todos os seres humanos a liberdade de pensamento, discernimento, sentimentos e imaginação de que necessitam para desenvolver os seus talentos e permanecerem, tanto quanto possível, donos do seu próprio destino (DELORS, 2004, p. 100).

A formação de uma consciência bioética está atrelada à formação do sujeito compromissado com o presente e com o destino de si, do seu próximo e do planeta. Esse sujeito, dotado de razão-afeto-emoção-pulsão, deverá ser capaz de refletir, criticar, analisar, ponderar, decidir, responsabilizar-se, posicionar-se, assumir-se frente às questões postas no campo bioético. Por vezes, agirá na incerteza, porém não de forma inconsequente, arbitrária, mas consciente e responsável. Decidirá na urgência que uma dada situação demandará, porém tal decisão não se escorará nas argumentações e prerrogativas autoritárias do especialista, tampouco na aplicação automática de alguns princípios, mas a partir de todo um *background* construído no transcorrer de toda a sua existência e que possibilite um agir que demonstre capacidade de autonomia, de discernimento e de responsabilidade pessoal (DELORS, 2004, p. 102).

No quadrante autonomia-sociedade inserimos a concretude da emancipação, mediante a vivência da liberdade possibilitadora da ação transformadora sobre o mundo (dimensão política). A liberdade aparece como conquista progressiva, não podendo ser concebida como incondicional, mas sempre numa perspectiva relacional. Destaca-se, nesse quadrante, o exercício da liberdade como exigência da sociedade democrática, esta aparecendo como espaço de compartilhamento, participação, conflitos e confluências. E é nessa sociedade que a ágora deve ser o espaço privilegiado de debates, de manifestações, de opiniões diversas e até conflitantes, de compartilhamento de decisões e de responsabilização dos participantes pelas decisões tomadas.

De acordo com o Relatório Jacques Delors (2004), é no dia a dia, na sua atividade profissional, cultural, associativa, de consumidor, que cada membro da coletividade deve assumir as suas responsabilidades em relação aos outros. Nesse sentido, há a necessidade de se *preparar cada pessoa para essa participação, mostrando-lhe os seus direitos e deveres, mas também desenvolvendo as suas competências sociais e estimulando o trabalho em equipe na escola* (p. 61).

É nesse quadrante que se efetiva, mediante a participação como exercício da liberdade, a tomada de posição bioética responsável. A formação de uma consciência bioética se concretiza na participação nos fóruns, nos debates, nas discussões, nas decisões bioéticas de sujeitos que deixam de ser meros consumidores passivos de informações e de decisões tomadas por uma minoria especializada. Estas decisões tornam-se *res publica*, interesse comum, exercício da cidadania. Nesse ponto, a educação bioética poderia conduzir à *tomada de conhecimento, por conseguinte, de consciência, da condição comum a todos os humanos e da muito rica e necessária diversidade dos indivíduos, dos povos, das culturas, sobre nosso enraizamento como cidadãos da Terra* (MORIN, 2002, p. 61).

A educação bioética, portanto, deveria se fundamentar no que Morin denominou de antropoética, primando por desenvolver em conjunto, autonomias individuais, participações comunitárias e sentimento de pertença à espécie humana (MORIN, 2002, p. 105), caminho não impossível, mas não fácil de ser percorrido.

CONSIDERAÇÕES FINAIS

Tanto a modelagem como a estruturação são formas de análise e de abordagem poderosas na busca de conhecimentos, de explicações ou da compreensão dos fenômenos em geral. A partir dessa perspectiva é que acreditamos ser possível a construção de modelos heurísticos ampliados, ou seja, ferramentas capazes de levar à elaboração de hipóteses, a fazer predições, testar, e ao mesmo tempo, dialogar com múltiplas teorias.

Na ciência fatual, um diagrama é uma representação visual e esboçada de um objeto-modelo e, por sua vez, na teoria do modelo, "modelo", significa uma interpretação de uma teoria abstrata sob a qual as afirmações da teoria são satisfeitas. Após as considerações sobre a modelagem diagramática e a apresentação das possibilidades da formalização e utilização dessa metodologia pelas ciências humanas, buscamos aqui uma aplicação dos modelos na bioética, na psicobiologia e na educação, através da utilização do hiperdiagrama, o que nos sugere a sua vocação para utilização em diferentes campos do conhecimento, algo que, esperamos, possa estimular o desenvolvimento de novos estudos utilizando tal metodologia.

REFERÊNCIAS

ABBAGNANO, Nicola. *Dicionário de filosofia*. 5. ed. São Paulo: Martins Fontes, 2007.

BACHELARD, Gaston. *A formação do espírito científico*: contribuição para uma psicanálise do conhecimento. Rio de Janeiro: Contraponto, 1996.

BERGER, Peter L.; LUCKMANN, Thomas. *A construção social da realidade*. 14. ed. Petrópolis: Vozes, 1997.

BETH, Evert Willem; PIAGET, Jean. *Mathematical epistemology and psychology*. Dordrecht, Holland: D. Reidel, 1966.

BLANCHÉ, Robert. "Estruturas intelectuais: ensaio sobre a organização sistemática de conceitos." Trad. de Gita K. Guinsburg. São Paulo: Perspectiva (2012).

BUNGE, Mário. *Teoria e realidade*. São Paulo: Perspectiva, 2008.

DELORS, Jacques (coord.). *Educação*: um tesouro a descobrir – Relatório para a UNESCO da Comissão Internacional sobre Educação para o século XXI. 9. ed. São Paulo: Cortez; Brasília: MEC/UNESCO, 2004.

DONDIS, Donis A. *Sintaxe da linguagem visual*. 3. ed. São Paulo: Martins Fontes, 2007

FERRATER MORA, José. *Dicionário de Filosofia*. 2. ed. São Paulo: Loyola, 2004.

FORTES, Isabel. Estrutura e temporalidade na psicologia e na psicanálise. Ágora, Rio de Janeiro, v. 9, n. 2, p. x-x, 2006. Disponível em: http://www.scielo.br/scielo.php?pid=S1516-14982006000200003&script=sci_arttext. Acesso em: xx xxx. 20xx.

FREIRE, Paulo. *Pedagogia da autonomia*. 13. ed. São Paulo: Paz e Terra, 1999.

GÄRDENFORS, Peter. *Conceptual Spaces*: the Geometry of Thought. Cambridge: MIT Press, 2000.

GARDNER, Martin. *Logic machine and diagrams*. New York: The Mcgraw-Hill book Company, 1958

GARRAFA, V. Multi-inter-transdisciplinaridade, complexidade e totalidade concreta em bioética. *In*: GARRAFA, V, KOTTOW, M. e SAADA, A. (org.). *Bases conceituais da bioética*: enfoque latino americano. São Paulo: Gaia, 2006. p. 73-86.

GOMES, João Carlos Lino. Nota sobre o conceito de *Epistéme* em Michel Foucault. *Síntese*, v. 18, n. 53, p. 225-231, abr./jun. 1991.

GREIMAS, Algirdas Julien. Greimas, O sentido: ensaios semióticos; Petrópolis, Vozes, 1975.

GREIMAS, Algirdas Julius; COURTÉS, Joseph. *Dicionário de semiótica*. São Paulo: Contexto, 2008.

GREIMAS, Algirdas Julius; FONTANILLE, Jacques. *Semiótica das paixões*: dos estados de coisas aos estados de alma. São Paulo: Ática, 1993.

HEGEL, Georg Wilhelm Friedrich. *Enciclopédia das Ciências Filosóficas em Epítome*, Tradução de Artur Morão. Lisboa: Edições 70, 1988. v. 1 e 2. Original publicado em 1830.

ILARIO, Enidio. Contribuição para uma topologia epistemológica para a ética e a bioética. *Princípios: Revista de Filosofia*, Natal, v. 12, n. 17-18, . p. 125–143 x-x, jan./dez. 2005. Disponível em: http://www.principios.cchla.ufrn.br/principios17-18.html. Acesso em: 21/10/2023xx xxx 2xxx.

ILARIO, Enidio. Contribuição para uma gramática especulativa: um novo enfoque em lógica diagramática no campo das ciências cognitivas. *Ciências & Cognição*, ano 4, v. 11, p. x-x, 2007. Disponível em: http://www.cienciasecognicao.org/. Acesso em: 21/10/2023 p. 49-66xx xxxx, 20xx.

ILARIO, Enidio. Entre indivíduo-sociedade e natureza-cultura: a constituição do ser – uma modelagem para a psicologia. Campinas, SP: PUC-Campinas, 2011. Disponível em: http://www.biblioteca-digital.puc-campinas.edu.br/tde_busca/arquivo.php?codArquivo=726. Acesso em: 21/10/2023, 20xx.

JASPERS, Karl. *Psicopatologia geral*. São Paulo: Atheneu, 2006.

KANT, Immanuel. *Crítica da razão pura*. São Paulo: Nova Cultural, 1999. Col. Os pensadores.

KOHLBERG, Lawrence. Estadios Morales y moralización: el enfoque cognitivo-evolutivo. *In*: TURIEL, Elliot; ENESCO, Ileana; LINAZA, José Luis (coord.). *El mundo social em la mente infantil*. Madrid: Alianza Editorial, 1989.

LE MOIGNE, Jean-Louis. *Théorie du système général:* théorie de la modélisation. 4e éd. Paris: Presses Universitaires de France, 1994.

LÉVI-STRAUSS, Claude. *Antropologia estrutural*. 3. ed. Rio de Janeiro: Tempo Brasileiro, 1989.

MERLEAU-PONTY, M. *O visível e o invisível*. [Gianotti, J.A. e d`Oliveira, A.M., Trad.]. São Paulo: Editora Perspectiva, 1999.

MORIN, Edgar. *Os sete saberes necessários à educação do futuro*. 6. ed. São Paulo: Cortez; Brasília: UNESCO, 2002.

PEIRCE, Charles Sanders. *Collected Papers of Charles Sanders Peirce.* Charles Hartshorne and Paul Weiss (ed.). Two volumes in one. Cambridge: Harvard University Press, 1965. Original publicado em 1931-1935.

PIAGET, Jean William Fritz. *A equilibração das estruturas cognitivas*: problema central do desenvolvimento. Tradução de Álvaro Cabral. Rio de Janeiro: Zahar, 1976.

PIAGET, Jean William Fritz. *O juízo moral na criança*. 3. ed. São Paulo: Summus Editorial, 1994.

POLYA, George. *A arte de resolver problemas*: um novo aspecto do método matemático. Rio de Janeiro: Interciência, 1975.

ROSCH, Eleanor. Cognitive Reference Points. *Cognitive Psychology*, v. 7: p. 532-547, 1975.

SANTAELLA, Lúcia. *O que é semiótica*. São Paulo: Brasiliense, 1983.

SOTOLONGO, Pedro Luis. O tema da complexidade no contexto da bioética. *In*: GARRAFA, Volnei; KOTTOW, Miguel; SAADA, Alya (org.). *Bases conceituais da bioética*: enfoque latino-americano. São Paulo: Gaia, 2006. p. 93-113.

VOGT, Carlos. Semiótica e semiologia. *In*: ORLANDI, Eni Pulcinelli; LAGAZZI-RODRIGUES, Susy (org.). *Discurso e textualidade*. Campinas, SP: Pontes, 2006. p. 105-141.

Construindo ideias
e conectando mentes

Este livro foi composto com as tipografias
Minion Pro e Raleway, em junho de 2024.